元華文創

臺灣政經史系列第三輯01 陳天授主編

臺灣政治經濟思想史論叢 卷八

文創產業與法政篇

Proceedings : The History of Taiwan Political and Economic Thought VIII

陳添壽——著

自 序

我在研究政治經濟學與書寫臺灣政治經濟思想史的歲月中，對於資本主義的政經思想，總是時時刻刻圍繞著儒家思想對於我們生活的影響。儒家基本上重視的商人精神和傳統倫理，胡適（1891-1962）在〈說儒〉一文，論證了儒者多出於殷遺民，且從殷墓發掘的自然貝、銅貝為貝貨，以及援引中國古書《論語》、《史記》等書的諸多論述。

特別是余英時（1930-2021）在出版《中國近世宗教倫理與商人精神》一書，更深入論述了儒家的「原商」遠源流長，其引申中國的宗教倫理和商業道德，印證現代企業的宗教面、倫理面需求，充分凸顯了當前企業或商業發展的重視「客製型服務」精神。

我們或許可以關注「客製型服務」的思維，是當前和未來文化創意產業的服務主流，尤其與儒家思想比較密切的東北亞國家和大中華生活圈的社會，都有可以推廣「客製型服務」空間的商業市場，成就了每一個現代國家為發展產業，就不能忽視強調「客製型服務」精神的文創產業。

本書第一部分〔文創產業篇〕，收錄：〈文化創意產業導論——以文化資源創新發展的臺灣中小企業〉、〈商業發展與城市文化的演進——近代臺灣重商主義的形成與轉折（1624-1895）〉、〈兩岸城市文創產業發展的趨勢與展望——新北淡水老街與山東台兒莊古城的比較〉、〈殖民城市的形塑與全球化挑戰——比較臺灣臺南與韓國慶州的古都文化〉、〈城市文創產業的在地化與國際化發展——以臺北市北投地區的觀光行銷策略為例〉等五篇。

上述五篇的部分文字，我曾收錄在2013年9月由蘭臺出版社印行的《文創產業與城市行銷》一書，這些論文大部分是我曾經先後在多次的研討會中發表過。在該書〈自序〉我引用史懷哲（Albert Schweitzer, 1875-1965）的那句話：「隨著歷史的演進與世界經濟的發展，文明的進步非但沒有變得更容易，反而益加困難重重了。」因此，強調文創產業發展與城市文化的整合性行銷意義，當喚醒人類對在地歷史文化和環境生態保護的珍惜。因為，我們要讓「存在文明的意義若非在減少人類的苦難，即在於使人類的受苦成為有意義」。

本書第二部分〔文學藝術篇〕，收錄：〈當代臺灣文化資源的創新轉化——以胡適、余英時論著的文化再生為例〉、〈二戰前後臺灣社會雙源匯流文學意識——以蘇新、楊逵、葉石濤為例〉、〈臺灣戒嚴時期文藝政策的發展與變遷——從「再中國化」到「本土化」的文化衍變〉等三篇。

〈當代臺灣文化資源的創新轉化——以胡適、余英時論著的文化再生為例〉，緣起於 2016 年起至 2023 年的連續 7 年間，我很榮幸擔任中央警察大學通識教育中心李顯裕教授每年在「通識教育與警察學術研討會」中發表論文的與談人。

在研討會上顯裕老師提到余英時的學術文化研究，和余英時所受到胡適治學思想的影響，觸動了我選擇〈當代臺灣文化資源的創新轉化——以胡適、余英時論著的文化再生為例〉的探討為主題。

〈二戰前後臺灣社會雙源匯流文學意識——以蘇新、楊逵、葉石濤為例〉，與〈臺灣戒嚴時期文藝政策的發展與變遷——從「再中國化」到「本土化」的文化衍變〉等二篇，是延續我發表〈日治中期臺灣設置議會與新文化運動〉和〈戰後初期吳新榮政治參與與文學創作〉之後的書寫。也是提供我撰寫《筆記與對話——臺灣百年雙源匯流文學的淒美絢麗》的最佳素材，這書已於 2023 年 6 月，由方集出版社印行出版。

本書第三部分〔法政生活篇〕，收錄：〈近代臺灣政經體制與警察關係的演變之探討〉、〈政經轉型與警察角色變遷之研究〉、〈政策制定：《組織犯罪防制條例》立法過程的評析〉等三篇。分別是發表於臺灣省諮議會

2008 年度專案研究，和登載於 2001 年 5 月、2002 年 9 月，中央警察大學《警學叢刊》134 期、144 期的論文。特別是〈政策制定：《組織犯罪防制條例》立法過程的評析〉一文，是我應中央警察大學警政研究所所長吳學燕教授之邀，為研究生講課的資料整理完成。

從當前「客製型服務」的行銷概念與功能，我認為亦可以運用在「社區警政服務」上。現代警察的功能已從傳統的職司逮捕、干涉、取締與專重於犯罪偵查功能，逐漸朝向以犯罪預防、解決問題及服務為導向的趨勢。警察法定的任務已調整為「依法維持公共秩序、保護社會安全、防止一切危害、促進人民福利」。概括而論就是維護社會治安，傳輸服務效率的社區警政服務。

現代警察已不只是著重於鞏固國家安全、維護政權的傳統職能，而是轉型重視社區警政服務的管理思維，也就是要著重顧客導向、問題導向、回應問題的服務社區居民，建立以「以民為尊」、「以人為本」的社區警政，契合 21 世紀 Hospitality 時代「客製型服務」所要達成的目標。

本書第四部分〔臺灣政治經濟思想史論叢（卷一至卷八）要目〕，我特別收錄：（卷一）資本主義與市場篇、（卷二）社會科學與警察篇、（卷三）自由主義與民主篇、（卷四）民族主義與兩岸篇、（卷五）臺灣治安史略、（卷六）人文主義與文化篇、（卷七）政治經濟學與本土篇，及本書（卷八）文創產業與法政篇，以利提供讀者參考。

我之所以要臚列這全八卷的要目，正是代表我研究政治經濟學與撰寫臺灣政治經濟思想史的歷程，所謂「辛苦不尋常、十年磨一劍」的累積發表了相關論文的彙集。其中特別是已經包括了〈臺灣治安史略〉與〈臺灣政治經濟思想小史〉的這兩篇論文，自勉未來可以增修撰寫成專書。

〔臺灣政治經濟思想史論叢（卷一至卷八）〕，這套論叢的得以順利完整出版，我除了要特別感謝元華文創公司董事長賴洋助、前總編輯蔡佩玲的同時，也要謝謝主編李欣芳、責任編輯立欣、行銷業務林宜葶等元華文創編輯團隊的專業協助，成就了這套論叢的圓滿完成。

再度感謝支持這套論叢的所有親朋好友和讀者們，也深盼大家的繼續支持與指教。

陳添壽 謹識

2023 年 7 月 6 日於臺北蟾蜍山居安齋

目 次

第一部分 文創產業篇

第二部分　文學藝術篇

第三部分　法政生活篇

第四部分 【臺灣政治經濟思想史論叢】（卷一至卷八）要目

第一部分

文創產業篇

文化創意產業導論
——以文化資源創新發展的臺灣中小企業

一、前言

托佛勒（Alvin Toffler, 1928-2016）的《第三波》論述，所謂「第一波代表的農業文明」，人類與土地緊密結合在一起，不論如何因地制宜、不論使用何種語言，也不論宗教信仰，都是農業革命所帶來的產物，人類花了數千年時間才得以完成。

這是一個民族通過信仰將民族與眾神相聯繫，通過血緣將個體與個體相聯繫，這是我們所知的原始人類最牢固的兩種聯繫，也是史前時期與農業發展時期的社會聯繫類型。

在經過當時中古世紀宗教與藝術支配歐洲工業發展方向的歲月，我們可認為這種愛好藝術的完美氛圍，處於追求美觀、崇尚美感的風氣，和又在原物料供應無虞的情況，但文藝復興時期社會並未走向近代工商業大量消費的型態，但無疑的，它乃是促進當時工業發展的主要力量之一。

所謂「第二波代表的工業文明」，主要起源於牛頓的科學，蒸汽機首度備用於經濟發展，歐洲的工廠開始設立，農民被迫移向大城市，大膽創新與進步的觀念也不斷出現及傳播，近代工業文明興起的第二波，人類只用了三百年的時間就已完成。

我們才會說 16、17 世紀為近代科學的誕生時代，而同時在這一時期也有著一連串的商業革命、價格革命與工業革命。在這時代產業發展強調生產面的需求，凸顯了大量生產、降低成本的競爭力，以滿足人類生存上所必須的重要物質，是重視社會需求經濟與技術突破的產業競爭發展階段。

尤其像是荷蘭、英國等這些從宗教束縛中解放出來的國家，在經濟發展上的新趨向是大量發展廉價貨品來滿足一般消費者的需求，也逐漸脫離過去工業講求美觀與持久耐用的消費行為。

尤其是到了 17 世紀中葉，先進的英國社會對一般商品的生產與消費的供需，雙方市場衡量皆為數量與效用的利益，不再注意光是重視品質與強調美觀了，經濟的努力已走上近代工業體制的道路。

然而，近代文明與近代工業的結合而形成的所謂「工業文明」，它絕非技術之改造或生產工具之革新所能單獨造成的，它實具有深厚的精神的基礎，可說經濟僅為文化之一方面，遠不足以解釋近代文明的成就之全。

時至 20 世紀的所謂「第三波代表的資訊文明」，其所帶給全世界歷史性的大改變，不僅僅是 20 世紀以來重視電腦知識性產業發展，更是 21 世紀強調以思想為文化主體的創意、創新與創業的「三創」產業經濟發展時代。

以思想革命為文化主體的「三創」產業特徵，已逐漸從重視有形物質轉為無形，人類生活不只是要求食、衣、住、行方面的基本滿足，人類需要的不只是要求地位、名譽、權力的滿足，這些畢竟只是工業社會面、文化面需求的產業文化發展階段。

當前人類的生活與社會逐漸進入尋求幸福快樂、人性尊嚴、心靈寧靜、無國界學習環境的滿足，是一個面對價值面、精神面、倫理面需求所凸顯人類文明的形成，其不僅僅依靠文學藝術等精神內容的轉變，它同時也與傳達文藝內容的工具日趨清晰與犀利密切的相關產業文化精緻化，形塑數位化新型態文化創意產業所重視客製型（Hospitality）的精神和服務。

因為有規範，人類當更能展現創意。例如詩可能是最難以規範的文類。詩大體上是意象思維，詩常在規範下適度逸軌，敞開了人的視野，讓閱讀充滿了驚喜。不是詩對既有體系的全然瓦解，而是在體系的拉扯下，和體系做揶揄的對話。因為有規範，詩反而更能展現創意。

當今文創產業發展階段，也正是從這一世紀開始的「客製型服務」意涵與價值的追求。文創產業的兩大特色就是強調商品的在地化與歷史性的必須與市場做最深切的連結。文創產業的市場意識在凸顯為消費者或被服務者，因為其所受到的服務，而令其有喜悅感受或受到感動，「客製型服務」努力正是強調其依消費者需求，而量身製作的商品或服務。

2010 年 1 月 7 日，立法院修正通過《文化創意產業發展法》，同年 2 月 3 日公布施行。根據聯合國教科文組織（United Nations Education, Scientific and Culture Organization, UNESCO）的「文化產業與商業」（Cultural Industries and Enterprises）所公布的資料，全世界的文化貨品交易在近二十年來已有數倍的成長。

我國政府先後通過了《文化創意產業發展法》和〈文化創意產業發展法實施細則〉，正式宣告臺灣在歷經 20 世紀 60、70 年代出口加工區與 80、90 年代科學園區之後，進入 21 世紀以科技與文化整合發展模式為主的文化創意產業園區時代。這一重要走向是臺灣再創經濟高峰和企業經營管理的優勢策略。

檢視臺灣產業結構的組織與發展歷程，主力部分還是靠著中小企業打拚所締造臺灣經濟發展的風華。2005 年 7 月，修正的〈中小企業認定標準〉：製造業、營造業、礦業、土石採取業等四業，係以實收資本額在新臺幣八千萬元以下者，或經常僱用員工未滿二百人者為中小企業；其餘行業則以前一年營業額在新臺幣壹億元以下者，或經常僱用員工未滿五十人者為中小企業。[1]如今臺灣經濟面臨新的發展階段，中小企業如何面對新的挑戰，選擇合適的產業項目和良好的經營管理方式都特別引發關注。

「文化創意產業」（Culture Creative Industries, 簡稱文創產業）基本上意涵「文化」、「創意」與「產業」三個概念。從事文化藝術工作者會主張「文化」是創造文明歷史的主軸，追求的是人類心靈的價值；從事企業經營者會認為「創意」是資源整合的平台，提供的是人才智慧的匯集；從事經濟

---

1 http://sme.nat.gov.tw/Web/sites/cisatraining/html/standard.htm

建設者會強調「產業」是政經發展的舵手，發揮的是國家的生產力。

因此，孰重要、孰不重要，或孰前、孰後的爭論，猶如出現「蛋生雞」與「雞生蛋」、「個人」與「集體」，或「政府」與「市場」的優先順序難題，最後演變成「為藝術而藝術」或「為藝術而生活」的爭論。[2]

一般對於「文化產業」的概念是普遍比較可以被接受的，而「文化產業化」則爭議較大。「文化產業」的「文化」是偏保護與傳承，是崇尚精神層面，是一種生活型態；「產業」則是一種生產、行銷，以吸引消費者的管理模式，是指可以營利的生產事業。因此，「文化」與「產業」的概念是可以結合形成一種「文化產業」的。

至於「文化產業化」則是強調受到工業化的影響，有功利主義取向，是偏資本主義的市場經濟。然而，「文化」本身就具有不同流俗的「創意」意涵，乃至於「創意」也不是憑空想像。所以，「文化」與「產業」兩者的重要連結平台就是「創意」。

從文化藝術角度只要是提昇生活美學與品質的文化創意，應該是人類所追求的目標，亦即「文化」、「創意」與「產業」三者可以透過整合（integrate）平台來發揮更大產能的命題，將具有整合能力的人成為「文化創意產業」的總樞紐，讓創作天才與現實社會密合，以充分凸顯其藝術的價值，不但能夠被人接受、欣賞而典藏，進而有獲利的效益，創造永恆的價值。

特別是在知識與科技整合的時代，只要販賣「意義」的都是「文化創意產業」，此乃因文化的創造必定衍生特定的創意而遲早會產業化。因此，廣義的「文化創意產業」即所指涉內容與產值，都從「文化」本質發揮經濟效益的概念是可以被接受的。

---

2 李・何林，《中國新文學研究參考資料》，（香港：中文大學近代史料出版組，1972 年 10 月），頁 76-114。

二、文化創意產業的範疇

「文化創意產業」的範疇不僅僅只是文化創意的產業而已，更是擴及生活文化的創意產業。文化創意產業的產業鏈，可由內而外分為三個層面：核心層是美術、戲劇、音樂、文學等精緻藝術；第二層是應用面的廣告設計、建築設計、媒體等；最外層則是衍生出來的製造、服務、觀光等，這也是最容易產業化的部分。[3]

「文化創意產業」（Culture Creative Industries）意涵的三個概念，在「創意」、「文化」、「產業」中，哪一個最具關鍵性？負責發展經濟的部門會強調「產業」，負責推動文化事業的單位會強調「文化」，而從事企業經營者則會認為「創意」最重要。三者之中，當然「文化」是最為重要的。因為，「文化」意指著「以新形式（new form）創造新意義（new meaning）的過程」。

「文化」自然地就是「產業」，也必然地有著「創意」的外觀，在當代的經濟與市場至上的世界裡，只要販賣「意義」的都是文化創意產業，此乃因文化的創造必定衍生特定的創意而遲早會產業化。亦即「文化」既是一種形塑社會新成員的意義、方向系統，也是於日常生活中被各種個人或團體的形塑過程。因此，「文化」是為經濟行動的基礎、限制與機會。

「文化創意」誠然重要，產業發展更攸關國計民生，但文化如同教育，是立國精神之所在，有其核心價值與發展脈絡。「文創產業」所指涉內容與產值，都從「文化」本質發揮經濟效益。文化部門的核心業務並非文化創意產業，而是以「文化」內涵作主軸，執行保存、傳承文化資產，鼓勵藝術、文學創作，提昇國民人文素質的施政計畫，強調的是包括文學與藝術的「文藝創意產業化」。

舉凡食衣住行與空間的生活文化、藝術展演與信仰禮儀，都由此開展，

---

[3] 鄭自隆等，《文化行銷》，（蘆洲：國立空大，2000 年 6 月），頁 99。

並產生人文科技與經濟活動。有歷史人文意義的古蹟、遺址、藝術活動與自然景觀，即為觀光產業實質內涵；具深厚文化基礎與人才養成管道，設計、電影、出版、工藝、表演藝術、數位內容等產業就會生生不息。

從「文創產業」的本質來看，與其說它是一種新行業，倒不如說是一種理念、創意或人文素養。文創產業的精神在於強調產業發展要有文化思維，藝文也需兼顧應用與行銷的部分，並搭建跨界合作的平台，擴大文化影響層面，提高產業品質與競爭力。

「文創產業」的特性具有多樣性、小型性、分散性，以及最重要的是能結合在地特色與全球性市場的藝術創意產業化。2010 年 1 月，政府通過的《文化創意產業發展法》第三條指出，文化創意產業的意義所指的是，凡源自創意或文化積累，透過智慧財產之形成及運用，具有創造財富與就業機會之潛力，並促進全民美學素養，使國民生活環境提升之產業。

《文化創意產業發展法》第三條，對於文創產業的範圍或項目有更具體的指出，它包括：一、視覺藝術產業。二、音樂及表演藝術產業。三、文化資產應用及展演設施產業。四、工藝產業。五、電影產業。六、廣播電視產業。七、出版產業。八、廣告產業。九、產品設計產業。十、視覺傳達設計產業。十一、設計品牌時尚產業。十二、建築設計產業。十三、數位內容產業。十四、創意生活產業。十五、流行音樂及文化內容產業。十六、其他經中央主管機關指定之產業。

承上述，文化創意產業凸顯在複雜的所謂「文化人」、「創意人」與「產業人」的接軌概念上。漢寶德指出：依較進步的產業觀點，可能是以創意為主體的思考，以此分為三類，可大體分為：一、因產業而創意的文化——如影視，二、因創意而產業的文化——如設計，三、結合創意與文化的產業——如美術。[4]

當前《文化創意產業發展法》所使用的範疇文字，未來修法時，能夠參

4 漢寶德，《文化與文創》，（臺北：聯經，2014 年 10 月），頁 76-77。

考先前這三大方面的說明，然後再加以分類，乃至於詳列所屬項目，當會更裨益學生，或有志者深入了解《文化創意產業發展法》，對於其所列範疇的解釋。

三、臺灣發展文創產業的優勢

臺灣在全球華人中的文創產業具有下列優勢：

第一，臺灣擁有海洋文化的特性，介於東北亞和東南亞的交會處，具有得天獨厚的地理優勢。

第二，臺灣是一個移民社會，具有原住民、荷蘭人、日本人和中國人的多元民族的包容特質，具備開放自由的胸襟，開創新局的勇氣，和寬廣的世界觀，充滿追求創新的能量。

第三，臺灣擁有深厚的中華文化傳統，底蘊溫厚，特別是保存著儒家精神，成為創新的人文基礎。

第四，臺灣教育普及，網際網路的科技發展迅速。

第五，臺灣具有市場經濟的企業管理和知識管理經驗。

第六，臺灣是華人社會最先具有實現民主制度的地方，擁有自由開創的心靈，提供可以自由創作的環境，是文化創意產業的生命力。[5]

特別是經過了「相互融合的文化」，「匯聚人才的創意」，「累積經營的產業」，朝向發展具有「臺灣特色的中華文化」優勢，亦可凸顯文化是融合的，創意是人才的，產業是經營的。

臺灣發展文創產業，溯自 2002 年政府宣示推動文創產業，並列為「挑戰 2008：國家發展重點計畫」的「文化創意產業發展計劃」中，政府提出五大策略要來推動國內文化創意產業，包括整備文化創意產業發展機制、設置文化創意產業資源中心、文創園區與工藝產業發展計畫、振興流行文化產

---

5 文建會，《創意臺灣 Creative Taiwan「文化創意產業發展方案」行動計畫 2009～2013》，（文建會、新聞局、經濟部，2009 年 10 月），頁 1。

業方案與臺灣設計產業起飛計畫等。如今第一期已經結束，並進入了第二期階段。

2009 年 5 月 14 日，行政院院會通過「創意臺灣——文化創意產業發展方案」，執行期程為 2009 年至 2013 年，主要係針對臺灣當前發展文化創意產業發展之優勢、潛力、困境及產業需求，提出推動策略，期能達到以臺灣為基地，拓展華文市場，進軍國際，打造臺灣成為亞太文化創意產業匯流中心的願景。

方案之推動策略分為「環境整備」和「旗艦產業」二大塊面。

一、「環境整備」部分，主要是對於所有文化創意產業整體面臨的共通性問題，思考因應策略，著重於健全文化創意產業發展之相關面向：包括經費的挹注、融資及創投機制、法規面的鬆綁及制度面建立、擴大國內外市場、建立文創產業合作平台，及人才培育等。「環境整備」之目的是希望建構對所有文創產業皆友善之發展環境，使相關產業皆能獲得適當之輔導及協助而成長，並進一步培養成為明日之旗艦產業。

二、「旗艦產業」部分，則是從現有各產業範疇中，擇取發展較為成熟、具產值潛力、產業關聯效益大的業別，包括電視、電影、流行音樂、數位內容、設計及工藝產業，針對其發展特性及需求提出規劃，予以重點推動，期能在既有基礎上再作強化及提昇，並藉以發揮「領頭羊」效益，帶動其他未臻成熟的產業。對於未納入旗艦產業的業別，尚需加強扶植及輔導，即藉由「環境整備」各項專案的執行，建置產業共通性之良好發展環境，讓其得以成長茁壯。[6]

2010 年 1 月和 10 月，政府先後通過了《文化創意產業發展法》和〈文化創意產業發展法實施細則〉，希望藉由政府的積極推動，以獎勵、補助的方式，加強與民間文化工作者、企業界的結合，同時也要教育消費者的支

[6] 文建會，《創意臺灣 Creative Taiwan「文化創意產業發展方案」行動計畫 2009～2013》，（文建會、新聞局、經濟部，2009 年 10 月），頁 2。

持，共同來帶動臺灣文化創意產業的發展。

整體而言，文化創意產業有以下四項發展趨勢：

一、產業創新的關鍵角色：文創產業有不錯的環境調整能力，主要是歸功於產業的創新以及市場的靈活反應。

二、大者恆大的狀態：臺灣的產業發展有個明顯的趨勢，即規模越大的企業越具有競爭力，出現大者恆大的樣貌。

三、集中化的問題：文化創意產業出現集中化的現象。

四、越來越嚴酷的市場競爭：文化創意產業市場的競爭變得越來越激烈、非常嚴酷。[7]

臺灣政治民主化發展，顯示「臺灣文化主體意識」的確立。臺灣發展從 1950 年代的強調軍事力，1960 年代的強調經濟力，1970 年代的強調政治力，1980 年代的強調社會力，進入 1990 年代以後的開始強調文化力。文化力的內涵是什麼？哪些文化內涵可以代表臺灣的文化力？

這一思考方向，首先面臨的是臺灣發展的歷史面向和對文化的省思。臺灣要去否定與中國的關係和與中華文化的歷史關係嗎？ 這是一個剪不斷理還亂的嚴肅課題。然而，從文化角度的論述，在 1996 年臺灣人民依自己的意志選出總統之後，對於以文化主體性的內涵，似乎可以獲得共識。

這一文化主體性的共識是指，臺灣受到中華文化的影響很深，「文化興國」是以文化來發揚臺灣的優勢，臺灣在文化方面的表現本來就很突出，尤其發展一套具有臺灣特色的中華文化。它的核心價值就是開放進取、善良勤奮與誠信包容，表現在外的就是海洋文化、多元文化、創意文化，以及志工文化和愛心文化。

但無可否認的臺灣發展史實，臺灣的原住民文化，還有臺灣因受到荷蘭、日本的統治，在文化層面也受到相當程度的影響。這四百多年的演變所

---

7 文建會，《創意臺灣 Creative Taiwan「文化創意產業發展方案」行動計畫 2009～2013》，（文建會、新聞局、經濟部，2009 年 10 月），頁 8-9。

形塑的臺灣政治、經濟和社會發展，已經在文化發展上有其獨特性。文化的獨特性是臺灣文化主體性的意義。

四、文化創意產業的整合性

科技與設計的動力來自使命感，科技與設計的文創產業目的即是改善人的生活。科技設計不應只是風格與式樣的改變，好的科技設計要能發展出新的產業。設計本身是創造文化、創造未來，創新教育應重視的是由心出發的經營哲學，而不只是追求可被機械人取代的生產技術變革而已。

文化創意重要，產業更關係經濟發展和國計民生，但文化如同教育，是立國精神之所繫，有其核心價值與發展脈絡。文化創意產業所研究內容與產值，都從文化本質發揮經濟效益。文創產業是指一種理念、創意或人文素養。它的精神在於強調產業發展要有文化思維，藝文也須兼顧應用與行銷的部分，並搭建跨界合作的平臺，擴大文化影響層面，提高產業品質與競爭力。

例如：臺北城市科技大學非常重視創意產業發展，歷年來都鼓勵師生參與各項比賽。這是挑戰也是落實教學成果，並藉此培養學生的創意和競爭力。贏得比賽的獎項包括：臺北廚王大賽「辣妹廚王」「創意料理」競賽、「華容盃」比賽、「亞洲大專高爾夫球賽」冠軍等等。最豐碩的成績，就是「臺北國際」、「德國紐倫堡」、「韓國首爾」，和「日內瓦國際發明展」等發明展獲得最佳成績。

產、官、學、研的交流，最沒有效果的方式除了不能整合資源之外，就是舉辦一場一場的研討會，政府應協助組成專案的「Task Force」，每一個專案都有產業龍頭 CEO 群，加上政府各部門主管級學校專業研究單位共同組成，經過長時間研討，直到有具體方案和落實執行。

五、文創產業發展的政府作為

政府經濟職能要發展文化創意產業，首先面臨市場經濟在描述整體經濟活動的市場中，是容許有不同市場間價格、數量的互相影響，而達成再也無法不損及他人利益而增進某人福利時的「柏瑞圖最適境界」（Pareto optimum），也就是經濟資源已經得到最有效率使用的狀態。政府存在的目的應當是保證個人可以充分地以自己覺得最合適的方式利用其知識和才能。

市場經濟的「柏瑞圖最適境界」往往很難達成，政府為有效處理市場失靈（market failure）的現象，不得不強調透過介入市場經濟的必要性，而政府主要的基本經濟功能是：需要訂定法令規章，維持經濟秩序；需要重分配所得，維護社會正義；需要提供公共建設，發揮經濟效率；需要建構投資環境，穩定經濟成長。

市場上雖有政府角色介入市場經濟的必要性，但是也常會發生政府失能（government failure）現象。然而，現實狀況亦不必如此悲觀，從政治經濟學（Political Economy）的角度，經濟活動乃建立於較廣泛的政治結構上。如何在市場機能與政府職能上各有所欠缺的情形下，就是兩者如何整合功能的智慧。政府可以透過獎勵、補貼、降低關稅，甚至於實施保護主義政策等等的「大政府」作為。而政府通過《文化創意產業發展法》，即屬於「大政府」角色。

當政府努力去推動《文化創意產業發展法》、〈文化創意產業發展法實施細則〉，而過度介入市場經濟的自由競爭本質時，千萬不能讓文化創意失去了應有的自主、多元本質，別自認為政府萬能，透過政策就可以扭轉文化創意產業在市場經濟上個別產業所發生的諸多不順利，這是大家應該給予特別關注的焦點。

因此，跨部會組織的政府協助產業發展政策，才能建構一個有利於文化創意產業的推動。所謂「創意經濟」（creative economy），是指以創意產業為核心的新經濟領域，包含了傳統文化展現、文化場所、表演藝術、視覺藝術、出版和印刷媒體、視聽產業、設計、新型媒體及創意服務等九大產業。由於創意產業的高附加價值，與景氣波動的相關程度較低，同時具備工作機會的創造能量，遂成為各國政府擬定產業轉型及經濟復原力的政策重點。[8]

發展文創產業並非富國和已高度開發國家的專屬產業項目，在許多開發中或轉型經濟體所形成的全球貿易網絡中，諸如的印度設計、以色列的音樂，和韓國韓劇的出口，文創產業項目皆表現得極為出色。相較於扶植製造業所需高額資本，不但不需要如資本或技術密集產業的動輒數億元的廠房設備，而且會對於許多資本不足的經濟體產生排他作用。

反觀培育文創產業首重的發展條件是擁有獨特、濃烈的文化特質，所需資金和技術的投入相對較低，對擁有豐富文化資產的經濟體來說，文創產業更具競爭軟實力。

如果文化是引導人類發展的另一隻看不見市場的手，政府協助發展文創產業，積極推動文化創意產業化，不但有助發展臺灣產業，除了民間企業和文化團體本身的努力積極投入文創產業發展之外，政府的重點政策可朝下列幾個方面加強推動：在資金挹注及財管政策、在產品研發及輔導政策、在市場行銷及推廣政策、在人力規劃及培育政策、在產業集聚及跨業政策。[9]

六、結論

政府推動文化創意產業政策基本上還是政府實施經濟管制政策的一部分，就如同政府先前訂定實施的《獎勵投資條例》、《促進產業升級條例》等法令與措施，政府的過度介入難保不會發生官僚體系行政效率差、官員貪污腐化、受制於利益團體而扭曲政策、預算經費受到排擠而導致資源分配不

---

8 郭迺鋒、劉名寰，〈保障創意產權 不能再等〉，（臺北：中國時報，2010 年 3 月 9 日）。

9 陳添壽，《臺灣政治經濟思想史論叢（卷三）：自由主義與民主篇》，（臺北，元華文創，2018 年 8 月），頁 323-326。

公平等問題。發展文創產業的基礎，還是要回歸市場經濟自由競爭的本質，也就是「人文」與「民主」的根本思維。

「人文」代表歷史文化的傳承，是凸顯文化的在地性；「民主」代表自由競爭的機制，是尊重人性的自由意志。結合歷史文化的在地性和產業市場的自由競爭機制，文化創意產業發展的深根與茁壯，主要還是仰賴有效率的廉能政府支持，與來自民間活力與企業經營的結合所發展起來的「軟實力」（soft power）。

這正是政府發展文化創意產業所要強調的社會責任，亦即凸顯在崇尚利潤極大化的企業目標之外，應樹立一種新型態的商業機制，在有效能政府與優質企業的共同努力下，推廣以關心社會文化問題、關心人性真實的多面向需求為特點的「社會事業」（social business）。

建構華人文創產業園區的經濟效益，結合生活在中國、日本、朝鮮半島、越南等東南亞及其周邊地區的人民，這區域產生過各有個性的民族文化，由此形成的，是一種植根於歷史的多樣性。特別是華人地區促成文化的傳播、融合與認同，這個歷史文化發展的過程，匯生出富有特色的華人文化與文明資產。

從物質上的富足到文化上的自信，需要時間的涵養。這種產業結構性文化固然有其保守性格，但也是成熟資本主義文化精緻化與提升的力量。臺灣社會經過四個世紀以來的經濟發展，產業結構的升級，也累積相當多這種文化上的軟實力，提供了發展文化創意產業的有利環境。

總結：發展文化的軟實力，我們必須強調「文化底蘊」、「文學修養」、「文藝才能」，最後才有成功的「文創產業」的發展。發展文化的軟實力，就要重視上述筆者特別提到的所謂「四文主義」的內涵、方向與整體目標。

附錄：《文化創意產業發展法》條文說明

【制定／修正日期】民國 **99** 年 **1** 月 **7** 日

【公布／施行日期】民國 **99** 年 **2** 月 **3** 日

【法規沿革】

中華民國九十九年二月三日總統華總一義字第 09900022451 號令制定公布全文 30 條；施行日期，由行政院另定之

【法規內容】

第一章　總則

第一條（立法目的、法律適用）

為促進文化創意產業之發展，建構具有豐富文化及創意內涵之社會環境，運用科技與創新研發，健全文化創意產業人才培育，並積極開發國內外市場，特制定本法。

文化創意產業之發展，依本法之規定。其他法律規定較本法更有利者，從其規定。

第二條（立法原則及方向）

政府為推動文化創意產業，應加強藝術創作及文化保存、文化與科技結合，注重城鄉及區域均衡發展，並重視地方特色，提升國民文化素養及促進文化藝術普及，以符合國際潮流。

第三條（文化創意產業之定義、範疇）

本法所稱文化創意產業，指源自創意或文化積累，透過智慧財產之形成及運用，具有創造財富與就業機會之潛力，並促進全民美學素養，使國民生

活環境提升之下列產業：

一、視覺藝術產業。

二、音樂及表演藝術產業。

三、文化資產應用及展演設施產業。

四、工藝產業。

五、電影產業。

六、廣播電視產業。

七、出版產業。

八、廣告產業。

九、產品設計產業。

十、視覺傳達設計產業。

十一、設計品牌時尚產業。

十二、建築設計產業。

十三、數位內容產業。

十四、創意生活產業。

十五、流行音樂及文化內容產業。

十六、其他經中央主管機關指定之產業。

前項各款產業內容及範圍，由中央主管機關會商中央目的事業主管機關定之。

第四條（文化創意事業之定義）

本法所稱文化創意事業，指從事文化創意產業之法人、合夥、獨資或個人。

第五條（主管機關）

本法所稱主管機關：在中央為行政院文化建設委員會；在直轄市為直轄市政府；在縣（市）為縣（市）政府。

第六條（政策依據）

中央主管機關應擬訂文化創意產業發展政策，並每四年檢討修正，報請行政院核定，作為推動文化創意產業發展之政策依據。

中央主管機關應會同中央目的事業主管機關建立文化創意產業統計，並每年出版文化創意產業年報。

第七條（財團法人文化創意產業發展研究院之設置）

為促進文化創意產業之發展，政府應捐助設立財團法人文化創意產業發展研究院；其設置條例另定之。

第八條（發展經費）

政府應致力於發展文化創意產業，並保障其發展所需之經費。

第九條（國家發展基金之提撥）

國家發展基金應提撥一定比例投資文化創意產業。

前項投資之審核、撥款機制與績效指標等相關事項之辦法，由中央主管機關會同相關目的事業主管機關定之。

第十條（文化創意之推廣）

政府應推廣文化創意有價之觀念，充分開發、運用文化創意資產，並落實於相關政策。

政府用於有形或無形之文化創意資產支出，經濟效用年限達二年以上者，應劃編為資本門經費預算。

各中央目的事業主管機關應訂定各項獎勵或輔導措施，以協助公民營企業及文化創意事業，將創意成果及文化創意資產，轉化為實際之生產或運用。

第十一條（與教學資源之整合及人才培訓）

為培育文化創意事業人才，政府應充分開發、運用文化創意人力資源，整合各種教學與研究資源，鼓勵文化創意產業進行產官學合作研究及人才培訓。

政府得協助地方政府、大專校院及文化創意事業充實文化創意人才，並鼓勵其建置文化創意產業相關發展設施，開設相關課程，或進行創意開發、實驗、創作與展演。

第二章　協助及獎補助機制

第十二條（協助、獎勵或補助文化創意事業之規定）

主管機關及中央目的事業主管機關得就下列事項，對文化創意事業給予適當之協助、獎勵或補助：

一、法人化及相關稅籍登記。

二、產品或服務之創作或研究發展。

三、創業育成。

四、健全經紀人制度。

五、無形資產流通運用。

六、提升經營管理能力。

七、運用資訊科技。

八、培訓專業人才及招攬國際人才。

九、促進投資招商。

十、事業互助合作。

十一、市場拓展。

十二、國際合作及交流。

十三、參與國內外競賽。

十四、產業群聚。

十五、運用公有不動產。

十六、蒐集產業及市場資訊。

十七、推廣宣導優良文化創意產品或服務。

十八、智慧財產權保護及運用。

十九、協助活化文化創意事業產品及服務。

二十、其他促進文化創意產業發展之事項。

前項協助、獎勵或補助之對象、條件、適用範圍、申請程序、審查基準、撤銷、廢止補助及其他相關事項之辦法，由中央目的事業主管機關定之。

第十三條（相關課程之設計及教學活動）

為提升國民美學素養及培養文化創意活動人口，政府應於高級中等以下學校提供美學及文化創意欣賞課程，並辦理相關教學活動。

第十四條（學生觀賞藝文展演之補助）

為培養藝文消費習慣，並振興文化創意產業，中央主管機關得編列預算補助學生觀賞藝文展演，並得發放藝文體驗券。

前項補助、發放對象與實施辦法，由中央主管機關定之。

第十五條（原創產品或服務之優惠）

為發展本國文化創意產業，政府應鼓勵文化創意事業以優惠之價格提供原創產品或服務；其價差由中央主管機關補助之。

前項原創產品或服務範圍之認定與補助相關辦法，由中央主管機關定之。

第十六條（獎助設置文化展演設施）

中央目的事業主管機關得獎勵或補助民間提供適當空間，設置各類型創作、育成、展演等設施，以提供文化創意事業使用。

前項獎勵或補助辦法，由中央目的事業主管機關定之。

第十七條（政府採購前之評選方式）

政府機關辦理文化創意產品或服務之採購，其採公開評選方式者，得將文化創意產品或服務之創意、美學列為評選項目。

第十八條（公有公共運輸場站廣告物空間之使用）

公有公共運輸系統之場站或相關設施之主管機關，應保留該場站或相關設施一定比率之廣告空間，優先提供予文化創意產品或服務，以優惠價格使用；其比率及使用費率，由主管機關定之。

第十九條（建立文化創意事業投資、融資與信用保證機制）

中央主管機關應協調相關政府機關（構）、金融機構、信用保證機構，建立文化創意事業投資、融資與信用保證機制，並提供優惠措施引導民間資金投入，以協助各經營階段之文化創意事業取得所需資金。

政府應鼓勵企業投資文化創意產業，促成跨領域經營策略與管理經驗之交流。

第二十條（鼓勵建立自有品牌及協助拓展國際市場）

中央目的事業主管機關為鼓勵文化創意事業建立自有品牌，並積極開拓國際市場，得協調各駐外機構，協助文化創意事業塑造國際品牌形象，參加知名國際展演、競賽、博覽會、文化藝術節慶等活動，並提供相關國際市場拓展及推廣銷售之協助。

第二十一條（公有文化創意資產之管理）

為促進文化創意產業之發展，政府得以出租、授權或其他方式，提供其管理之圖書、史料、典藏文物或影音資料等公有文化創意資產。但不得違反智慧財產權相關法令規定。

依前項規定提供公有文化創意資產之管理機關，應將對外提供之公有文化創意資產造冊，並以適當之方式對外公開。

管理機關依第一項規定取得之收益，得保留部分作為管理維護、技術研發與人才培育之費用，不受國有財產法第七條及地方政府公有財產管理法令規定之限制。

利用人係為非營利目的而使用公有文化創意資產時，管理機關得採優惠計價方式辦理。

公有文化創意資產之出租、授權、收益保留及其他相關事項之辦法或自治法規，由中央目的事業主管機關、直轄市或縣（市）主管機關定之。

第二十二條（協助公有非公用不動產之租用）

政府機關為協助文化創意事業設置藝文創作者培育、輔助及展演場所所需公有非公用不動產，經目的事業主管機關核定者，不動產管理機關得逕予出租，不受國有財產法第四十二條及地方政府公有財產管理法令相關出租方式之限制。

第二十三條（著作權設質登記制度之建立）

以文化創意產業產生之著作財產權為標的之質權，其設定、讓與、變更、消滅或處分之限制，得向著作權專責機關登記；未經登記者，不得對抗善意第三人。但因混同、著作財產權或擔保債權之消滅而質權消滅者，不在此限。

前項登記內容，任何人均得申請查閱。

第一項登記及前項查閱之辦法，由著作權法主管機關定之。

著作權專責機關得將第一項及第二項業務委託民間機構或團體辦理。

第二十四條（著作權不明者之授權機制與利用）

利用人為製作文化創意產品，已盡一切努力，就已公開發表之著作，因著作財產權人不明或其所在不明致無法取得授權時，經向著作權專責機關釋明無法取得授權之情形，且經著作權專責機關再查證後，經許可授權並提存使用報酬者，得於許可範圍內利用該著作。

著作權專責機關對於前項授權許可，應以適當之方式公告，並刊登政府公報。

第一項使用報酬之金額應與一般著作經自由磋商所應支付合理之使用報酬相當。

依第一項規定獲得授權許可完成之文化創意產品重製物，應註明著作權專責機關之許可日期、文號及許可利用之條件與範圍。

第一項申請許可、使用報酬之詳細計算方式及其他應遵行事項之辦法，由著作權法主管機關定之。

依第一項規定，取得許可授權後，發現其申請有不實情事者，著作權專責機關應撤銷其許可。

依第一項規定，取得許可授權後，未依著作權專責機關許可之方式利用著作者，著作權專責機關應廢止其許可。

第二十五條（文化創意聚落之設置）

政府應協助設置文化創意聚落，並優先輔導核心創作及獨立工作者進駐，透過群聚效益促進文化創意事業發展。

第三章　租稅優惠

第二十六條（捐贈、購買之費用列支）

營利事業之下列捐贈，其捐贈總額在新臺幣一千萬元或所得額百分之十之額度內，得列為當年度費用或損失，不受所得稅法第三十六條第二款限制：

一、購買由國內文化創意事業原創之產品或服務，並經由學校、機關、團體捐贈學生或弱勢團體。

二、偏遠地區舉辦之文化創意活動。

三、捐贈文化創意事業成立育成中心。

四、其他經中央主管機關認定之事項。

前項實施辦法，由中央主管機關會同中央目的事業主管機關定之。

第二十七條（稅捐之減免）

為促進文化創意產業創新，公司投資於文化創意研究與發展及人才培訓支出金額，得依有關稅法或其他法律規定減免稅捐。

第二十八條（免徵進口稅捐之優惠）

文化創意事業自國外輸入自用之機器、設備，經中央目的事業主管機關證明屬實，並經經濟部專案認定國內尚未製造者，免徵進口稅捐。

第四章　附則

第二十九條（施行細則）

本法施行細則，由中央主管機關定之。

第三十條（施行日）

本法施行日期，由行政院另定之。

2023 年 5 月 12 日，《文化創意產業發展法》修正條文立法院三讀通過，投資行政院核定「國家戰略重點文化創意產業」文創公司或有限合夥事業、專案，可享投資抵減。其立案旨在彰顯投資臺灣內容正著時，與戰略文創首度納入投資抵減。

此次修正草案從 4 月 6 日行政院送請立法院審議，僅短短 1 個月餘即三讀通過，更顯示我國政府除科技硬實力，也高度重視國家文化軟實力應加以推升動能的急迫。文化部表示，國家戰略產業首度納入投資抵減，是文化黑潮計畫起手式，文化部已加速子法研修工作，期盼邀請各界共同投資臺灣內容，將臺流推向世界。

為促進我國原生文化內容智慧財產開發、產製及流通，公司或有限合夥事業等營利事業，投資行政院核定「國家戰略重點文化創意產業」文創公司或有限合夥事業、專案，並達 2 年以上，可在投資額 20%以內，自有應納營所稅年度起 5 年內，每年最高抵減所得稅額總額 50%；個人亦即天使投資人，投資高風險新創公司或有限合夥事業，以及由國發基金共同投資的專案，現金投資 50 萬元，並持有達 2 年以上，可在投資額 50%以內，自持有屆滿 2 年的當年度個人綜合所得總額內減除最多 300 萬元。

《文化創意產業發展法》針對其中黃牛條款，文化部已與警政署、刑事局、負責網路偵查的偵九大隊，以及地方政府，優先建立溝通管道，將以「聯合打牛小組」，共同查緝機器掃票、高價轉售等黃牛行為。同時啟動售票系統輔導優化防堵搶票機制、研議最高 10 萬元檢舉獎金，期盼有效遏止黃牛。

〈文化創意產業發展法施行細則〉條文說明

行政院文化建設委員會　令
中華民國 99 年 10 月 6 日
文壹字第 0993019684 號

第一條

本細則依文化創意產業發展法（以下簡稱本法）第二十九條規定訂定之。

第二條

本法第十條第二項所稱無形之文化創意資產，指與文化創意有關之專利權、著作權、商標權與營業秘密等智慧財產權及其他符合財務會計準則公報所定義之無形資產。

本法第十條第二項所稱政府用於有形或無形之文化創意資產支出，指政府就取得、發展、維護或強化有形或無形文化創意資產所為之支出。

第三條

政府依本法第十一條第一項規定，得以輔助、獎勵或補助等方式，推動文化創意事業與學校及政府機關合作進行下列有關開發、運用文化創意人力資源之事項：

一、各類產品、服務之創作或研究發展人才之培養。

二、各類教育、培訓、研討、實習或訓練等相關人才訓練之合作

三、其他有關文化創意人力資源之整合。

第四條

政府依本法第十一條第二項規定，得以輔助、獎勵或補助等方式，推動地方政府、大專校院、文化創意事業，設置產業聚落、產學合作中心、育成中心等文化創意產業發展所需之相關軟硬體設施。

政府依本法第十一條第二項規定，得以輔助、獎勵或補助等方式，推動地方政府、大專校院、文化創意事業，開設培訓文化創意產業所需之各種高階專業及跨領域人才之課程。

第五條

政府為落實本法第十一條第二項所定充實文化創意人才，得協助大專校院採取下列必要措施：

一、引進國際師資及最新設備、技術、技藝；充實實務師資。

二、提供現職師資國際或國內文化創意相關之進修課程。

第六條

本法第十三條所定相關教學活動，其範圍如下：

一、學校師生發表藝文成果展演活動、邀請藝術家（團體）到校進行教學課程、演出及展覽。

二、學校師生赴具有藝文性質場所參觀、展演或研習。

前項教學活動，政府得予以補助。

第七條

本法第十八條所稱公共運輸系統，指具有固定路（航）線、固定班（航）次、固定場站及固定費率，提供旅客運送服務之大眾運輸系統。

本法第十八條所稱廣告空間，指設置於運輸工具本體內外部、運輸場站或其附屬設施之廣告燈箱、電子播報媒體、公車站牌及候車亭等具有宣傳及推銷功能之空間。

第八條

本法第二十條所稱自有品牌，指文化創意事業依我國或其他國家法令取得商標權之品牌；其持有股份達百分之五十以上且從事文化創意產業之企業取得商標權之品牌，亦同。

第九條

中央目的事業主管機關依本法第二十條規定，得積極就下列事項，協助文化創意事業塑造國際品牌形象：

一、知名國際展演、競賽、博覽會、文化藝術節慶等活動之參加。

二、相關國際市場之拓展。

三、人才、技術之國際交流；國際共同開發、研究及製作之參與。

四、自有品牌智慧財產權保護機制之推動。

五、其他與自有品牌建立、推廣所需之設計、包裝、行銷管道、顧問諮詢等有關之事項。

前項所定事項，得以獎勵或補助方式為之。

第十條

本法第二十五條所稱文化創意聚落，指文化創意事業高度聚集之一定地理區域，不以同一建物、同一街廓或行政區域等明確界線劃分者為限。

本法第二十五條所稱核心創作及獨立工作者，指從事文化創意產品創作或服務研發之個人或微型文化創意事業。

前項所稱微型文化創意事業，指員工數未滿五人之事業。

第十一條

文化創意事業依本法第二十八條規定申請免徵進口稅捐，其自國外輸入自用之機器、設備報單，應註明中央目的事業主管機關證明文件文號，並檢附經濟部核發之國內無產製證明文件。

第十二條

本細則自本法施行之日施行。

商業發展與城市文化的演進——近代臺灣重商主義的形成與轉折（1624-1895）

一、前言

人類歷史上所經歷的政權或國家規模演進，大略是先城邦（city-state），後帝國（empire），然後民族國家（nation-state），而今再有天下一家（the world as one）的國際政府概念和嘗試。[1]

檢視臺灣經濟社會發展史如果採用經濟學者羅斯托（W. W. Rostow, 1916-2003）於 1960 年提出傳統期、起飛前的過度期、起飛期、成熟期和高度消費期的所謂「羅斯托的成長階段」（Rostow's stages of growth）的五個階段分析法。[2]臺灣近代重商主義（merchantilism）的形成與轉折時期，大約是在傳統社會與起飛前期的階段，時間應該是在 1624 年至 1662 年的荷西時期，和 1662 年至 1683 年的鄭治東寧王國時期，乃至於 1683 年至 1895 年的清治臺灣時期。

從 1624 年至 1895 年的 271 年間，近代臺灣重商主義發展的時期，就商業貿易發展的角度而論，基本上可以將其分為：荷西統治的重商主義確立期（1624-1662）、鄭氏東寧王國統治的重商主義調整期（1662-1683）、清治

[1] 王世宗，《現代世界的形成——文明終極意義的探求》，（臺北：三民，2003 年 1 月），頁 77。

[2] W. W. Rostow, *The Stage of Economic Growth* (Cambridge: Cambridge University Press, 1962).

開港前重商主義中挫期（1683-1860），和清治開港後重商主義復萌期（1860-1895）等四個時期。

諾斯（D. C. North, 1920-2015）指出，從歷史角度而言，經濟的成長是發生於有強制力的政治體系之中；另一方面，政府的強制權力在歷史制度上多半被用在不利經濟成長的作法上。[3]亦即制度的變遷受到商業發展的市場社會、權力體系的國家力量，和造成有效執行的制度等三者互動的制約，使得制度的形成與轉折總是逐步而且緩慢的，同時也呈現一定的連續性。

世上沒有永遠的制度，只有人們自身不息的警惕才是唯一的依靠；制度有如一座堡壘要塞，但把它建得很牢固並不一定有用，還得靠後人不斷的經由對制度的認同而產生制度的規範與創新。畢竟有效率的組織才能造就出有利於成長的制度，並且在條件改變時順利促成制度的變動，使制度改變的過程受制於特定的路徑依賴（path dependence），也更能透徹地分析制度在達成目標的歷史過程的成敗與轉折。[4]

本文結合地理、文化與科技因素，依據歷史制度理論分析近代臺灣重商主義政策的盛行與發展，為何會出現在荷蘭和西班牙的統治時期，到了鄭氏統治時期為何必須進行調整，到了清治臺灣初期和中期的 1860 年開港前，重商主義因何受到抑制而中挫，而在 1860 年開港以後又為何有機會出現短暫的復萌現象。

而在 1895 年以後臺灣受制於日本的殖民統治，臺灣自主性的商業與城市發展受到極大的約束，直到 1950 年代之後國民黨政府統治臺灣，才又出現了所謂的「新重商主義」，其形成和轉折的因素關鍵都是探討重商主義發展與變遷的焦點。

由於本文著重於近代商業與城市發展的歷史變遷，因此只先就近代以來

---

3 D. C. North, *Structure and Chang in Economic History* (N. Y.: W. W. Norton, 1981).

4 陳添壽，《臺灣治安制度史——警察與政治經濟的對話》，（臺北：蘭臺，2010 年 2 月），頁 20-21。

的荷西、鄭氏東寧王國和清治臺灣的三個時期商業與城市發展為分析的對象。日治和國民黨執政時期商業發展與城市文化演進關係的殖民性與現代性議題，以及網際網路的興起之後，明顯居於優勢地位的城市社會應運而生。霍布斯邦（Eric J. Hobsbawm, 1917-2012）指出，21 世紀網際網路的興起，在這場斷裂與未來國際發展有關的四大社會面向是：1.農民的急速崩解與衰落，2.超級城市的形成，3.普遍具有閱讀能力以及手寫或機器書寫的世界，取代了口語傳播的世界，4.女性地位的轉變。[5]特別是人口以千萬計算的超級城市（hyper-city）將留待另文論述。

針對上述的研究動機和目的，本文的論述結構除了首先的前言和介紹研究方法之外，其次將論述近代重商主義商業發展與城市文化之間的關係，第三部分將論述荷蘭和西班牙統治臺灣重商主義的確立，第四部分將論述鄭氏東寧王國重商主義的調整，第五部分將論述清朝統治臺灣時期重商主義的抑制與復萌，最後，是結論與展望。

二、重商主義商業發展與城市文化的關係

重商主義文化的內涵強調一國所擁有的貴金屬，特別是黃金和白銀儲存的越多，就代表其國家的經濟力越強大。1453 年，東羅馬帝國解體之後，西方歐洲國家為尋找新資源所帶來的商業發展與城市文化，所建立起資本主義市場經濟發展模式就一直被許多國家所奉行。

從 15 世紀大航海時代開啟的重商主義政策，凸顯於商業貿易導致各國君主需要籌措龐大錢財以支應戰事、日增外交支出和官僚薪餉的開銷，並演變發展成為至今的「新重商主義」（neo-merchantilism）文化，形塑了重視市場競爭，產品貿易，累積財富，創新生產技術，以提高人民生活水準為目標的商業發展與城市文化。

5 霍布斯邦（Eric J. Hobsbawm）著，吳莉君 譯，《霍布斯邦看 21 世紀——全球化、民主與恐怖主義》，（臺北：麥田，2008 年 11 月），頁 42-43。

重商主義（merchantilism）的強調是海洋商人性格的重商主義者（mercantilist）、是海洋利權的確保者、是通商障礙的排除者，和自由貿易體系的建構者。所以，又被稱之為「商人資本主義」（merchant capitalism）。

重商主義商業化的結果，是伴隨著由外國人建立或控制新興港口城市的蓬勃發展而來，儘管 17 世紀以前，有些商業城市幾乎尚未存在或只是小城鎮而已。然而，受到重商主義衝擊而興起的商業城市，不只是商業或工業的現象而已，思想或非經濟的制度的傳入，從歷史長遠看或許更具革命的重要性。[6]

不同文化的發展模式也涉及文化之間的歧異，其權力拓展正由西方長期獨霸轉向非西方世界的文明，全球政治已朝向多極和多元文明發展。[7]就以重商主義時期最具代表性的發展國家荷蘭為例，17 世紀由於荷蘭設計了一種不用裝置砲台的船隻，船身不但輕便、造價又低廉，而且船底盤大而呈圓弧狀，可以裝載更多貨品；同時，因為具備甲板面積窄小的優點，可以規避高額稅賦，加上其他優異的航海設備與技術，為荷蘭贏得「海上馬車夫」的稱號。

當荷蘭國力日漸增強、人民生活富庶之時，大小商業城市因而紛紛興起，荷蘭開始面臨城市該交由誰管理，以及如何管理的難題。最後市民決定從貴族手中爭取城市自治權，將城市治權交由具有財經實力的商人來管理。然而，在西班牙以政治聯姻取得對荷蘭的統治權之後，對荷蘭採取苛稅政策，迫使荷蘭不得不轉向英國尋求解決，經比較其稅負金額竟要比西班牙還來得重。因此，荷蘭決定聯合七個省份實施共和體制來治理。

檢視從 1640 年起，西班牙各口岸四分之三的貨物都是委由荷蘭貨船運送。阿姆斯特丹（Amsterdam）這一城市原只是荷蘭北部的一處小漁村，為

---

6 Rhoads Murphey, 林維紅 譯，〈通商口岸與中國現代化：走錯了那一步〉，金耀基等著，《中國現代化的歷程》，（臺北：時報文化，1990 年 11 月），頁 213-214。

7 Samuel P. Huntionton, 黃裕美 譯，《文明衝突與世界秩序的重建》，（臺北：聯經，1999 年 3 月），頁 14-15。

了因應捕魚及輸送波羅的海（The Baltic）穀物的需要而改進造船技術，發展精良而低成本的船隻，創造了商業城市發展的機會。又因為國際貿易的需要而興起的金融業務，遂逐漸取代西班牙安特衛普（Antwerp）、義大利佛羅倫斯（Florence）這兩個大商業城市，阿姆斯特丹一躍成為國際商務、倉儲、造船與金融中心，被譽為「北方的威尼斯」。[8]

加上，阿姆斯特丹佔有三條河交叉的地利優勢，有條件發展其與其他國家發展快速的商業城市一樣，它是一個沒有種族、信仰及國別歧視的城市。[9]換言之，阿姆斯特丹提供了商業城市創造就業和累積財富的優勢，充分提供穀物貿易和海運服務；尤其供應當發生飢荒、戰爭，以及不斷更新的戰爭技術所需要的精良武器，以及海上冒險需要及裝備新穎的船隻，大大提升阿姆斯特丹具備海上安全，和提供武器與戰爭物資的重要地位。[10]

特別是居於中央銀行地位的阿姆斯特丹銀行（Bank of Amsterdam）於 1609 年適時地在該地開設了全球第一家商業銀行，經營借貸、匯兌、信託、保險等提供資金流通的業務。阿姆斯特丹第一大商業城市的地位，一直要到了 18、19 世紀才由受惠於工業革命而新崛起的英國倫敦（London）所取代，全球商業城市的中心遂從地中海轉向大西洋海域，乃至於 20 世紀美國紐約（New York）新興城市的崛起。[11]

檢視近代重商主義商業城市的興起，不但彰顯商業發展與城市文化建設的重要性與代表性，也經由歷史文化的不斷演進，許多城市文化經過歲月的累積、沉澱，豐富了它存在的價值與內涵，形塑了屬於它自己的在地文化特

---

8 陳添壽，〈荷西時期臺灣經濟發展〉，《臺灣經濟發展史》，（臺北：蘭臺，2009 年 2 月），頁 45-46。

9 J. K. Galbraith, *The Age of Uncertainty* (N. Y.: Houghton Mifflin, 1977).

10 Volet Barbour, *Capitalism in Amsterdam in the Seventeenth Century* (Michigan: Ann Arbor Paperbacks, 1963).

11 Thomas Kessner, 廖宜方 譯，《金錢城市：紐約如何成為世界金融霸主》，（臺北：麥田，2004 年 12 月）。

色，並成為現代國際觀光旅遊的文學勝地。杭亭頓（Samuel P. Huntionton, 1927-2008）指出，「文化定位」就是「文明定位」，這是商業發展與城市文化關係的廣義解釋。[12]

三、荷西時期臺灣重商主義的確立

17 世紀的商業活動由於已從私人生活層面轉而重視國家整體利益的發展，國際性商業活動大半為貿易經營者所掌控，每家公司在取得經營特許證之後，等於就保障它在指定地區享有特殊的商業利益，如 1602 年成立的荷蘭東印度公司（VOC）。[13]荷蘭東印度公司在亞洲總部的商務活動可溯自於 1609 年和 1619 年在印尼巴達維亞（Batavia, 今雅加達）設立總督和商館，叩答（Kota）區即形成商業中心，並建構與各城市之間的貿易。

雅加達（Jayakarta）在當地原名 Kelapa，意指「白椰子」，後來回教勢力興起，改名雅加達，意指「偉大勝利之城」。因為，荷蘭在東羅馬帝國統治期間，當地人被稱為巴達維亞，以頑強著稱。所以，當荷蘭統治印尼期間，就將雅加達改稱巴達維亞。1949 年，印尼獨立，正式稱雅加達。[14]

程紹剛指出，作為荷蘭王室的特許公司，荷蘭東印度公司被賦予在它武力能克服的地區，執行締結條約、遂行戰爭、建築城寨、鑄造貨幣等等廣泛的政治、財政、司法、行政的國家最高權力的行使；公司的海外代表是執行帝國殖民地的開拓者，它不僅向亞洲世界展現了新興資本主義和殖民主義難以阻擋的擴張銳勢，也向亞洲各國宣示了以航海技術和地理知識為主導的西歐文明，正在建立世界新秩序。[15]

---

[12] Samuel P. Huntionton, 黃裕美 譯，《文明衝突與世界秩序的重建》，（臺北：聯經，1999 年 3 月），頁 4。

[13] Clive Day, *A History of Commerce* (N. Y.: Congmans, Green & Co. 1907).

[14] 司馬嘯青，《臺灣荷蘭總督》，（臺北：玉山社，2009 年 11 月），頁 50-51。

[15] 程紹剛，《荷蘭人在福爾摩莎（1624-1662）》，（臺北：聯經，2000 年 10 月），頁 XII。

檢視 16 世紀亞洲的明帝國已呈現衰微跡象，整個東南沿海城的商業與城市的活動日益失序，政府的治理能力受到很大的挑戰，海岸城市也成為海盜攻擊的目標。因此，當時荷蘭的佔領臺灣，主要基於臺灣的地理優勢，可以攻擊來往於東亞海域的葡萄牙和西班牙船隻，以阻止航行於中國與菲律賓之間的商業貿易。

同時，要經由臺灣作為其與中國各大城市之間的貿易轉運站，並透過李旦、許心素、李魁奇、劉香、鄭芝龍、林亨萬、蘇鳴崗、何斌等人的從中斡旋，將此商務活動納入東印度公司在全球的貿易網絡之中。

1604 與 1622 年，荷蘭東印度公司曾先後派人率艦東來拓展商務與傳教，並於 1624 年由澎湖轉入臺灣的內海台江，佔領赤崁（Sakams），在北線尾（Baxbambay）小島上設置東印度公司的商務辦事處。[16]

1630 年（明崇禎 3 年），荷蘭於大員（或稱一鯤身，今安平）興建熱蘭遮城（Zeelandia，或稱赤崁城、臺灣城、安平城、紅毛城，今安平古堡原址）。荷蘭的七個聯合省的名稱由來是 United Provinces of Holland Zeeland Utrecht Guelderland Overijssel Groningen Friesland，臺灣的「熱蘭遮城」取自於荷蘭七個聯合省之一的 Zeelandia，Zeelandia 的 Zee 即是英文的 Sea，有該省「海島」之意，land 之後的 ia，則是地名接尾詞。[17]

初期建城以枯木板圍成柵欄，以砂石為主要建材。1638 年，修建改以從打狗（今高雄）運來由貝殼燒成的石灰，或打鼓山的石灰岩，以及魍港（清朝時稱為蚊港，今布袋）的蠣灰為土木建材。打鼓山的石灰岩日後成為水泥的原料，水泥結合砂石，即成為混凝土。

1915 年，日治時代淺野水泥公司即在此設廠，戰後成為辜氏家族臺泥廠之一。魍港向以盛產牡蠣出名，荷蘭人即以糖水、糯米、蠣灰、砂混合成

[16] 1624 年荷蘭據臺館當年，正是鄭芝龍兒子鄭成功在平戶出生的那一年；真巧，命運弄人，1683 年荷蘭人離臺的當年，也正是鄭成功離開人世的那一年。

[17] 司馬嘯青，《臺灣荷蘭總督》，（臺北：玉山社，2009 年 11 月），頁 72-73。

土，今安平古堡仍留存一面城牆，材料即此三合土。[18]

同時，先後從大員派員南下到瑯嶠（今恆春），乃至於卑南等地探查金礦，並由康尼爾遜（Simon Cornelissen）於 1642 年完成繼 1625 年由諾得洛斯繪製臺灣島圖的臺灣新地圖，為荷蘭繪圖和航海技術留下見證。1643 年大員議會決議：公司捐獻 70 里爾（real），救濟院捐獻 50 里爾，以維持一所圖書館，在那個時代有此設施，令人起敬。[19]

1650 年，東印度公司採取荷屬西印度公司（West India Company）向印地安人購買曼哈頓（Manhattan, 今紐約城）的模式，向臺灣原住民購地築普洛文蒂亞城（Providentia，或稱赤崁樓、紅毛樓）為行政中心，加速與世界各主要城市商業網絡的連結，特別是在大批中國人湧入的城市之後，更需要擴建，並開始展開土地調查，將土地編號登記，一則作為開徵稻作十一稅的依據，再則對於當時常爆發的土地糾紛案，提供調解的依據，亦凸顯荷蘭土地測量的技師專業。

1626 年，荷屬西印度公司的領導人閔衛（Peter Minuit）以 60 荷盾（相當於 24 美元等值）的日用品，購得曼哈頓南端 1 萬 1 千甲的土地；而大員普洛文蒂亞城的建城用地，是荷蘭人以 15 匹綿花布（cangan）向新港社（今臺南市新市區）的原住民換來。[20]

東印度公司也應基督新教教會的請求，在歸順的原住民區建立學校、牧師宿舍和派駐政務員，以及編纂《赤崁字彙》（*Sakams Dictionarium*）。1644 年，議會發出指令，開始起草最適合當地教會組織的規章，之後更下令編纂《赤崁字彙》，以後可以擴充內容成為一部馬來語、葡萄牙語、德

---

[18] 司馬嘯青，《臺灣荷蘭總督》，（臺北：玉山社，2009 年 11 月），頁 187。

[19] 日本紙繪製熱蘭遮城堡地圖，《熱蘭遮城日誌》（第二冊）；司馬嘯青，《臺灣荷蘭總督》，（臺北：玉山社，2009 年 11 月），頁 239、274。

[20] 江樹生譯，《荷蘭臺灣長官致巴達維亞總督書信集》，（臺北：國史館臺灣文獻館，2007 年），頁 161-162。

語、赤崁語的通用字典。[21]

1647-1651 年期間，在福爾摩沙奉獻教會服務的葛瑞維斯（Daniel Gravius, 1616-1681），他於 1662 年在衛爾營（Camp Vere）發行了《基督教要理問答》（*Formulary of Christianity*），這本書厚約有三百頁，是荷蘭語和福爾摩沙語相互對照的鉅作，雖然出版時日距離他在福爾摩沙服務的時間已久，卻為他的語言天份及對傳教使命的濃厚興趣，做了最佳的印證。[22]

《赤崁字彙》、《基督教要理問答》等書，不但有助於提升原住民的教化與住居生活，乃至於醫學知識，更因此逐步推動城市建設，同步走向人類文明。1636 年，傳教士甘迪士（Georgius Candidius, 1597-1647）和尤紐斯（Robert Junius, 1606-1655）在新港社的牧師宿舍對原住民開館授課，可以算是臺灣的第一所學校房子。[23]

換言之，臺灣成為殖民地的條件雖不若當期「新阿姆斯特丹」（今紐約）出現有「建城之父」的范德諾（Adriaen van der Donck, 1618-1655）這一傑出人士，但也因而得與世界接軌，而有了發展商業與城市文化的契機。

范德諾是國際法鼻祖格勞秀斯（Hugo Grotius, 1583-1645）的高徒。1647 年，范德諾以政治、法律專家身分參與「新阿姆斯特丹」（今紐約）的顧問群，協助治理這一新興城市，該顧問群後來轉型成為「新阿姆斯特丹」的第一個立法機構。1653 年，更成為美洲第一個議會。

范德諾的貢獻，源自他對當地的認同感，當時一般人對美洲還沒有「地名」概念時，他即塑造出新名詞：American，不同於傳統將歐洲地名冠上「New」為美洲各地名命名的方式；英文「美國人」（American）的用法，

---

[21] 甘為霖（Rev. William Campbell）原著，林弘宣等譯，《素描福爾摩沙——甘為霖臺灣筆記》，（臺北：前衛，2009 年 10 月），頁 327。

[22] 甘為霖（Rev. William Campbell）原著，林弘宣等譯，《素描福爾摩沙——甘為霖臺灣筆記》，（臺北：前衛，2009 年 10 月），頁 330。

[23] W. R. Giusel, 林偉盛譯，〈荷蘭人在福爾摩莎的基督教育〉，《臺灣風物》第 44 卷第 4 期，頁 243。

首見於 1578 年，專指原住民印地安人，到了范德諾時代，在「認同當地」的意識下，擴大用法泛指當地的人民，也只有這個新名詞才足以涵蓋來自各地的不同民族。美國有「大熔爐」（melting pot）之稱，源頭於此。[24]

荷治時期以大員為城市中心所帶動發展的四個地方會議集會區，其範圍大致為：「北路會議區」包括今天臺中、南投以南至臺南，以及高雄縣（現已和高雄市合併）部分；「南路會議區」為高屏溪一帶以南至恆春；「東部卑南會議區」則以今臺東縣為主；「淡水會議區」包括宜蘭、基隆、臺北，以及淡水河以南，臺中沙轆與牛罵，即大甲溪以北的番社。[25]

1641 年，首次地方會議的召開，以及 1644 年召開的南區、北區地方會議，正式宣告荷治臺灣時期中央與地方權力隸屬體制的進一步獲得確立。在經濟上，商業進出口商品項目與地區，在輸出方面，主要是對日本輸出鹿皮與砂糖，對中國大陸輸出米、糖、香料及荷蘭本國的金屬與藥材；在輸入方面主要是生絲、黃金、瓷器、布帛、茶等。

在大員的荷蘭商館藉由臺灣是中、日貿易的轉口站，取得中國絲織品，以換取日本的白銀，還可以出口黃金；另外，輸入的日本白銀和中國黃金則都被用來購買印度棉布，以換取東南亞所生產的胡椒、丁香與荳蔻等香料。

為此，荷蘭東印度公司一共開闢了五條對外航線：從中國大陸至臺灣；從日本至臺灣；從巴達維亞（今印尼雅加達）經臺灣至日本；從馬尼拉經臺灣至日本；從中國大陸經臺灣至日本。這五條航線所帶來商業利益與城市文明的發展，凸顯荷蘭統治臺灣時期重商主義的歷史性政治經濟發展意義。

在荷蘭所轄的大員城市以外地區，在北臺灣主要還有西班牙統治的區域。1590 年代，西班牙人在《馬尼拉手稿》記載了淡水河流域一帶的原住民族居住與活動情形，並以拼音拼寫了「Tamchuy」及附上漢字「淡水」。1626 年（天啟 6 年），西班牙人率船沿著臺灣東海岸經東北角的「聖地牙

[24] 司馬嘯青，《臺灣荷蘭總督》，（臺北：玉山社，2009 年 11 月），頁 276-281。

[25] 翁佳音，《荷蘭時代——臺灣史的連續性問題》，（臺北：稻鄉，2008 年 7 月），頁 82。

哥」堡（San Diego，今三貂角、三貂嶺），至「至聖三位一體」港口（La Santisima Trinidad，或稱聖救主港、雞籠港、今基隆港），並佔領社寮島（Palm Island，今和平島）築「聖救主」堡壘（San Salvador，俗稱雞籠城），並深入雞籠東邊的蛤仔難（今宜蘭）尋找挖掘黃金的機會。[26]

「聖地牙哥」堡（三貂嶺）是西班牙人以其家鄉的名稱命名而來，三貂嶺是基隆河的源頭，其壼穴地形是基隆河最美的一段，俗稱三貂嶺在古道、瀑布之外的三寶之一；三貂嶺位於平溪與宜蘭線鐵道的交會處，為平溪線的起點，臺灣最早的運煤鐵路。

1628 年，到達滬尾，名其地名 Casidor（今淡水）築「聖多明哥」城（Santo Domingo，或稱淡水城）。1642 年，大員的荷蘭人北上，驅逐西班牙人並重新築城，名為安東尼堡（Fort Antonio，今紅毛城）。紅毛城有如臺灣開發史的縮影，溯自最早西班牙在此建城，荷蘭驅逐西班牙後有所修建，發揮該城堡具有軍事、探金等多項的功能。

1867 年（同治 6 年），清廷與英國簽訂「紅毛城永久租約」，經大肆整修，成為英國領事、海關和洋行商人活動的據點；二次大戰期間，日本攻打香港、新加坡等英屬殖民地，淡水的領事館遂遭封閉，英人退出紅毛城；戰後的 1946 年英國重返該地，直到 1972 年撤館，委託澳大利亞代管，後又轉到美國，1980 年才真正歸還中華民國的手中。

當時滬尾主要商業活動是從事開採硫磺，以及對中國大陸和日本拓展貿易。在輸出的商品中有硫磺、鹿皮及紅樹皮等。除了商務與興建城市之外，西班牙人也不忘東來的主要目的，在雞籠、滬尾等地興建教堂與學校，並沿淡水（Kimason）河經臺北盆地，再北上沿雞籠河至雞籠，在這些地區帶動商業城市和傳播宗教的文化。[27]

---

26 鮑曉鷗著，Nakao Eki 譯，《西班牙人的臺灣經驗（1626~1642）——一項文藝復興時代的志業及其巴洛克的結局》，（臺北：南天，2008 年 12 月），頁 171-200。

27 高賢治，《臺灣三百年史》，（臺北：眾文，1981 年 12 月），頁 26。

也因此與荷蘭為爭取商業利益和因不同的宗教信仰而引發衝突。雖然，當時的西班牙已是個農業發展大國，但仍不敵已經擁有輕工業技術基礎的荷蘭。1642 年 9 月，戰敗的西班牙被迫結束在北臺灣短暫的 16 年統治。

1652 年，臺灣發生郭懷一的農民抗稅運動之後的 10 年，再加上蝗蟲害自基隆起，向各處漫延，導致農作物歉收，最後熱蘭遮城引來鄭成功的驅荷下場，有如希臘史上的攻破特洛伊城。因此，檢視現在的臺南、基隆、淡水等主要港口城市，印證了早在 17 世紀中葉，臺灣就已經進入了重商主義時代商業發展與城市開發的歷史文化階段。

四、東寧時期臺灣重商主義的受挫

鄭成功的向外擴張軍事行動，凸顯在 1662 年逐退臺灣的荷蘭人之後，仍奉南明帝國為正朔。鄭氏改稱臺灣為「東都」，改稱赤崁樓為「承天府」，改稱赤崁城為「安平鎮」；另外，沿用荷治時期的南北路舊制，在北路一帶置「天興縣」（今嘉義），南路一帶置「萬年縣」（今鳳山），澎湖則別設「安撫司」。「安撫司」有如元朝時期曾在澎湖設置的「巡檢司」，猶如今天的海上巡檢（哨）站。

鄭經繼位之後，將「東都」改名為「東寧」，天興、萬年兩縣，改稱為州。從鄭氏軍團遷移來到臺灣的人口結構中，除了部分因受到福建地區紛亂局勢所促成的移民風潮，將甚多家屬帶至臺灣之外，其中亦有不乏傳教士、商賈或具有農業生產技術的農民參雜其中。[28]縱使臺灣相對於中國大陸是商業發展的邊疆，但邊疆臺灣的存在，卻賦予了福建、廣東地區人民不斷重新來過，以及尋求新機會空間發展的意義。

清初大儒黃宗羲直陳鄭成功「建國東寧」。分析東寧王國統治臺灣初期，為解決人口增加所帶來的糧食生產問題，在土地使用上除了承認先來漢

[28] Fernand Braudel, *Civilization & Capitalism 15th-18th Century vol.2: The Wheels of Commerce* Trans. Sian Reynolds (N. Y.: Harper & Row, 1982).

人和已開化原住民對於土地既得權益，以安撫居民之外，乃調整荷西時期所採行的重商主義政策，改採行重視軍事屯田開墾的農業政策。[29]換言之，17世紀中葉以後臺灣小農移民的資本主義社會，不論是官方或私人的土地，簡單的歸類就只有耕地與荒地兩種。凡是沒生長作物的，就是荒地，人人都可以耕種。

同時，政府為解決農業生產力的問題，在供給勞動人力資源上積極透過招納流亡，及嚴令將士的眷屬遷臺，還特別是將金廈戰區中的罪犯放逐於臺灣，強制其移民墾殖。另外，為增加稻蔗產量，採以築堤儲水與截流引水的先進技術進行。這些重要水利工程主要還是依靠政府、或藉由地方人士，甚至由各營、鎮的兵工所合力共同修築完成。

檢視主要的開墾區域，除了荷治時期以赤崁為中心已經開墾完成的地區之外，其範圍已經拓展到往北的嘉義平原，和向南往鳳山北部的西南沿海平原。到了 1683 年，臺灣開墾登記的耕地面積已達 17,898 公頃，亦即證實經由臺灣內部墾殖開發的結果，臺灣以漢人為主體的商業與城市社會已經形成。[30]

臺灣的對外商業發展方面，由於受到鄭氏東寧王國逐漸轉型重農政策的影響，更因為清國在東南沿海實施遷界政策，和海禁的雙重壓力，使得當期臺灣的貿易受挫，東寧國政府不得不以實施轉運策略以資因應，而將船隻轉往日本、琉球、呂宋、暹羅，並嘗試透過與英商簽訂通商條約來解決多角貿易的困境。

另外，英國東印度公司亦於 1675 至 1680 年間在臺灣開設商館，並將船隻進駐東寧（今臺南）。鄭氏冀望經由與英商的商業與武器交易，並同意其來自大陸及各國的貨物可以經由臺灣轉運，意圖打開臺灣對外的貿易通路。

---

[29] 余文儀，《續修臺灣府誌【卷四】》，【臺灣文獻叢刊第 121 種】，（臺北：臺灣銀行研究室，1962 年），頁 191。

[30] 曹永和，《臺灣早期歷史研究續集》，（臺北：聯經，2000 年 10 月），頁 95。

但畢竟臺灣與英國商館之間來往的貿易時間不長，1683 年（康熙 22 年）鄭氏東寧王國即投降清帝國。

檢視這一階段臺灣與英商之間的商業貿易雖然成果極為有限，但除了證實重商主義在東寧王國治臺時期的受挫之外，卻可以說明這時期英國正逐步取代荷蘭在世界商業與城市發展中的地位，成為新的霸權國家。

五、清治時期臺灣重商主義的抑制與復萌

1683 年（康熙 22 年），臺灣被大清帝國收為版圖，臺灣商業與城市發展由於受到清治初期消極治理政策的影響，在鄭治東寧王國時期已受挫的重商主義政策更明顯受到抑制。1885 年，臺灣建省以前的商業資本形成主要仍然是以依賴地主資本為主的農業生產結構，這一資本結構的調整一直要到清治臺灣160年後的1843年，當政府將「納穀制」改為「納銀制」政策時，才帶動了重商主義在臺灣的復萌契機。

臺灣商業資本的流通與商品經濟的擴大，導致了土地所有權制度轉向以小租戶為中心的私有資本型態，促使臺灣商業結構轉型以中小企業為主的發展；同時，導致臺灣商業城市逐漸從西部再從南部而北部發展。

檢視清治時期臺灣的農業發展，主要透過從大陸移植各類型器具和作物，諸如稻作所需的耕犁、牛隻、種子，製糖所需的蔗苗、熬糖技術、熬製樟腦、種桑養蠶，乃至於香蕉、鳳梨、柑桔、荔枝、龍眼、枇杷等；尤其是稻米。1719 年，溯自施世榜開始在二水興建水圳，臺灣到了 19 世紀儼然已成為中國大陸福建地區的主要穀倉。

1727 年，清政府開放福建、廣東與南洋貿易，帶動兩岸商業活動的熱絡，以及 1760 年，乾隆採取的廢止渡臺禁令措施，促進臺灣商業發展更建立了「郊」或「行郊」的組織，帶動了商場市集的形成和城市聚落的發展。

例如以「臺灣林」或「板橋林」聞名的臺灣板橋林本源家族，其溯自1778 年，林應寅從漳州來臺定居之後，1847 年（道光 27 年）建築完成「弼

益館」、1853 年（咸豐 3 年）「三落大厝」的完工，後又興蓋「五落大厝」，1855 年並與漳籍人士合力建「枋橋城」，留下當年設立租館、宅邸與林園，往來於新莊貿易，帶動枋橋街的榮景。1902 年，臺灣縱貫鐵路由清代原經過海山口而改道經過板橋。1905 年，拆除枋橋城，整頓街道。1920 年，將此地地名由枋橋改稱板橋。[31]

同時期，霧峰林家的宅第也從 1851 年（咸豐元年）開始，一直到 1893 年（光緒 19 年）陸續建造「宮保第」、「景薰樓」舊宅，曾是臺灣保存傳統民間建築藝術最完整的宅第。[32]

1860 年代，臺灣被強制開港後，代之「買辦」（comprador）和「媽振館」（merchant）的興起，增加了許多外國商場的競爭和公司的進駐，特別是英國領事館於 1861 年由臺南遷移淡水。檢視開港之前，不管是從臺南地區或鹽水北上至斗六地區，大部分砂糖業者出口都以透過郊商的方式輸往中國大陸居多；開港之後，原以大陸對岸貿易為主的北郊商人，因其對日出口的糖業被剝奪而逐漸沒落。

由於砂糖交易不存在如茶葉業者須藉由大陸商人交易或介入金融，而都是採取由本地商人自己經手承辦的方式，因而本地經營糖業的自主性遠超過茶業者。砂糖業者雖然財務多以「洋行」，或稱政府特許的「行商」（hong merchants）或「公行」（cohong），自兼外國銀行的代理店來進行，但也有本地人自營糖行的情況。[33]

洋行設置的角色與功能，例如英國寶順洋行締造將臺灣茶葉成功直銷美國，和建於淡水的「原英商嘉士洋倉庫」的紀錄。「原英商嘉士洋倉庫」在歷盡滄桑轉折之後，於 2000 年被臺北縣（今升格改名新北市）政府指定為縣（市定古蹟，並獲業主殼牌集團無償贈與在地的「淡水文化基金會」）。

---

31 許雪姬，《樓臺重起、上編——林本源家族與庭園的歷史》，（臺北：臺北縣政府，2010 年 10 月），頁 12、67。

32 司馬嘯青，《臺灣五大家族》，（臺北：玉山社，2000 年 4 月），頁 99。

33 涂照彥，李明峻譯，《日本帝國主義下的臺灣》，（臺北：人間，1993 年 11 月），頁 377。

又如，當年大稻埕茶商陳朝駿的英國都鐸式私人會館（該會館今已成為臺北市定古蹟臺北故事館）。上述等具有現代企業經營型態的公司，帶動當時期臺灣商業城市的興起和繁榮。

檢視臺灣當時境內南北之間的商務活動因受制於交通成本，反不如臺灣與大陸之間關係的密切。因為，19 世紀下半葉臺灣郊商就非常積極參與國際貿易，不但並不完全依附於英國資本之下，反而倚重中國大陸的山西票號與錢莊資本，形塑了凸顯臺灣郊商發展以歐美為中心的世界資本市場，及本土原有的資本市場的雙重依附關係。[34]

商業貿易發展的結果，不但提高了商人社會地位，而且經濟活動和發展迅速的沿海商業城市，相較之下其賺錢的機會要比在內陸城市來得容易許多。[35]但畢竟其對洋行資金的借貸與市場依賴，仍然會造成臺灣近代化工業技術轉型和商業城市的延緩發展。

質言之，臺灣清治時期重商主義發展的相對於近代產業結構改變，應始於 1874 年（同治 13 年）政府的積極推行自強維新政策。1875 年（光緒元年），清政府全面開放中國大陸人民可以自由移民臺灣。當時臺灣經由調派來臺主其事者如沈葆楨、丁日昌、岑毓英、劉璈、劉銘傳等重要官員的銳意興革，臺灣推動近代化的結果，並未因起步較遲而落後於大陸內地的各省。

劉銘傳，安徽合肥人，是李鴻章的同鄉。1885 年，臺灣設省，他是首任臺灣巡撫，駐臺六年期間，對臺灣的近代化擘劃與建設有很多的建樹。遺憾的是因受制清廷派系鬥爭，劉銘傳在辭官回安徽後，他所規劃建設臺灣的部分計畫，遭繼任者卲友濂的消極抵制而受到影響。然而，在劉銘傳逝世的 115 年後，其魂歸故里的安徽肥西大潛山劉銘傳墓園，與他在臺灣所留下的政績，成為當今臺灣與安徽兩岸連結旅遊文化交流的歷史意義。

---

[34] 林滿紅，《晚近史學與兩岸思維》，（臺北：麥田，2002 年 10 月），頁 169。

[35] Willian T. Rowe, *Hankow: Commerce and Society in a Chinese Society, 1796-1889* (Stanford: Stanford University Press, 1984).

沈葆楨，當年為防衛臺南府城的安全，特別聘請法國工程師在安平設計建造了一座安放西洋巨砲的堡壘，並在城門內外分別題字「萬流砥柱」與「億載金城」，也在臺灣南端修築恆春城，以及把政教建設擴展到東部後山；尤其是為了有效治理臺灣，改淡水廳為新竹縣，噶瑪蘭廳為宜蘭縣，在艋舺增設淡水縣都。1875 年，新設立的臺北府管轄，而建城工作也開始進行。當時臺北城的城牆形狀是向東北、西南傾斜的長方形，建有北門、西門、東門、南門、小南門五座門。

岑毓英，1881 年（光緒 7 年），接任福建巡撫，曾先後兩次來臺，有意選橋孜圖（今臺中市）作為未來準備建省的省會。岑毓英認為臺灣防務偏重南北兩路，而中路防備不足，若敵人出奇不意進攻中路，則南北兩路會為其遮斷；同時，中路若有亂民藉中部的港口與外敵勾結，情形將會更糟。因此，他認為必須在中部設城池，以便控制這種情況。可惜橋孜圖作為臺灣建省省會的構想並未能實現，否則當今就比較不太可能會出現南北城市發展失衡的現象。

1882 年（光緒 8 年），隨著臺北府城的興建完成，以及為了海上航海安全特聘英國技師興建鵝鑾鼻燈塔，塔基築有砲台，圍牆上開鑿有槍眼，四周挖有壕溝，建塔完工後，派有武裝士兵守衛，是世界上少有的武裝燈塔，贏得「東亞之光」的美名。

鵝鑾鼻位在臺灣中央山脈盡處台地的最南端，隔巴士海峽與菲律賓遙遙相望。「鵝鑾」是排灣族語「帆」的譯音，因附近之香蕉灣有石似帆船，遂以取名，加以該地形狀若突鼻，故稱「鵝鑾鼻」。

1885 年（光緒 11 年），臺灣建省，劉銘傳為增加耕種面積與農業生產量，於 1886 年設立全臺撫墾局，並以林維源為全臺撫墾大臣，專責配合防番屯隘，和剿番營汛兵勇，以綏撫生番。1890 年（光緒 16 年），設番學堂，更將帶領臺灣走向近代文明之路。

特別是劉銘傳為推動臺灣近代化的商業與城市發展，在臺北設立了「官腦總局」、「礦務總局」等單位，設立「商務局」，招上海、蘇州及浙江富紳投資企業公司，而且在「商務局」下設立輪船公司，以促進商業貿易的發展。

在促進文明建設方面，劉銘傳除了在大稻埕開辦第一家新式學堂、電報學堂、設官銀局製造銀幣、開發電力與自來水系統、裝置電燈、興蓋商店洋樓，和建設臺北市街之外。1887 年（光緒 13 年），更設立「全臺鐵路商務總局」，任命林維源為鐵路督辦，興建臺北到基隆的鐵路幹線。1891 年（光緒 17 年），鐵路通車，兩年後延伸到新竹。

首築基隆經臺北至新竹這一段，其中位在基隆獅球嶺的隧道工程最為艱鉅，從 1888 年（光緒 14 年）春動工，至 1890 年（光緒 16 年）夏天才鑿通。獅球嶺隧道全長約 235 公尺，劉銘傳題額「曠宇天開」，而有史稱「劉銘傳隧道」係位於現在基隆市安樂路後段，基隆市政府已將其列入三級古蹟加以維護。

這條鐵路在當時最大的用途，除了國防上方便軍隊及餉糧的運輸之外，新竹地區生產的茶葉可以經由鐵路，從基隆直接運輸到國外，不必透過廈門轉運。在電報通訊方面，除了完成臺北經淡水到海峽對岸福州之外，電報線從南到北普遍設立，當時主要城市如基隆、臺北、新竹、彰化、嘉義、臺南都已設有電報局，總局則設在臺北，而臺灣郵政總局、機器局與鐵道工場亦設於此。

2000 年底，「清代機器局第一號遺構」被發現，位在現在的臺北北門附近的塔城街西側與鄭州街交叉口。1889 年（光緒 15 年），在臺中建城。1891 年，邵友濂繼任臺灣巡撫，將省城從臺中遷至臺北；加上，當時北部的貿易總額已逐漸超越南部，臺北城遂成為臺灣商業與城市發展的重心。

六、結論

臺灣近代重商主義商業發展與城市文化的形塑，從重商主義市場經濟的追求利益極大化目標，其結果創造了商業發展與城市文化，大大改變和提升了人類的生活環境。

從荷蘭和鄭氏東寧王國的統治臺灣期間，其一甲子在大員（今臺南）附近地區的開發，一直延續到清治臺灣的中晚期，因為土地的開墾、城市行政區劃分，和交通建設的結果，臺灣城市由南朝北發展，臺北城市逐漸取代臺南在臺灣整體發展中，成為新興的政治經濟中心。

近代以來荷蘭人在臺灣的經營，促使臺灣由草昧時期邁入接受文明的時期，雖然臺灣在荷治時期未能像日本因與荷蘭通商往來，孕育了「蘭學」的誕生。日本「蘭學」以醫學為主，實際上也奠定了相關學問的基礎研究，為日後的「文明開化」鋪路。[36]

換言之，近代臺灣比較重要通商主義的轉折，也就是凸顯臺灣重商主義發展是在荷西時期的第一次開港，和 1860 年代清治末期的第二次開港，都直接衝擊臺灣商業發展與城市文化的再造。

總結，鄭氏東寧王國政權的「中央政府」就是建置在臺灣，這是與荷治臺灣重商主義政策的最大不同。東寧王國受封體制政府在顯現權力運作機制上的支配距離最近，以及指揮層級也最直接，更有效率地促使當時漢人社經制度發展的走向土著化，和漢化意識型態的確立。

然而，鄭氏取代荷蘭統治臺灣的政權之後不久旋即瓦解，不僅導致重商主義中挫，也讓追隨鄭氏東寧王國到臺灣尋求出路的先民遭受嚴重的打擊。鄭氏東寧王國政權的結束，和清政府初期的消極治臺政策，相對地導致臺灣商業與城市發展的停滯，以致於臺灣近代化發展錯失了在工業革命之後和西方同步發展的機會。

1860 年代，也因為臺灣的被迫開口通商，劉銘傳也在 1885 年臺灣建省之後，積極建設臺灣，臺灣重商主義也才有了復萌跡象，但那也只是短暫的十多年光景。可惜臺灣與中國大陸都再度喪失了商業與城市發展的機會，這是一次不成功的文明轉型。

---

36 司馬嘯青，《臺灣荷蘭總督》，（臺北：玉山社，2009 年 11 月），頁 362。

近代中國有三次不成功的文明轉型，第一次是 1898 年，戊戌維新與第一次文明轉型失敗，第二次是 1905 年，君主立憲與第二次文明轉型失敗，第三次是 1912 年，民國建立與第三次文明轉型失敗。[37]1895 年，臺灣的統治政權被迫改由日本統治，臺灣商業發展與城市文化的演進又必須再度面對新政商體制的挑戰與壓制。

當然，一個社會的變遷，尤其是商業發展與城市文化的演進，如果單從經濟上找其所受到環境因素的影響是會有不夠嚴謹的缺點現象，這是本文研究與探討的侷限。最後，本人要引用孔子在《論語》的〈子路第十三〉篇指出，「君子和而不同，小人同而不和」作為結語。[38]

「和而不同」的真義在重視與人為和但不阿私，強調世界上並存不同事物的合理性。因此，威脅世界和平的不是商業發展與城市文化的多樣化，而是囿於自我中心與排他主義的價值觀。

面對 21 世紀人類越來越因資本或勞動等條件的跨領域化而被迫跨界流動，我們必須以一種「彈性治理」（flexible governance）的新主權概念，對於一些具有歷史文化資產價值的地景、文物或文化資源，都該用更有彈性的方式來避免舊主權觀念所導致的暴力切割與破壞。

在「不戰爭」的大原則下，來確保商業繁榮與城市文化的永續發展，當是人類必須學習的新課題。杭亭頓（Samuel P. Huntionton, 1927-2008）指出，世界的偉大文明，在宗教、藝術、文學、哲學、科學、技術、道德和慈悲心上的成就斐然，但最後也可能結合或分離。在即將登場的紀元中，文明的衝突是世界和平的最大威脅，而根據文明建構的國際秩序，則是對抗世界戰爭最有利的保障。[39]

---

37 蕭建生，《中國文明的反思》，（香港：新世紀出版社，2009 年 10 月），頁 280-292、292-306、306-316。

38 謝冰瑩等編譯，《新譯四書讀本》，（臺北：三民，1978 年 10 月），頁 176。

39 Samuel P. Huntionton, 黃裕美 譯，《文明衝突與世界秩序的重建》，（臺北：聯經，1999 年 3 月），頁 447。

兩岸城市文創產業發展的趨勢與展望——新北淡水老街與山東台兒莊古城的比較

一、前言

美國未來學家托佛勒（Alvin Toffler, 1928-2016）指出，人類產業發展階段從西元前 8 千年左右，直到約西元 1650 到 1750 年的第一波農業時代，繼之而起的是到 1955 年左右的第二波工業時代，此後進入所謂《第三波》（*The Third Wave*）的電腦資訊化的服務業時代。

1980 年代，當網際網路興起之後，美國哈佛大學甘迺迪政府學院院長約瑟夫・奈伊（Joseph Samuel Nye, 1937-）倡議「軟實力」（soft power）的概念，強調文化和價值觀的產業競爭優勢，可以說人類已正式進入第四波的知識革命時代。農業文明依賴的是以人力，輔之以鐵材料製成犁、鋤等耕作的農具生產；工業文明依賴的是以機器，輔之以馬達、蒸氣機的發明，和運用機械化的大量生產；服務業文明依賴的是電腦，輔之以資本密集，技術改良，提升人性化服務品質的生產；知識業文明依賴的是智慧，輔之以知識密集的網路連結，人才想像力、冒險精神、自由創作為本的創意產業為生產目標。[1]

當前發展文化創意產業成為全球經濟熱門的主題，兩岸的積極發展文化

[1] Alvin Toffler, 黃明堅譯，《第三波》，（臺北：時報文化，1994 年 6 月），頁 11。

創意產業是從發展農業、工業（製造業）、服務業之後的產業結構調整。本文根據上述，主要採用文獻分析法，並輔之田野調查方式以補資料不足的研究方法，首先論述全球發展文化創意產業的意義，和分析當前兩岸城市文化創意產業發展的現況，來檢視城市文化創意產業發展的地方文化產業特性，並舉臺灣新北市淡水老街與山東棗莊市台兒莊古城的城市文化創意產業發展為例作比較。

畢竟地方文化產業發展的成效，即關乎整體國家體制與經濟的發展。一個文明城市的文化創意產業發展的好壞，地方、中央政府和民間企業都分別要肩負起責任，這也是本文的研究動機和參與這次論壇的主要目的。

二、全球發展文創產業的意義

「文化創意產業」（Culture Creative Industries, 簡稱文創產業）在經濟發展上的開始被重視，是源自 1997 年英國政府籌設「創意產業籌備小組」，希望藉由創意產業，重塑英國經濟在世界上衰微的創新競爭力。從此，全球重要經濟發展的國家在繼科技創新後，文創產業成為各國競相投入發展的新產業。

近年來，英國、美國、日本等經濟與文化成熟發展的國家，甚至於「新興亞洲國家」（Newly Industrializing Asian Countries）也都意識到文化創意產業帶動國家經濟成長、產業升級能量，以及在城市行銷上所能創造的高附加價值，紛紛將文化創意產業發展與政策視為國家的重點計畫與目標。

以亞洲國家為例，新加坡政府在 1998 年就制定了「創意新加坡計畫」，日本雖於 20 世紀初面臨經濟泡沫化的衝擊，政府也思索從科技產業的經濟硬實力轉而發展文化創意的軟性國力，經過 10 多年的努力，當今日本透過動畫、遊戲產業，已在全世界展現了強勁的文化滲透力。

至於韓國經濟發展雖然也在 1997 年歷經了亞洲金融風暴的重擊，卻催化了韓國政府重視軟性文化創意產業的發展方向，而今「韓流」橫掃各國，更說明了調整產業結構後的韓國在發展流行影視文化產業上的實力。[2]

根據聯合國貿易發展會議（UNCTAD）於 2008 年所發表的「創意經濟報告」（The Creative Economy Report）指出，1996-2005 年的 10 年之中，全球創意產業外銷額（包括創意產品與創意服務）從 1996 年的 2,270 億美元成長至 2005 年的 4,240 億美元，成長幅度高達 87%。其中，已開發國家在創意產業國際外銷市場依然是主流，尤其是產業發展已成熟的歐洲國家，仍具有文化輸出的優勢。

同時，聯合國教科文組織（United Nations Education, Scientific and Culture Organization, UNESCO）的「文化產業與商業」（Cultural Industries and Enterprises）亦指出，全球的文化貨品交易在近二十年來也有倍數的成長，亞洲國家在創意產業的發展上亦展現在優異的外銷成績上，到了 2005 年外銷金額已占有世界創意產業市場比例的 39.4%，直追歐洲國家。

「創意經濟報告」還指出，印度與中國大陸展現最耀眼的成績：在 1996-2005 年間的創意產品外銷額分別成長 2.33 倍與 2.42 倍，2005 年中國大陸創意產業外銷額更高達 613.6 億美元，占全球市場的 18.29%，為全球創意產品和服務的最大出口國，中國大陸除了靠本身推動創意產業發展的努力之外，也要歸功於轉口貿易與過境貿易所帶來的優勢。[3]

一般對於「文化產業」的概念是普遍比較可以被接受的，而「文化產業化」則爭議較大。「文化產業」的「文化」是偏保護與傳承，是崇尚精神層面，是一種生活型態；「產業」則是一種生產、行銷，以吸引消費者的管理模式，是指可以營利的生產事業。

因此，「文化」與「產業」的概念是可以結合形成一種「文化產業」的。至於「文化產業化」則是強調受到工業化的影響，有功利主義取向，是

---

2 文建會，《創意臺灣 Creative Taiwan「文化創意產業發展方案」行動計畫 2009～2013》，（文建會、新聞局、經濟部，2009 年 10 月），頁 4。

3 UNCTAD（2008）, *2008 Creative Economy Report*。

偏資本主義的市場經濟。然而，「文化」本身就具有不同流俗的「創意」意涵，乃至於「創意」也不是憑空想像。亦有學者認為「文化」即「創意」，「文化創意產業」即是「文化產業」，多傾向認為「文化產業化」不宜。

所以，「文化」與「產業」兩者的重要連結平台就是「創意」。換言之，只要是提昇生活美學與品質的文化創意，應該是人類所追求的目標，亦即「文化」、「創意」與「產業」三者可以透過整合（integrate）平台來發揮更大產能的命題，將具有整合能力的人成為「文化創意產業」的總樞紐。

因此，文化創意產業即所指涉內容與產值，都從「文化」本質發揮經濟效益的概念是可以被接受的，其本質不但是一種理念、創意或人文素養，也是一種新興行業。

三、兩岸發展城市文創產業的分析

根據上述文化創意產業的意義和範疇，當前兩岸在全球華人社會中的發展文創產業，特別是臺灣的發展文化創意產業具有下列優勢：

第一，臺灣介於東北亞和東南亞的交會處，擁有海洋文化的特性，和得天獨厚的地理條件。

第二，臺灣社會是由一個原住民、漢族中國人、荷蘭人、日本人和東南亞外籍人士所逐漸形成的移民社會，多元民族的特點是具有包容特質、開放胸襟、勇於冒險，和寬廣的全球觀，充滿追求整合與創新的能量。

第三，臺灣擁有深厚的中華文化傳統，底蘊溫厚，特別是保存著儒家精神，成為創新的人文基礎。

第四，臺灣的教育普及，網際網路的科技發展迅速。

第五，臺灣人民的國民所得高，具有消費能力，以及市場經濟的企業管理和知識管理經驗。

第六，臺灣是華人社會最先具有實現民主制度的地方，擁有開放心靈，提供可以自由創作的環境，是文化創意產業的生命力。[4]

因此，特別是經過了「相互融合的文化」，「匯聚人才的創意」，「累積經營的產業」，朝向發展具有「臺灣特色的中華文化」優勢，也是臺灣推動發展城市文化創意產業的最好條件。所以，兩岸文化是可以融合的，創意人才是可以交流的，產業經營是可以互補的。

臺灣積極發展文創產業，溯自 2002 年起政府將推動文創產業列為「挑戰 2008：國家發展重點計畫」的「文化創意產業發展計劃」中，政府提出五大策略要來推動國內文化創意產業，包括整備文化創意產業發展機制、設置文化創意產業資源中心、文創園區與工藝產業發展計畫、振興流行文化產業方案與台灣設計產業起飛計畫等。

另外，根據 2009 年 5 月政府通過的「創意臺灣——文化創意產業發展方案」，方案分為「環境整備」和「旗艦產業」二大塊面，執行期程是從 2009 年至 2013 年止，內容主要針對台灣當前發展文化創意產業發展的優勢、潛力、困境及產業需求，提出推動策略，期能達到以臺灣為基地，拓展華文市場，進軍國際，打造台灣成為亞太文化創意產業匯流中心的願景。

在「環境整備」方面，著重於健全文化創意產業發展的經費挹注、融資及創投機制、法規面的鬆綁及制度面建立、擴大國內外市場、建立文創產業合作平台，及人才培育等，並進一步培養成為未來發展的「旗艦產業」。

在「旗艦產業」方面，特別是從現有電視、電影、流行音樂、數位內容、設計及工藝產業，針對其發展特性及需求提出規劃，予以重點推動，期能在既有基礎上再作強化及提昇，並藉以發揮「領頭羊」的效果。[5]

延續到 2010 年 1 月、10 月馬英九政府又先後通過了《文化創意產業發展法》和〈文化創意產業發展法實施細則〉，希望藉由政府的積極推動，以

---

4 文建會，《創意臺灣 Creative Taiwan「文化創意產業發展方案」行動計畫 2009～2013》，（文建會、新聞局、經濟部，2009 年 10 月），頁 1。

5 文建會，《創意臺灣 Creative Taiwan「文化創意產業發展方案」行動計畫 2009～2013》，（文建會、新聞局、經濟部，2009 年 10 月），頁 2。

輔導、獎勵、補助的方式，加強與民間文化工作者、企業界的結合，同時也要教育消費者的支持，共同來帶動臺灣文化創意產業的發展，特別是具有地方特色的城市文化創意產業。

中國大陸則自 2009 年 9 月國務院審議通過「文化產業振興規劃」，這是繼十大產業振興規劃後出台的又一個重要的產業振興規劃，首先確定了文化創意、影視製作、出版發行、印刷複製、廣告、演藝娛樂、文化展覽、數位內容和動畫等產業為重點支持產業，並將實施重大項目帶動戰略、培育骨幹文化企業、加快文化產業園區和基地建設、擴大文化消費、建設現代文化市場體系、發展新興文化業態和擴大對外文化貿易等列為重點工作任務，形成了明確的政策著力點；其次，是制定了文化產業與相關產業的融合政策；第三，是關注了文化產業與城市化發展的銜接政策；最後是要高度重視文化產業與外貿出口政策的銜接。[6]

綜合了當前兩岸的發展文化創意產業重點方向，都特別強調發展具有地方特性的城市文化創意產業，以帶動產業結構的轉型和整體經濟的發展。因此，要發展城市文化創意產業就必須重視創意集群的產業群聚效益，也就是要藉由地理位置鄰近的優勢，串連區域內具有相同質性但不同類型的業者，運用價值鏈整合提供產業群聚之最大效益。

對內，群聚產業的園區內各公司可相輔相成，協調人力或技術互補，工作者及工作室、公司可互相支援、激盪創意、整合資源；對外，群聚效應不僅可塑造、提昇參與業者在該產業領域之專業形象，更因技術整合之全方位，相對其同行更具產業競爭優勢。所以，兩岸為加強城市文創產業的集聚效應，兩岸政府應繼續建置及推動各地區不同類型的城市文創產業園區，發展創意集群的地方文化產業特色的群聚效益。

兩岸的每一座城市都想吸引更多的創意人才；每一座城市都想成為具有

[6] 張曉明等，〈以結構調整為主線，加快發展文化產業，促進國民經濟發展方式的轉變〉，《2010 年中國文化產業發展報告》，（北京：社會科學文獻出版社，2010 年 4 月），頁 17-18。

文化創意的城市。例如：臺北都會中心文創雙L軸帶計畫，整合華山創意文化園區、松山菸廠、建國啤酒廠、國立故宮博物院、大南海文化園區等文化創意產業園區資源，並結合沿線文化設施、時尚設計街區、科學園區、軟體園區等場域，以整體策略、定位及行銷方案，打造臺北都會中心之雙 L 軸帶，將帶狀園區產值及經濟效益最佳化，並推動創意城市產業集聚效應。以及臺中、花蓮、嘉義和臺南等城市的文創產業區域整合及集聚計畫。[7]

中國大陸諸如河南推出的「少林文化案例」、「寶豐縣案例」、「焦作雲台山案例」、「鄭州小櫻桃案例」；[8]南京推出的「金陵大報恩寺琉璃塔暨遺址園區」、「中華戲曲文化博覽會」、「江蘇未來影視文化創意產業園」、「吉山創意社區」、「鍾山創意產業園」、「寶船遺址風光帶」、「江蘇金箔產業園」、「南京時代傳媒創意產業園」、「南京高新區文化創意科技產業園」、「求雨山文化園」等南京豐富的歷史文化資源為載體的文化產業重點項目。[9]

杭州的「西湖創意谷」、「之江文化創意園」、「西湖數位娛樂產業園」、「運河天地文化產業園」、「杭州創新創業新天地」、「創意良渚基地」、「西溪創意產業園」、「湘湖文化創意產業園」、「下沙大學科技園」、「白馬湖生態創意城」等十大文化創意園區，還有「千島湖姜家風情文化創意基地」等一批新興產業園區的加入，形成杭州市文化創意產業園區「10＋X」的格局。[10]

---

7 文建會，《創意臺灣 Creative Taiwan「文化創意產業發展方案」行動計畫 2009～2013》，（文建會、新聞局、經濟部，2009 年 10 月），頁 14-25。

8 熊澄宇等，〈實施文化強省戰略，帶動中原文化快速崛起——河南文化產業調查報告〉，《2010 年中國文化產業發展報告》，（北京：社會科學文獻出版社，2010 年 4 月），頁 266-267。

9 葉皓等，〈南京：文化體制改革推動，文化產業穩步發展〉，《2010 年中國文化產業發展報告》，（北京：社會科學文獻出版社，2010 年 4 月），頁 280。

10 周膺等，〈杭州市文化創意產業發展報告〉，《2010 年中國文化產業發展報告》，（北京：社會科學文獻出版社，2010 年 4 月），頁 305。

四、淡水老街與台兒莊古城的比較

近年來，特別是文化創意產業與觀光產業結合的發展趨勢。2010年9月本人榮幸應邀參加「中國・天津第五屆媽祖文化旅遊節」活動，我就聯想到臺北關渡宮也可以採取這種方式來舉辦相同的活動。

所以，我更利用 2010 年 12 月 10 日應北臺灣科學技術學院（現改名為臺北城市科技大學）舉辦「地方文化創意產業研討會」之邀，在主持「北投地方文化創意產業經營與觀光行銷」的這場會議指出，地方文化創意產業在北臺灣發展較有特色的就以淡水老街為主軸的產業聚落最為典型，其範圍可以包括淡水河夜景、淡水漁人碼頭、淡水紅毛城、淡水（三芝）三月櫻花季，還可以涵蓋關渡宮的媽祖文化活動、關渡自然生態區、關渡大橋、北投的捷運站、北投的溫泉區、北投特有的琉園水晶博物館、北投藍染產業等，乃至於先民開發關渡地區的歷史，或原住民早期在這地區的生活情形，將以淡水老街為主軸的地方文化創意產業特色行銷出去。[11]因此，選擇淡水老街的城市文化創意產業呈現的是歷史的、生活的、科技的、醫療的地方文化風華。

歷史的淡水舊名稱是「滬尾」，由於受到淡水河出海港發展的影響，「淡水」取代了「滬尾」的地名。最具代表性的淡水紅毛城建於十七世紀初期，西班牙人來到淡水河口邊的山丘上，興建聖多明哥城。

1626 年，荷蘭人擊退西班牙人，又在城的附近重建聖安東尼堡的石頭城。由於西班牙、荷蘭人的頭髮和膚色稍淡而偏紅，早期淡水附近的平埔族人都稱呼其為「紅毛番」，「紅毛番」建築居住的地方就被稱為「紅毛城」。1709 年，艋舺的開始發展起來。1759 年，淡水都司移駐艋舺。1860年，淡水河沿岸開放外國通商。

「紅毛城」歷經 1895-1945 年的日本統治，二次大戰後轉為英國人佔

---

[11] 這場由本人主持的研討會中，與談人有北投社區大學洪德揚副校長、琉園水晶博物館操梅蜜副經理、北投藍染產業協會陳淑真副理事長，和臺北城市科技大學觀光系陳善佩主任。

有，而當英國與臺灣斷絕外交關係時，委託澳洲、美國代管，最終在 1980 年才回歸中華民國。「紅毛城」的歷史變遷也見證四百年來臺灣與世界交流史的絢麗與升格心酸。

生活的淡水老街位在新北市淡水區中正路、重建街、清水街一帶，鄰近淡水捷運站，假日總是人山人海，老街也集於美食、小吃，沿街可以欣賞到精雕細琢的石器、木雕、古董，以及各色裝飾藝品。黃昏的淡水河岸夜景是一條平行於淡水老街的美麗河岸，淡水老街的建築更是由一座座洋式、閩式、日式舊建築聚集而成，展示著老街的悠久歷史。

科技的淡水景點是現代淡水漁人碼頭，位於淡水河出海口的右岸，東有綿延的大屯山山脈，西南邊隔著淡水河與觀音山相望，由於位於淡水河最前端的河海交界處，視野遼闊，有山有海。特別是淡水老街的文化產業發展除了結合關渡、北投地方文化創意產業與觀光休閒旅遊的套裝渡假活動之外，還可以結合八里的左岸公園、十三行博物館、八仙樂園，和挖子尾生態保護區的十三行遺址與紅樹林生態保護區周邊景點。以及醫療的淡水包括馬偕醫院淡水分院、八里療養院，以及和信癌症中心等。

對照台兒莊古城是座御賜「天下第一庄」的千年古城，但毀於 1938 年的台兒莊大戰。兩年前，隨著這座歷史文化古城的重建，淤滯的運河在這裡活了。古時候台兒莊就是交通要道，「水路通衢」牌坊見證往日的繁榮，也是為兩岸文化交流敞開的一扇大門。

台兒莊古運河也是京杭大運河母系的一部分，台兒莊古城的運河街市景區又稱老街區，是台兒莊歷史上最繁華的街區，從明朝末年到民國初期，一直是古城的文化商貿中心。歷經幾百年的古樸建築，十有八九被戰火摧滅，人們在廢墟上重新修復的商舖和居民，為我們保留了珍貴的二戰遺跡。[12]

台兒莊古城的廣濟橋，俗稱「丁字橋」，原為木橋，清咸豐七年（1857）由萬家出資修建為石橋，橋石為皇宮專用的蘇州木瀆金山石。而清

---

[12] 郁馥馨主編，《天下@第一庄》，（山東：台兒莊古城文化傳媒中心，2011 年），頁 81。

順治五年（1648）由趙家出資興建的廣匯橋，取「匯八方商賈」之意。而清康熙二十五年（1686）由時任參將照高登主持興建的廣源橋，寓有「財源廣進、興旺發達」之意，是古城所有拱橋中跨度最高的單孔石拱橋。[13]

台兒莊古城的迎駕舫，原建於清康熙年間，是當地富紳為了迎接康熙皇帝第六次南巡捐資而建，康熙、乾隆皇帝只要進城，都從這裡登岸，迎駕舫的石船舫是用花崗岩雕鑿而成。台兒莊古城臨水商舖左邊的「可意樓」，是建於明清時期的青樓，右邊的「可風樓」，告訴人們這座商舖雖然緊靠青樓，它的主人仍然潔身自好，「可做風範」。[14]

五、結論

綜合上述，我們比較了淡水老街與台兒莊古城，整體而言兩岸城市文化創意產業都具有以下的發展基礎：一、兩岸文化創意產業都同時彰顯了具有中華文化特色的優勢；二、兩岸經濟與科技都已提供具備發展文化創意產業的條件；三、兩岸文化創意產業都具有調適環境變化的創新能力；四、兩岸文化創意產業發展都受到政府政策的重視。

在這良好基礎上，加上兩岸文化交流的互補效果，更是兩岸在調適產業結構方面的最好時機，締造經濟的成果由兩岸人民共享。淡水老街可以結合關渡醫院、和信癌症中心、馬偕醫院淡水醫院，以發揮醫療觀光休閒的產業群聚效益；台兒莊古城則可以結合曲阜的孔府、孔廟、孔林，乃至於甲午戰爭博物館，吸引臺灣百姓到中國大陸來做尋根之旅。透過兩岸文化觀光、旅遊的交流活動，達成兩岸文化產業的互補效果。

從文化產業的角度而言，畢竟「產業」只是肉體、載體，「文化」才是精神所在，如果兩岸的城市文化徒有中華文化的美麗符號或圖騰，而未能建

---

13 郁馥馨主編，《天下@第一庄》，（山東：台兒莊古城文化傳媒中心，2011 年），頁 2-43。

14 郁馥馨主編，《天下@第一庄》，（山東：台兒莊古城文化傳媒中心，2011 年），頁 77-80。

立符合 21 世紀現代性的文化核心價值體系，這都是兩岸發展文化創意產業，加強城市文化創意產業交流所一起要面對的嚴肅課題。

發展文化創意產業既是全球經濟發展的趨勢，政府更有責任協助與輔導文化創意產業的健全發展，透過結合政府和民間的力量舉辦各種大型文化創意產業活動，帶動相關產業的發展。例如近年來在兩岸分別辦理了多種文化創意產業的國際性活動，像上海舉辦的「世博會」，臺北舉辦的「花博會」都是非常典型的國際文化創意活動。

臺灣文化創意產業活動也都朝向彰顯具有「中華文化特色的臺灣文化」，文化產業也凝聚了臺灣人民不分原住民、閩、粵，和東南亞地區的外來人口的生活與飲食方式。臺灣文化創意產業的表現已在國際舞台上發光而受到尊重，諸如「明華園歌仔戲」、「雲門舞集」等更形塑了臺灣創意產業的在地文化和國際化表徵。

當今西方許多跨國企業不斷地發生嚴重的經營危機時，究其原因，主要實源於資本主義市場經濟疏於強力監督和喪失企業文化倫理所致。企業經營者不但未善盡為股東、為消費者創造利益的社會責任，自己反而都成為社會詬病的「金融肥貓」，肥了自己，瘦了社會。

因此，在現代人類生活裡應該不只是一味地追求金錢數字的遊戲，而要在人類基本生活條件滿足後，更提升文化的價值面。或許透過文化創意產業的發展意義，結合了文化與產業的功能，可以為我們人類生活創造一個比較具有文明素質的時代。

殖民城市的形塑與全球化挑戰
——比較臺灣臺南與韓國慶州的古都文化

一、前言

歷史上的全球化大約可分為四個時期：一、前現代時期全球化，二、現代初期的全球化（約 1500～1850），三、現代全球化（約 1850～1945），四、當代全球化（1945～迄今）。任何全球化累積影響的配置都必須體認其特有影響類型的高度差異特質，每個國家所經歷的決策、制度、分布或結構面影響，永遠沒有一致的模式。亦即全球化的影響主要取決於每個國家在全球政治、軍事與經濟階層中的立場，和國內經濟與政治結構，以及因應全球化規範的獨特政府策略與社會策略。

二、文化全球化的歷史分期

現代初期全球化的出現，全球各地才逐漸有了工業化與城市化的普遍現象。也由於有現代化的運動，全世界才開始朝向科學、理性的生活追求。然而，資本主義與現代化的引進，就臺灣的發展過程而言，並非出於臺灣人民的意願，而是在殖民制度下被迫接受的。

根據上述全球化的特性，檢視現代初期全球化的荷蘭，在 1624-1662 年統治臺灣階段的臺南城市樣貌，以及這階段的韓國慶州；乃至於現代全球化時期的日本統治臺灣與韓國的殖民化，其所呈現的城市樣貌，甚至於戰後反共時期所代表意涵和文化變遷所凸顯戰爭性城市，這些歷史遺產非常值得我們深入去探討。

文化全球化時代的歷史分期表

年代／內容	前現代（～1500）	現代初期（1500～1850）	現代時期（1850～1945）	當代時期（1945～迄今）
文化全球化的主要機制	存在自足性傳統經濟、孤立性區域性文化與生活型態	透過人口遷移、戰爭與貿易，建立文化的傳播與模仿	歐洲全球性帝國的社會主義、民族主義、自由主義傳播	大規模的公共與私人媒體、觀光旅遊、運輸與通訊企業

資料來源：作者整理。

三、臺灣的臺南古都文化

臺南之所以被稱古都，主要截至目前留存三大古蹟，就是安平古堡、赤崁樓和億載金城凸顯其古都的府城歷史文化。

1624 年荷蘭人在占據臺灣之後，從名稱「大員」（Tayouan, 今臺南安平）建起新的城堡，「大員」或寫成「臺員」、「臺灣」，後來成為臺灣島的全稱。也就是在位於當時的一鯤身建造「奧倫治」（Orange）城堡，作為商業貿易的行政中心；三年後，改名為「熱蘭遮堡」（Fort Zeelandia），或稱熱蘭遮城。

嗣因商務繁多，原址不敷使用，加上水源缺乏，行政中心乃遷往赤崁（Saccam）一帶，重建市街，1656 年建造「普洛文蒂亞」（Providentia, 神之攝理之意）城，這便是初期的赤崁城，或稱赤崁樓、紅毛樓。當時的城樓，背山面海，與熱蘭遮城互為犄角，控制台江內海。

1661 年，鄭成功攻取赤崁城，改赤崁為東都，並住在城樓內。荷蘭人投降後，鄭氏移居熱蘭遮城，將此地改名為安平，赤崁為承天府，熱蘭遮城也稱為「王城」或「臺灣城」，是臺灣最早的一座城池，從此開始臺灣城名出現。這個城堡有四個稜堡，頗為可觀，城堡外的棋盤式市街顯示出義大利文藝復興的影響。[1]

熱蘭遮城日治時期，內城的荷式建築全毀，幾經屢次修建成為今日的紀念館，光復後改名為安平古堡，並成為一級古蹟和觀光勝地。目前紀念館旁邊殘存七十多公尺長的外城南面牆，老榕樹攀爬，紅磚斑駁，是 300 餘年來僅存的歷史遺跡。

1664 年，明寧靜王朱術桂曾建府於赤崁城旁。鄭成功去世後，赤崁城成為火藥、軍械的貯存所。《臺灣府志》卷之六，赤崁城：在府治西北隅，近海，周圍廣四十五丈三尺，高約三丈六尺。無堤堞之設，名雖為城，而實樓榭，故又名紅毛樓。紅毛酋長居之，鄭氏因以貯火藥軍械，今因之。[2]

1684 年，施琅將寧靜王故居改建為廟，祭祀媽祖，為今之臺南大天后宮。[3]1721 年（康熙 60 年），發生朱一貴事件，赤崁城樓遭到嚴重破壞，接著遭遇多次地震的破壞，城樓坍塌。

1750 年（乾隆 15 年），臺灣知縣盧鼎梅將縣署移建於赤崁樓右側，加以修護管理。1862 年，赤崁城毀於地震。1875 年，清政府於同一地點蓋了赤崁樓，和在城樓上建造大士殿。清法戰爭期間（1882-1887），臺灣知縣沈受謙拆毀荷蘭時期的城墓建物，大士殿受波及。

1886 年（光緒 12 年），沈受謙為推動漢化教育，在赤崁樓北側設立蓬壺書院，將赤崁樓的樓基填平，並在高臺上建造文昌閣、五子祠及海神廟，形成赤崁樓具有呈現廟、院、閣、祠、殿等不同的特殊建築風格。

日治時期，赤崁樓被充當日本陸軍衛戍病院，蓬壺書院也因地震多半倒

---

1 周婉窈，《臺灣歷史圖說（史前至一九四五年）》，（臺北：聯經，2002 年 10 月），頁 52-54。

2 蔣毓英，《臺灣府志》，臺灣史料集成編輯委員會編，《臺灣史料集成・清代臺灣方志彙刊第一冊》，（臺北：遠流，2004 年 11 月），頁 203。

3 范勝雄，〈臺南大天后宮——媽祖首廟之研究初探〉，《臺南文化》新 60 期，臺南市文獻委員會，頁 73-86。蔣毓英，《臺灣府志》，臺灣史料集成編輯委員會編，《臺灣史料集成・清代臺灣方志彙刊第一冊》，（臺北：遠流，2004 年 11 月），頁 207。

塌，五子祠也因受到颱風的無情侵襲而損毀。1918 年（大正 7 年），殖民政府整修赤崁樓，並做為臺灣總督府國語學校臺南分校（今臺南大學前身）。1935 年（昭和 10 年），赤崁樓被指定為重要古蹟。1945 年，第二次世界大戰後，赤崁樓曾被做為臺南市立歷史館使用。

赤崁樓就像一部活生生的建築演變史。從荷蘭式的城堡，經歷明鄭、清朝和日治以來，數百年歷史政經體制發展的風霜與社會文化的變遷，而保存下來為中式建築的輪廓。赤崁樓更從諸廟雜陳到雙棲並立；從填平城基，到碑林佇立，真是歷盡滄桑。

國民政府來臺後，經過幾次整修，將原有的木造結構，改為鋼筋混泥土，將主要入口由西改為南向。1982 年，赤崁樓被列為國家的一級古蹟。

檢視熱蘭遮城和普洛文蒂亞城的古蹟建物，都是具有西洋風格的城堡建築，在樣貌上顯然與中國的城樓建築不一樣。中國的城池特點是包括市街在內，而西洋式的城堡與日本近似，市街在城堡外。2024 年，熱蘭遮城將是建城 400 年，更是有意義的值得紀念日子。

臺南古都的另一歷史建物——億載金城。億載金城的歷史可以追溯到 1874（同治 13）年，是由清大臣沈保楨所建。當時興建億載金城的主要目的，在防禦與對抗因「牡丹社事件」犯臺的日本軍隊，以鞏固臺灣的安平海防。億載金城共佔地三公頃，整個城區由城垣及護城河所圍繞，穿越紅磚圓拱門之後，城內綠草如茵。建築材料主要購自廈門、泉州等地。

億載金城的西式砲台主要由英國、德國的砲、美國的步槍組成，也是第一座配備「阿姆斯壯大砲」的砲台。億載金城古稱「二鯤鯓砲台」，二鯤身即是昔日羅列在臺江西岸的沙洲島名，當時安平古堡位於一鯤身，億載金城則是位在二鯤身。

億載金城經過歷代的破壞或修復，目前可以辨認的有引橋、護城壕、城門、操練場、大砲、小砲稜堡、扶壁等。正門入口是紅磚砌造的矩形城門，中央用圓拱形的隧道式城門洞連通砲臺內。門外以木橋跨越護城壕，木橋靠城門的一段，用懸吊式橋板，平時供補給通行使用，遇有狀況，只要將橋板升起，便能遲滯敵人。可惜木橋年久失修，日治時期毀壞，改為鋼筋混凝土橋，沿用至今。[4]

1895 年，甲午戰爭發生期間，當時曾利用億載金城的大砲轟擊窺伺安平的日本艦隊。1905 年，日俄戰爭爆發，殖民政府為支應經費，變賣億載金城大砲，導致億載金城失去軍事和歷史文化的價值。1975 年，億載金城建城一百週年，臺南市政府訂為觀光年，修復億載金城，帶動各項文化觀光產業。1983 年，億載金城經內政部公告指定為一級古蹟，更加肯定億載金城在臺灣歷史的地位和古都的文化價值。[5]

四、韓國的慶州古都文化

韓國之所以慶州為古都，主要是在慶州留下瞻星台（天文台）、佛國寺和石窟庵等古蹟而凸顯其具有古都的歷史地位和文化價值。

慶州位於韓國東南部其文化發展可以追溯到西元前 57 年新羅在慶州的建國，和西元前 37 年高句麗的建國，以及西元前 18 年的百濟建國。[6]當西元 676 年新羅統一高句麗、百濟之後，正式開始進入新羅時代。但在新羅未統一三國之前的期間，所謂的「慶州三寶」就已經存在。

「慶州三寶」指的就是芬皇寺塔、瞻星台和皇龍寺九層塔，這三寶都是在善德女王年間的建物。芬皇寺塔為磚塔式，其在下層四面的仁王像以及四隅的石獅等，都是雄麗的雕刻；瞻星台是東洋最古的天文台，當時在台上備有觀測儀器。皇龍寺九層塔則全毀於 1238 年的蒙古兵亂。[7]

慶州的古都文化，特別是佛教促使新羅文化高度發展。佛國寺建於 535 年，亦經多次擴建規模，但後來遭遇多次火災的焚毀及重建，原佛國寺只保

---

4 http://tourism.ezgo.to/webcam/page6.htm

5 http://tourism.ezgo.to/webcam/page6.htm

6 震檀學會，《韓國史年表》，（漢城：乙酉文化社，1962 年 5 月），頁 15、17、19。

7 李丙燾，《新修韓國史大觀》，（漢城：普文閣，檀紀 4290 年（1957 年）3 月），頁 122。

存下來石造部分，目前佛國寺的古蹟我們所能看到的建築為 1974 年大韓民國再度重建的。

慶州的另外一項歷史古蹟石窟庵是興建於西元 751 年，本為佛國寺的一部分。石窟庵的建物只有幾座散佈的小庵堂，最特別的是位於後山的一座人造石窟，內有一座高 3.26 米的釋迦牟尼佛像端坐在圓形的花崗石上。亦即位於佛國寺東邊吐含山上的石窟庵，和佛國寺遙遙相對。

新羅文化發展到了西元 935 年的新羅王國歸順於高麗國，新羅的歷史一共延續了 992 年。在新羅文化發展的近千年歷史，主要中心是以慶州古都為區域的文化發展，後來因為高麗建國於西元 918 年，其政治經濟中心才轉移到高麗的定都開城，而開城則是位在今日的北韓境內。

1392 年朝鮮建國，韓國的政治經濟中心則又重新轉移到漢城，也就是今日的首爾（Seoul）。1910 年日本佔領朝鮮，至 1945 年韓國獨立建國，這 35 年的時間是被日本的殖民化統治。[8]1950 年韓戰爆發導致 1953 年韓國以北緯 38 度為界，分裂成南、北韓。

慶州在新羅王國的將近一千年歷史，造就了其成為現在南韓最著名的古都地位，其歷史價值有如中國的西安、日本的奈良。現在的慶州除了以瞻星台、佛國寺、石窟庵的歷史文化聞名之外，慶洲博物館還收藏了不少新羅時代的古物，不愧享有古都文化的歷史地位。

五、結論

慶州古都建物的瞻星台、佛國寺和石窟庵之於臺南熱蘭遮城、赤崁樓和億載金城，都要早大約 1 千年。慶州和臺南同時都深受中國文化的影響，臺灣在 1662 至 1683 年鄭成功統治臺灣時期，有了塑造漢文化的機會，但是時間不長，1683 年至 1895 年清朝統治臺灣，是一個滿、漢共治的局面，加

---

8 震檀學會，《韓國史年表》，（漢城：乙酉文化社，1962 年 5 月），頁 112、198、321-341。

上 1895 年後的日本殖民統治，一直到 1945 年臺灣由以漢人為主體的國民政府統治。

我們說臺灣是一個斷裂的歷史文化變遷，特別是經過荷蘭和日本的殖民統治，要能顯示城市的特別樣貌，也只有臺南府城保留下具有代表性的歷史文化特色。

韓國則在 14 世紀的 1392 年進入所謂的近世朝鮮時期，一直到 1910 年被日本殖民統治。亦即在現代初期全球化的 1500-1850 年，韓國是完整地屬於近世朝鮮時期，臺灣則是處在荷蘭、鄭氏和滿清的三個不同朝代。

或許這個緣故，現代的韓國我們可以很清楚地感受韓國的傳統衣飾、舞蹈和生活習性，當然有部分的建築還可以保存下來。而臺灣的特點是多元化的特性，尤其是明清時期在臺灣所形成以儒家為主體的漢文化。

進入工業化之後的臺灣與韓國，現代化城市的樣貌受到全球化和科技進步的影響，對於現代都市的樣貌就很難凸顯有何顯明的不同，這是當代形塑城市特色的悲哀。聯合國文教組織注意到全球化的結果，城市的同質性太高，因此，對於非物質文明遺產非常重視。然而，城市樣貌的塑造，自古以來即受到政治力量的影響，近代工業革命的資本主義發展，市場機制的導向也是全球化城市美學的考量重點。

文化、創意、產業的整合理論成為當代形塑城市美學的思考主軸。因此，城市再生與文創產業結合的政見往往成為選戰造勢與城市創意行銷結合，亦即各種文宣品和活動的策劃亦可結合創意城市的概念，將城市空間設計與藝術結合，形塑一種特有的「民主選舉」風貌，也算是一種城市美學的藝術表現吧！

2012 年 7 月 1 日，南韓的「雙首都制」正式啟用，雖然南韓總統府、國會、國防部和外交通商部仍留在首爾（Seoul, 據說因韓國人不滿漢城被譯指為是漢人居住的城市，今改名首爾），但已有 36 個中央政府辦公室和 16 個國營機構的 13 萬公務員將陸續進駐世宗市。

世宗市預計 2030 年將發展成人口 50 萬的「綠色、創新、快樂」的城市。

世宗市位在首爾南邊的 120 公里處，「雙首都制」的目的除了在緩解首爾日趨嚴重的人口密集、交通擁擠、土地飆漲、環境汙染等問題，同時兼顧均衡城市的發展之外，對於北韓的軍事威脅，首爾的城市安全問題應該也是最主要的關心議題。

2013 年 2 月 19 日，南韓總統李明博於主持其任內最後一次國務會議後，在青瓦台春秋館發表告別演說指出，五年執政期間他的功過將交由歷史評價，但有一點很明確，那就是南韓已不再是邊緣小國了，而是世界的中心國家，而且今後還會向前發展。[9]李明博的豪語顯然是南韓的城市競爭力和文化軟實力給了他很大的勇氣。

最後我要附帶一提的是北臺灣科技學院（現改名為臺北城市科技大學）舉辦這次的「城市美學研習會」，個人覺得非常有意義。我最近看了《戰爭與分界：「總力戰」下臺灣．韓國的主體重塑與文化政治》的書。[10]這是經「韓國臺灣比較文化研究會」推動，在其下分設「韓國研究小組」與「臺灣研究小組」，分別在韓國金艾琳（Kim, Yerim）與臺灣柳書琴召集人的努力，建構起韓國與臺灣的歷史置於同一舞台的研究，值得我們重視和學習的新途徑。

---

9 參閱：《中國時報》，（臺北：2013 年 2 月 20 日》。

10 韓國臺灣比較文化研究會著，柳書琴編，《戰爭與分界：「總力戰」下臺灣．韓國的主體重塑與文化政治》，（臺北：聯經，2011 年 3 月）。

城市文創產業的在地化與國際化發展——以臺北市北投地區的觀光行銷策略為例

一、前言

2010 年 12 月 10 日，我很榮幸應邀參加北臺灣科學技術學院（今臺北城市科技大學）地方文化創意產業研討會，主要討論議題是「北投地方文化創意產業經營與觀光行銷」，也感覺非常有意義，參與議題討會的專家學者還包括：北投社區大學洪德揚副校長、琉園水晶博物館操梅蜜副經理、北投藍染產業陳淑真副理事長，以及北臺灣科技學院（今臺北城市科技大學）觀光系陳善佩主任。

再度謝謝主辦單位的用心安排，尤其是對我個人在教學與研究方面一定會有許多的啟發，更重要的是希望對地方文化產業的經營管理有所幫助。

二、地方文創產業發展的政經意義

文化創意產業是當前全球經濟發展正夯的主題。對臺灣而言，臺灣在經濟發展的產業結構與變遷中，從農業、製造業、服務業之後，積極發展文化創意產業，這是不能不走的路，也是國家政治經濟發展不得不的方向和途徑。

為什麼要把臺灣文化創意產業與政治經濟的發展扯在一起？檢視臺灣經濟發展的過程，從出口加工區、科學學區，到今天的文化創意園區，哪一項不是透過政府的積極政策而發展起來的。但如此論述，好像又有點把政府視為萬能的。

其實，深入分析，政府存在的目的，特別就經濟發展的功能而言，政府有責任制訂法令規章，以維持經濟秩序；政府有責任針對公共財的部分，加強建設公共設施；政府有責任對因為經濟發展過程中而處於弱勢的加以照顧；政府更有責任營造一個好的投資環境，保持經濟永續發展。基於此，政府有沒有責任要提供文化創意產業一個發展空間，答案當然是肯定的。

既然政府有責任，那是政治的，文化創意產業要發展是屬於經濟的。因此，要讓文化創意產業蓬勃發展，就必須是政治與經濟整合，亦即有作為的政府政策，和有市場競爭力的產（企）業，兩者缺一不可。

上述總體的文化創意產業發展需要一個良好的政經環境，所有中央的政經權力都是來自地方，沒有地方哪來中央政府。換言之，地方文化產業發展的成效如何？即是關乎國家經濟的發展。北投地方文化創意產業發展的結果，臺北市政府、中央的執政者，沒有置身度外的理由。

三、地方文創產業的特色與景點

對於「文化產業」（Cultural Industries）所指「那些以無形、文化為本質的內容，經過創造、生產與商品化結合的產業」的定義；或是「產業文化」是指「產業在經過產品生產歷史過程中，所發展出屬於自己特有文化」的「產業文化化」定義，大家的爭議比較少；而對於「文化產業化」的概念，至今仍存在不同的見解。不過，在全球化知識科技發展趨勢的今天，已不是討論「文化能不能產業化」的問題了，而是到了必須面臨「文化」、「創意」、「產業」三者如何密切結合發展的問題了。

創意是科技的、是創新的，它是一個平臺，它需要以文化為根基，它不是無中生有；它需要以產業發展為基礎，它不能不永續經營。由此，文化創意產業成為當前經濟發展的主流。因此，文化創意產業的特質，它既是生活的、也是歷史的；它既是傳統的、也是現代的；它既是在地的、也是國際的。

因此，北投地方文化創意產業發展也就可以從這些角度去深入探討，其具備這些特色的重要景點。諸如：琉園水晶博物館、北投藍染產業、北投溫泉、關渡宮等等，都非常具有文化創意產業的特色，也都符合政府要發展文化創意產業的目標。

四、北投地方文創產業的觀光行銷策略

文化創意產業與觀光產業的結合是必然的趨勢。2010 年 9 月個人榮幸應邀參加「中國・天津第五屆媽祖文化旅遊節」活動，我就聯想到臺北關渡宮也可以採取這種方式來舉辦相同的活動。關渡宮的媽祖文化活動結合北投的溫泉、淡水河夜景和北投地區特有的琉園水晶博物館、北投藍染產業等參訪，將北投地方文化創意產業的特色行銷出去。

例如，2011 年是中華民國建國一百年，我們也可以來擴大辦理這類型活動，乃至於先民開發關渡地區的生活史，也都可以列為我們北投地方文化創意產業與觀光休閒旅遊的套裝渡假活動。

北投在平埔族語中即「女巫」之意，大自然留給了北投美麗的景物地貌，「女巫」的靈力更帶給了北投故事無限的想像空間，和增添了北投人在地文化特色的意涵。如果把北投生活圈擴大，還可以結合陸域面積約 15 公頃，水域面積 11 公頃的淡水漁人碼頭，和界臨淡水河，長達 280 多公尺的八里左岸公園。

特別是位在附近的關渡自然公園是淡水河及基隆河的交會口，不但是重要的候鳥棲地，更是臺北市最後一塊濕地而特別成立的關渡自然公園。關渡的北投區學園路 1 號與 2 號，分別就是臺北藝術大學與臺北城市科技大學的所在，關渡已逐漸成為文化產業園區。

我在參加這次 2010 年 12 月 10 日的「北投地方文化創意產業經營與觀光行銷」研討會之後一個禮拜，我即與北投文化基金會、北投社區大學副校

長洪德揚一同造訪關渡宮。

關渡宮位在臺北市北投區知行路。基本上是屬於北投地區的地方宮廟，是臺灣北部最古老的媽祖廟，其建廟可以追溯到清順治年間，由開山石興和尚從福建奉請天上聖母來臺，當時名稱為「天妃廟」，其後歷經乾隆、道光、光緒年間多次整修，並遷建於現址，其時間已有 340 年以上的歷史。[1]

關渡宮過馬路的前方前即是一個廣大的停車場，亦因關渡河堤自行車道的必經之路，故設有自行車租賃處，而整個關渡宮已經和關渡水鳥自然公園、紅樹林保護區、關渡碼頭、關渡水岸公園、關渡大橋、關渡捷運站，乃至於北台灣科技學院、國立台北藝術大學連結成一個觀光宗教文化旅遊的園區。

在歷史發展過程中逐漸形成的關渡媽祖信仰圈和祭祀圈，促成關渡宮始有現在的規模。關渡宮殿內、殿外的石牆、石柱、石獅，都雕滿了媽祖的歷史故事，作品細膩壯觀，是善用圍牆作為景點的藝術作品。

關渡宮的祭典是每年農曆 3 月 23 媽祖生日，元宵節和中元節普渡也是年度大事，信眾來自各地，參拜的人潮絡繹不絕。由於香火鼎盛，關渡宮不斷擴建，除聖母殿、觀音殿、文昌殿外並有古佛洞，廣渡寺、鼓樓、鐘樓等。另外，每年元宵節，關渡宮一定會有電動花燈展出，從山下廟宇到山上後花園，大小燈籠及各方精製的花燈，不但充滿了年節氣息，信眾可賞燈亦可祈求媽祖庇佑，充滿祥和、平安氛圍。

五、結論

文化創意產業發展需要大家努力，北投地方繁榮亦有賴地方文化創意產業的大力推動，政府與民間（包括產業界、學界）都責無旁貸。近幾年來，臺北城市科技大學每逢 9 月新生來校之後，總會安排時段將關渡宮媽祖神轎

---

1 林美容、許谷鳴，〈關渡媽祖的信仰圈〉，《媽祖信仰的發展與變遷——媽祖信仰與現代社會國際研討會論文集》，（北港：朝天宮，2003 年 3 月），頁 120。

安置在活動中心，配合各項慶祝活動，讓學生感受媽祖庇佑平安與學習媽祖的慈善人道精神。

第二部分

文學藝術篇

當代臺灣文化資源的創新轉化
——以胡適、余英時論著的文化再生為例

一、前言

21 世紀的時代，隨著數位科技的發展，在西方藝文界亦興起了一股文化與科技結合的思維，更帶動許許多多的文化結合的創意性產品。根據聯合國教科文組織（United Nations Education, Scientific and Culture Organization, UNESCO）的「文化產業與商業」（Cultural Industries and Enterprises）所公布的相關資料，全世界的文化貨品交易量在近二十年來已有數倍的快速成長。

臺灣受到這股新興文化產業與商業風潮的影響，我國政府為了促進國內知識經濟產業的發展與升級。2009 年 5 月 14 日，行政院通過〈創意臺灣——文化創意產業發展方案〉；2010 年 1 月 7 日，通過《文化創意產業發展法》，10 月，政府公布〈文化創意產業發展法實施細則〉。2012 年 5 月 15 日，行政院列屬「行政院文化建設委員會」之權責事項，自 5 月 20 日起改由「文化部」管轄，開啟文化部掌管文化創意產業的新紀元。

2013 年 3 月，政府邀請英國首任文化與數位經濟部部長維濟（Edward Henry Butler Vaizey, 1968-）率領文創參訪團來臺訪問。維濟部長當時身兼文化部與商業創新技能部（BIS，Department of Business, Innovation and Skills）。維濟指出，當所有人都關心文化藝術，文創力量才有可能發揮，政府的政策與商業手段只是臨門一腳，政府最好的支持就是塑造數位環境，凸顯文化部與商業創新技能部所扮演創新與高等教育的重要性。

2019 年 1 月 7 日，政府修正《文化創意產業發展法》第 5 條指「主管機關：在中央為文化部；在直轄市為直轄市政府；在縣（市）為縣（市）政府」；第 7 條指「為提升文化內容之應用及產業化，促進文化創意產業發展，政府得以專責法人辦理相關業務」。

我國政府在先後通過了《文化創意產業發展法》、〈文化創意產業發展法實施細則〉之後，並於 2022 年 8 月 27 日，成立數位發展部，負責推動數位科技應用、數位經濟產業發展方面的政策等業務。正式宣告臺灣在歷經 20 世紀 60、70 年代出口加工區與 80、90 年代科學園區之後，進入 21 世紀以科技與文化整合發展模式為主的文化創意產業園區時代。這一重要走向是臺灣再創經濟高峰和企業經營管理的優勢策略。

檢視臺灣產業結構的組織與發展歷程，主力部分還是靠著中小企業打拚所締造臺灣經濟發展的風華。2020 年 6 月 24 日，經濟部修正〈中小企業認定標準〉，採取不分行業別，凡依法辦理公司或商業登記，實收資本額在新臺幣 1 億元以下，或經常僱用員工人數未滿 200 人之事業，均認定為中小企業。

「文化創意產業」（Cultural and Creative Industry），或稱「文化及創意產業」（The Cultural and Creative Industries），本文採「文化創意產業」（Culture and Creative Industry, 簡稱文創產業）。基本上，特別是在強調其具有「文化」、「創意」與「產業」的三個意涵。

從事文化藝術工作者會主張「文化」是創造文明歷史的主軸，追求的是人類心靈的價值；從事企業經營者會認為「創意」是資源整合的平台，提供的是人才智慧的匯集；從事經濟建設者會強調「產業」是政經發展的舵手，發揮的是國家的生產力。建構起橫跨文化部、經濟部與數位發展部的業務，整合這三個單位的相關業務，成為這三匹馬必須齊力拉車向前衝的文化創意產業的特性與優勢。

因此，孰重要、孰不重要，或孰前、孰後的爭論，猶如出現「蛋生雞」與「雞生蛋」、「個人」與「集體」，或「政府」與「市場」的優先順序難題，最後演變成「為藝術而藝術」或「為藝術而生活」的爭論。

一般對於「文化產業」的概念是普遍比較可以被接受的，而「文化產業化」則爭議較大。「文化產業」的「文化」是偏保護與傳承，是崇尚精神層面，是一種生活型態；「產業」則是一種生產、行銷，以吸引消費者的管理模式，是指可以營利的生產事業。因此，「文化」與「產業」的概念是可以結合形成一種「文化產業」的。

「文化產業化」則是強調受到工業化的影響，有功利主義取向，是偏資本主義的市場經濟。然而，「文化」本身就具有不同流俗的「創意」意涵，乃至於「創意」也不是憑空想像。所以，「文化」與「產業」兩者的重要連結平台就是「創意」。

從文化藝術角度只要是提昇生活美學與品質的文化創意，應該是人類所追求的目標，亦即「文化」、「創意」與「產業」三者可以透過整合（integrate）平台來發揮更大產能的命題，將具有整合能力的人成為「文化創意產業」的總樞紐，讓創作天才與現實社會密合，以充分凸顯其藝術的價值，不但能夠被人接受、欣賞而典藏，進而有獲利的效益，創造永恆的價值。

文化資源創新轉化的產業新思維，特別是在知識與科技整合的時代，只要販賣「意義」的都是「文化創意產業」，此乃因文化的創造必定衍生特定的創意而遲早會產業化。漢寶德在《文化與文創》一書中指出：創意是指把文化產品轉變為生財的產業的創造力；創意是指提高藝術創造力以擴大藝術產量；創意是設法凸顯傳統工藝的特色以連結現代生活。[1]

廣義的「文化創意產業」即所指涉內容與產值，都從「文化」本質發揮經濟效益的概念是可以被接受的。「文化創意產業」的範疇不僅僅只是文化創意的產業而已，更是擴及生活文化的創意產業。文化創意產業的產業鏈，可由內而外分為三個層面：核心層是美術、戲劇、音樂、文學等精緻藝術；

[1] 漢寶德，《文化與文創》，（臺北：聯經，2014 年 10 月），頁 43-44。

第二層是應用面的廣告設計、建築設計、媒體等；最外層則是衍生出來的製造、服務、觀光等，這也是最容易產業化的部分。

「文化創意產業」意涵了三個概念，在「創意」、「文化」、「產業」中，哪一個最具關鍵性？負責發展經濟的部門會強調「產業」，負責推動文化事業的單位會強調「文化」，而從事企業經營者則會認為「創意」最重要。三者之中，當然「文化」是最為重要的。因為，「文化」意指著「以新形式（new form）創造新意義（new meaning）的過程」。

「文化」自然地就是「產業」，也必然地有著「創意」的外觀，在當代的經濟與市場至上的世界裡，只要販賣「意義」的都是文化創意產業，此乃因文化的創造必定衍生特定的創意而遲早會產業化。亦即「文化」既是一種形塑社會新成員的意義、方向系統，也於日常生活中被各種個人或團體的形塑過程。因此，「文化」是為經濟行動的基礎、限制與機會。

「文化創意」誠然重要，產業發展更攸關國計民生，但文化如同教育，是立國精神之所在，有其核心價值與發展脈絡。「文創產業」所指涉內容與產值，都從「文化」本質發揮經濟效益。文化部門的核心業務並非文化創意產業，而是以「文化」內涵作主軸，執行保存、傳承文化資產，鼓勵藝術、文學創作，提昇國民人文素質的施政計畫，強調的是包括文學與藝術的「文藝創意產業化」。

舉凡食衣住行與空間的生活文化、藝術展演與信仰禮儀，都由此開展，並產生人文科技與經濟活動。有歷史人文意義的古蹟、遺址、藝術活動與自然景觀，即為觀光產業實質內涵；具深厚文化基礎與人才養成管道，設計、電影、出版、工藝、表演藝術、數位內容等產業就會生生不息。

2010 年 1 月，政府通過的《文化創意產業發展法》第三條指出，文化創意產業的意義所指的是，凡源自創意或文化積累，透過智慧財產之形成及運用，具有創造財富與就業機會之潛力，並促進全民美學素養，使國民生活環境提升之產業。

從「文創產業」的本質來看，與其說它是一種新行業，倒不如說是一種理念、創意或人文素養。文創產業的精神在於強調產業發展要有文化思維，藝文也需兼顧應用與行銷的部分，並搭建跨界合作的平台，擴大文化影響層面，提高產業品質與競爭力。

「文創產業」的特性具有多樣性、小型性、分散性，以及最重要的是能結合在地特色與全球性市場的藝術創意產業化，這正代表文化資源創新轉化的產業新思維。

從文化創意產業建構起的新思維，無疑地透過文化資源創新轉化功能所凸顯資源分享的平台，已成為當前產業界新興的文化創意產業。我們從判別文化商品生產的相關概念，透過使用價值（use value）與交換價值（exchange value）來區別文化藝術與文化創意產業的差異，如下表：

文化商品生產相關概念的使用價值與交換價值區別表

使用價值	交換價值
文化藝術	文化創意產業
政府的文化服務	產業的文化商品
文化事業	文化產業
文化政策	文化創意產業政策
文化素養、文化國力	文化經濟

資料來源：參閱：劉大和，《文化的在與不在？——人文取向的文化產業視野》，（新竹：國立交通大學出版社，2012 年 9 月），頁 29。

根據上表，或許我們在觀察文化商品生產相關概念，將「使用價值」定位是偏傳統或靜態的；而將「交換價值」是偏現代或動態的。例如我們將傳統所概稱的「文化事業」，現在我們則可將其稱之為「文化產業」，更加凸顯文化產業具有的意義、美感表現，和產業運作的三個面向。

基於文化資源創新轉化與再生的平台思維，將「文化事業」推向「文化產業」，可以為文學藝術創作的再創新機與發展，我特別思考如何將當代台灣著名學人的論文和著作重新審視，來結合產業行銷的概念，將不景氣已經多年的文化出版界開闢一個新的市場商機。

2021 年 8 月 5 日，當我在臺北得知余英時先生過世的消息，我的這「文化創意產業」的思維，馬上又浮上我的腦際。為了整理余英時先生有關的文字，除了重讀這位學人出版的部分著作之外，我還發現了自己多年來所保存下來的剪報資料，很值得在這裡略作介紹和記述下來，提供有意研究者的參考。

檢視我現在所保存的剪報資料和論著中，其蒐集的時間與內容，大部分是與當代中華民國歷史有關的政治或學術界，特別是戰後隨國民政府來臺之後，而特別與臺灣發展歷史有密切關係的重要人物。

這些的剪報資料，由於受到我個人閱讀、研究與書寫的偏好所限，只能利用圖書館學的簡單概念，針對我所蒐集資料中其刊載文字所呈現的事件經緯，來做敘述性的片段回顧。

從整理與余英時先生有關的著作和剪報資料之後，我陸陸續續寫了〈閱讀胡適筆記〉、〈閱讀張道藩筆記〉、〈閱讀陳奇祿筆記〉、〈閱讀葉公超筆記〉，〈閱讀余英時〉等相關的文化記述，希望從「文化創意產業」的觀點，繼我之前撰寫《近代學人著作書目提要》的工作，再累積一點成績來。

從整理與余英時先生有關的著作和剪報資料之後，第一位讓我最容易聯想到的，而且在剪報資料篇數量上，和位居余英時的老師輩人選上，當屬胡適之先生是首選了。

以下，我針對胡適、余英時他們兩人的思想文化及其有關著作的記述，藉由文化資源創新轉化與再生的新思維，為臺灣發展文化軟實力提供一項新路徑。

二、胡適自由民主文化資源的創新轉化再生

我蒐集與剪報有關於報導胡適的資料，經整理發表在《臺灣商報》專欄

的《閱讀胡適筆記》共有 50 篇。[2]登載時間是從 2021 年 8 月 25 日起至 2022 年 5 月 30 日的不定期刊出。現在，我已經從這 50 篇的《閱讀胡適筆記》，分成「自由白話文學類」與「自由民主文化類」兩部分的筆記。

其中的有關於「自由白話文學類」，我已經將其選錄在拙作《筆記與對話——臺灣百年雙源匯流文學的淒美絢麗》一書裡。[3]現在這裡選錄的是另一部分「自由民主文化類」，因其內容上是報導胡適比較偏重於談論政治文化方面，我就特別以「自由民主文化類」為其主題的素材，嘗試藉由文化資源創新轉化新思維的平台功能，期盼來達成文創產業資源再生與共享的目標。

有關胡適「自由民主文化類」為題材的文字，我將其再審修與彙整如下：

（一）胡適愛惜羽毛

1990 年 2 月 23 日、24 日，《中國時報》登載，周質平教授發表的〈新時代的新人物——為胡適與趙元任逝世紀念日而寫〉一文。胡適與趙元任，對政治、社會、文化的態度，周質平認為：胡適在參與政治時，有個分際，

---

[2] 50 篇的目次如下：1.永遠迴響的心聲 2.胡學前瞻 3.身在此山中 4.赫貞江上之相思 5.我的聖女快樂嗎 6.離亂歲月 7.新時代的新人物 8.論第二黨 9.總統候選人 10.黃杰警總日記選輯 11.雷震與胡適 12.與胡適的一段緣 13.胡適先生的婚姻 14.從胡適面前走過 15.胡適和《紅樓夢》16.懷念北大校長胡適之先生 17.胡適談法統 18.在國大致開會詞 19.讚台灣言論自由 20.中國古代政治思想史的一個看法 21.白話文學運動 22.美國的民主制度 23.美國大學的革新者 24.論民主自由 25.國大會議與民主改革 26.禪宗史的新看法 27.自由中國之重要性 28.對中國文學史的看法 29.左舜生的〈胡適之臨別贈言〉30.發展科學與培養大學研究力 31.羅家倫談胡適使美二三事 32.六八壽辰 33.有聰明而不與別人比聰明 34.批評人民公社制度 35.致「自由中國」雜誌函 36.一個人生觀 37.清算胡適自由民主思想 38.無容忍就無自由 39.科學的精神與科學方法 40.新聞記者「辯冤白謗」的責任 41.蒐集書籍範圍要廣 42.要再積極奮鬥十年 43.終生做實驗的人 44.反對修憲的 6 則新聞 45.弭兵會議 46.演講〈中國之傳統與將來〉47.〈中國之傳統與將來〉的回響 48.論新詩 49.王世杰談胡適與政治 50.胡適的從前與今我。（參閱：陳天授，《臺灣商報》（電子報），陳天授專欄）。

[3] 陳添壽，《筆記與對話——臺灣百年雙源匯流文學的淒美絢麗》，（臺北：方集出版社，2023 年 6 月）。

大多被解釋為「愛惜羽毛」；而趙元任對政治保持距離，卻是他真正的缺乏興趣，但他對於社會許多改革活動都積極參與。

在文化上，趙元任幾乎是不談「全盤西化」或文化交流這類問題的，也少有像胡適發表一些充滿爭議的文字，偶談到這類問題的時候，他能用極淺顯的文字，表達很深刻的意思。

檢視周質平的這篇文章，後來特別加上註解，並以完整學術論文格式的〈胡適與趙元任〉為篇名，收錄在 1992 年 7 月，三民書局為他出版的《胡適論叢》一書裡，這書也是周教授對於胡適研究的重要著作之一。[4]

（二）胡適論第二大黨

2005 年 10 月 18 日，《聯合報》登載，陳之藩〈東風與西風：胡適論第二黨〉。文章刊頭說明：早年為人權，在上海胡適與國民黨吵翻，是在他剛回國不久；晚年為了言論自由，胡適與蔣介石又吵翻，那是回到臺灣之後，而最根本的原因，他視為只有一個：國家要有第二大黨。

陳之藩在該文中指出，胡適的至死不渝的信念，可以說是他的「宗教」就是民主政治的如何實現，亦即實施民主的具體設施是：國家要有第二黨。1945 年 8 月，胡適寫給毛澤東的一封信。內容概略：胡適以為中共領袖諸公，今日宜審查世界形勢，愛惜中國前途，努力忘卻過去，瞻望將來，痛下決心，準備為中國建立一個不靠武裝的第二大黨。公等若能有此決心，則國內十八年之糾紛一朝解決，而公等二十餘年之努力皆不致因內戰而完全毀滅。中共今日已成為第二大黨，若能持之以耐心毅力，將來和平發展，前途未可限量，萬萬不可以小不忍而自致毀滅。

胡適信給毛澤東的苦口婆心相勸，而其時的毛澤東尚在延安窯洞，胡適怕共產黨被圍剿，被消滅，那豈不變成國民黨的一黨獨大；他想只要有一個

---

4 周質平，〈新時代的新人物——為胡適與趙元任逝世紀念日而寫〉，《中國時報》，1990 年 2 月 23 日、24 日。

第二黨，總比一黨獨大好。從結果論來看，毛澤東最後的取得統治中國政權，這是讓胡適「國家要有第二大黨」的希望完全落空的。

1950 年代的胡適在臺灣，為言論自由，鼓勵大家辦雜誌，到鼓勵在野人士組黨，或者勸蔣介石把國民黨分成兩個，他總也希望國家要有第二大黨，以兩黨制度的模式來發展國內民主政治，甚至於他勸阻蔣介石恪遵憲法不要再圖連任。胡適希望「國家要有第二大黨」的民主政治還是落空的。

胡適常引《紅樓夢》〈第八十二回〉中的：「但凡家庭之事，不是東風壓了西風，就是西風壓了東風。」以喻國家之事的兩黨制，亦即不是東風壓倒西風，就是西風壓倒東風，被壓倒的是沒有好日子過的。[5]

（三）胡適被授意參選總統

1997 年 7 月 6 日、7 日連續兩天，《中國時報》登載，陸鏗先生發表的〈奉命通知胡適為總統候選人〉一文。1948 年 3 月 29 日，國民大會在南京召開，當時國共和談已經破裂，以蔣中正主席為首的國民政府提出了「戡亂建國」口號，美國方面則希望國府推行美國式民主，希望中國成立聯合政府，將自由份子容納進去；另一方面，為了安撫國民黨，特別聲明，美國不希望在中國政府中有共產黨人。美國駐華大使司徒雷登得知「蔣委員長已明確地表示，適時召開行憲國民大會，還政於民，希望中國從此開展新局」。這就是為什麼 3 月 29 日會召開行憲後第一次國民大會的主要政治背景。

行憲的目的就是要選出總統、副總統，同時，由總統提出行政院長人選經由立法院行使同意權，以組織「行憲內閣」。依當時政局情勢，誰當總統對蔣先生來說，當然「捨我其誰」。但是有意副總統競選的包括孫科、于右任、程潛、李宗仁都躍躍欲試，其中又以李宗仁提出「民主」、「革新」的聲勢最獲得好評。

陸文指出：

5　陳之藩，〈東風與西風：胡適論第二黨〉，（臺北：《聯合報》，2005 年 10 月 18 日）。

> 蔣介石為了對付李宗仁，全力支持孫科競選副總統，就在總統、副總統提名前夕，蔣介石突然表示支持胡適出面競選總統，1948 年 4 月 1 日，就在行憲國民大會召開後三天的晚上，陶希聖與其見面說：「李宗仁如果當選副總統，很有可能有一天會演出『逼宮』的戲來。為了副總統人選問題，黨內已有分裂之勢，總裁向來以黨國利益為重，不計個人榮譽，現在，他已決定不出任總統候選人，而由我黨推胡適之先生為總統候選人，你對這一決策感覺如何？」

陸鏗當時脫口而出：「太好了！這是國家之福。在國際輿論方面，也將贏得非常好的反響。」於是陶希聖說他已奉到總裁指示，要為胡適參選開始做一些準備。也請陸鏗要為胡適寫一篇總統候選人小傳，並叮嚀說：「在國民黨中央正式提名前，一定要保密。除胡適本人外，對任何人都不要講。」

隔天，陸鏗與胡適見了面，並轉達了這消息。陸鏗描述：

> 胡適那時的興奮之情，很自然地流露。我感覺到他手上出了汗，近視眼似乎放出了光彩，面部保持微笑；我的心跳也相加速，第一次在一個汽車裡進行關係重大的採訪——為行憲後第一位總統立傳。胡適根據憲法的規定，總統是國家元首，但不負責具體行政事務。行政院長即內閣總理掌握行政權。……胡適博士談到這裡，情不自禁地以未來總統身分表達了他對蔣主席的誠意，著重指出：「如果蔣先生決議不當總統，行政院長當然要請他擔任了。」

4 月 3 日夜晚，蔣主席與程潛、李宗仁談起為了使中國民主奠立一個較好的基礎，最好總統、副總統都不要軍人而讓文人出任。他本人也不參加競選總統，但李宗仁毫不保留的拒絕。4 月 4 日一大早，陸鏗進了國民黨臨時六中全會的中央黨部禮堂，陸鏗的描述：

> 從10點討論到12點半，在毫無結論的形勢下，蔣總裁以半小時的時間，宣讀了他關於誰做中華民國第一任民選總統的設想……最好由國民黨推一位黨外人士做總統候選人，以示大公。這個人應該具備下列五個條件：……當蔣講完話後，全場馬上顯得騷動不安。陸鏗和狄膺說：「這不明明是指胡適嗎？」狄一面點頭一面答：「一點不錯。」到了3點半，繼續開會，除了吳稚暉和羅家倫外，全是一片擁護蔣總裁出任總統之聲，一致反對提名胡適。我越聽越不是味道，越替胡適博士著急，我認為在這件事中，不僅胡適博士受了騙，我也受了騙。蔣先生於4月6日下午散會前，以「俯順輿情」的姿態，宣布接受國民黨中央的提名，同意參加總統競選。一幕鬧劇，到此閉幕。[6]

（四）胡適與《自由中國》雜誌

2004年1月1日，《聯合報》登載記者劉寶傑臺北報導，國史館繼出版《國防部檔案選輯》與《雷震獄中手稿》後，又根據國防部史政編譯室的「黃杰將軍工作日記」編撰《黃杰警總日記選輯》，內容比「雷震檔案」更清楚呈現了雷震案中，情治機構緊密策畫的情形，蔣介石總統的態度和指示，以及國防會議副秘書長蔣經國的角色。

在這天《聯合報》所摘要自《黃杰警總日記選輯》的內容中，特別與胡適有關的日記內容，是1960年9月2日的日記：

> 十七時三十分，總統指示：一、本案不必由行政院負責。二、本案行動以後，〔中委會〕唐〔縱〕秘書長可分別告知李萬居、高玉樹等，此次行動，係處理自由中國半月刊之舊案，與反對黨毫無關聯。同時請副總統〔陳誠〕電告胡適先生〔當時在美〕加以說明。

---

6 陸鏗，〈奉命通知胡適為總統候選人〉，（臺北：《中國時報》，1997年7月6日、7日）。

9 月 6 日的日記：

> 〔黃杰〕與唐秘書長晉謁副總統，副總統謂：胡適已有來電，以「逮捕雷震、壓迫新政黨之組成行動，是違憲的」等語，已決定請王〔雲五〕副院長函覆胡適，告以劉子英案發，雷震涉知情不檢舉，且包庇匪諜，於法難恕。

從黃杰 9 月 2 日與 6 日的日記裡，我們除了可以了解和證實總統蔣介石和副總統陳誠處理雷震案的態度之外，高層在乎的還是胡適對於該案的看法，特別是雷震主持《自由中國》雜誌的批評執政黨，並且有意與臺灣地方仕紳李萬居、高玉樹等黨外人士籌組「中國民主黨」，來制衡國民黨。在我所了解的臺灣地方仕紳中，也包括曾任台南市長的葉廷珪，都是雷震拉攏的對象。

在國民黨之外的出現第二黨，這是符合胡適長期以來的認為，民主政治就是執政黨要有在野黨的監督，這才是一個民主國家政治運作的常軌。所以，胡適才會幫忙想出《自由中國》雜誌的這一名稱，並在 1949 年 4 月 6 日寫下這本雜誌宗旨的首要，強調要向全國國民宣傳自由與民主的真實價值，並且要監督政府（各級政府）的切實改革，努力建立一個自由民主的社會。[7]

2003 年 12 月 16 日，《聯合報》刊登聶華苓〈雷震與胡適〉一文。聶華苓在本文章的最先敘述，雷震與胡適在上海商量創辦一個宣傳自由與民主的刊物。《自由中國》是胡適命名的，雜誌的宗旨是他在赴美的船上寫的。

《自由中國》創辦時，他人在美國，卻是《自由中國》的發行人，雖不情願，也默認了，也為一小撮開明的中國知識分子撐腰。《自由中國》畢竟

---

7 劉寶傑報導，國防部史政編譯室編撰《黃杰警總日記選輯》，（臺北：《聯合報》，2004 年 1 月 1 日）。

創刊了，他任發行人有關鍵性的作用。

1960年9月4日，雷震等人被捕；10月3日，開庭；8日宣判。聶華苓引胡適1960年11月18日的日記：

> 總共三十年的徒刑是一件很重大的案子，軍法審判的日子（十月三日）是十月一日宣告的。被告的律師（指梁肅戎立法委員）只有一天半的時間可以查卷，可以調查材料。十月三日開庭，這樣重大的案子，只開了八個多鐘頭的庭，就宣告終結了，就定八日宣判了。這算甚麼審判？在國外實在見不得人，實在抬不起頭來，所以八日宣判，九日國外見報，十日是雙十節，我不敢到任何酒會去，我躲到普林斯頓大學去過雙十節，因為我抬不起頭來見人。[8]

聶華苓的文章指出，胡適於10月23日回到臺灣接見記者表示，《自由中國》為了爭取言論自由而停刊也不失為「光榮下場」。並說十一年來雷震辦《自由中國》已成為言論自由的象徵。胡適還說他曾主張為雷震造銅像，不料換來的是十年坐監，這——胡適在桌上一拍：「是很不公平的！」。

聶華苓很感傷的提到，雷震判刑之前，甚至家人也不能探監。判刑之後，家人每星期五可以去監獄看他。我們一到星期五就眼巴巴望胡適去看看雷震。他可以不發一言，只是去看看雷震。那個公開的沉默的姿態，對於鐵窗裡的雷震就是很大的精神支持了。星期五到了。星期五又到了。是星期五又到了。一個個寂寞的星期五過去了，胡適沒有去看雷震。

聶華苓說她和殷海光、夏道平、宋文明幾個人忍不住了，要探聽胡適對「雷案」究竟是甚麼態度。一天晚上，她們去南港看胡適。胡適招待了她們一頓點心，一點幽默，一臉微笑。這部分的情節，聶華苓後來在她的《三輩子》書中有更細膩和更多的描述。

8 聶華苓，《三輩子》，（臺北：聯經，2011年5月），頁195。

11 月 23 日，雷震覆判結果，仍然維持原判。胡適對採訪的記者說了六個字：「太失望，太失望。」，記者提到他沒有去探監。他說：「雷震會知道我很想念他。」，聶華苓說：

> 他〔胡適〕鼓勵雷震組織一個有力量的新黨，他自己呢？不做黨魁，要看新黨的情形而言，結果新黨被扼殺了，雷震被關在牢裡了。雷震覆判結果那天，他在書房獨自玩骨牌，想必他是非常寂寞苦悶的。真正的胡適關在他自己的心牢裡。直到 1962 年 2 月 24 日，他在臺灣中央研究院歡迎新院士酒會結束後，突然倒地，他才從那心牢裡解脫了。[9]

聶華苓的文章特別提到她感受，胡適對雷震是在鄉愿和真情之間迴盪。胡適曾寫了兩首很有感情的新詩給獄中的雷先生：「剛忘了昨日的夢，又分明看見其中的一笑。」，這對獄中的雷先生是很大的安慰。

還有，1961 年 7 月，雷先生在獄中度過六十五歲生日，胡適以南宋詩人楊萬里的〈桂源鋪〉絕句題贈：「萬山不許一溪奔，攔得溪聲日夜喧；到得前頭山腳盡，堂堂溪水出前村。」[10]

聶華苓文章的最後也提到，雷震對胡適一直死心塌地地崇敬，認為胡適因為「雷案」受了冤屈，並因為「雷」案突然心臟病復發，倒地而死。胡適是他獄中的精神支柱。雷震甚至在獄中夢到胡適談論「容忍與自由」，做了一首自勵詩：

> 無分敵友，和氣致祥；多聽意見，少出主張。容忍他人，克制自己，自由乃見，民主是張。批評責難，攻錯之則，虛心接納，改勉

---

9 聶華苓，《三輩子》，（臺北：聯經，2011 年 5 月），頁 197。

10 聶華苓，《三輩子》，（臺北：聯經，2011 年 5 月），頁 196。

是從，不怨天，不尤人，不文過，不飾非，不說大話，不自誇張。[11]

我讀 2011 年 5 月聯經公司為聶華苓出版的《三輩子》一書，聶華苓提到，松江路一二四巷三號，是她在臺北的家。當時的松江路只有兩三條小巷，在空盪盪的田野中。那房子是《自由中國》剛創辦時，從當局借來的，那時正是吳國楨任臺灣省主席兼保安司令部司令。這也間接證實雷震當時創辦《自由中國》雜誌，是在層峰同意或至少默認下成立的。

聶華苓在其大作中亦提到，她剛在中央大學畢業，到臺灣後開始寫作。殷海光是第一個鼓勵她的人。1952 年，胡適第一次從美國到臺灣，雷震先生要她機場獻花，她拒絕了。殷海光拍桌大叫：好！妳怎麼可以去給胡適獻花！妳將來要成為作家的呀！聶華苓說她倒不是因為要成作家才不去給胡適獻花，只是因為靦腆不喜公開露面。殷海光那一聲好教得她一驚。

聶華苓當然可成作家，她在《自由中國》雜誌擔任文藝版主編，也在臺灣的大學任教。赴美後寫作不斷，也與夫婿創辦「愛荷華國際寫作計畫」，更在國際和華人的文學世界中發光發熱。[12]

（五）胡適談中國古代政治思想史

1954 年 3 月 13 日，《聯合報》以「臺大文史學系演講會中胡適學術演講闡述對中國古代政治思想史的一個看法」為標題，登載了胡適講演的提到中國古代政治思想史上的四件大事，作為他個人對中國古代政治思想史上的一個看法。

有關中國古代政治思想史上的四件大事，《聯合報》登載，胡適提到中國古代政治思想史上的第一件大事：

[11] 聶華苓，《三輩子》，（臺北：聯經，2011 年 5 月），頁 197-198。

[12] 聶華苓，〈雷震與胡適〉，（臺北：《聯合報》，2003 年 12 月 16 日）。

中國古代政治思想史上的第一件大事，就是所謂「無政府的抗議」，是以老子做代表。老子是中國古代第一個政治家，是一個無政府主義者的哲學家，對於世界政治思想史上有許多的，有創見的貢獻。老子所謂的「天道」，「無為而不為」，是很重要的觀念。

胡適繼續說到：

老子的基本觀念即是「無為」，這種觀念亦影響到孔子，孔子曾謂「無為而治者，其馴也與」，又謂「為政以德，譬如北辰，居其所而眾星拱之」。老子的自然主義「天道」哲學，「無政府的抗議」，是中國古代政治思想上的第一件大事。老子曾謂「民之饑，以其上貪稅之多，是以饑」，「民之難治，以其上之有為，是以難治」，「民之輕死，以其求生之厚，是以輕死」，這是他對社會的基本抗議。老子這種基本政治哲學，在世界政治思想史上來說，自由中國在二千五百年前即產生了放任主義——無為而治的政治哲學，而西方國家，到十八世紀，才有不干涉政治的哲學興起。所以中國提倡「無為而治」的政治哲學，比世界上任何國家早了二千三百年。

胡適繼續說到：

至於老子的自然主義，「自」、「然」，即是「自己如此」，也即是老子的所謂「天道」，所謂「天何言哉」、「四時行為」、「百物生焉」。「天道」就是「無為而無不為」，老子曾謂「我無為，我民自化」，「我好靜，我民自正」，「我無事，而民自富」，這也就是老子的「無為」政治哲學。老子最有名的一句話：「太上下知有之」，其次為「親之娛之」，再其次「畏之」，最次是「惡之」。老子這種政治思想，對於後來有甚大影響。

胡適提到中國古代政治思想史上第二件大事：

> 老子的思想，影響到孔、孟，產生了自由主義的教育哲學，以自由主義的教育哲學為基礎而產生個人主義，可謂中國古代政治思想史上第二件大事。胡氏說：孔子是教育家，而老子是有著反對文化觀念，他認為文明代表墮落，他這種思想，歐洲十七、八世紀時名學者盧梭也曾提出來，中國的這種思想，也比世界任何國家都早。孔子因受老子的影響，所以孔子的政治思想方面，並無甚多創見，孔子提倡的，即是所謂「大同思想」但是，孔子所提倡的教育哲學，所謂「有教無類」，「類」就是「種類」「階級」，也就是教育不分種類不分階級的意思。孔子更講「仁」，《論語》上說「修己以安人，修己以安百姓」。孔子這種教育觀念是最新的，教育自己是有著社會的目標。《大學》上所謂「格物致知」、「修身齊家治國平天下」，是把教育個人與社會的關係連接起來，教育目標是「安人」、「安百姓」。曾子亦謂：「士不可不弘毅，任重而道遠」。孟子亦曾謂：「以天下為己任」。

胡適提到中國古代政治思想史上的第三件大事：

> 這種孔孟精神，延續下來，宋朝范文正公曾謂：「士當先天下之憂而憂，後天下之樂而樂」。這種自由民主的教育哲學，產生了健全的個人主義。孟子謂：「富貴不能淫、貧賤不能移，威武不能屈」，這即是所謂人格。楊子、朱子、莊子、以至呂氏春秋，也確是提倡個人主義。莊子謂：「舉世非之，而不加阻，舉世譽，而不加勸」。個人主義之後，至紀元前三、四世紀中國古代集權政治的

興起，是為中國古代政治思想史上的第三件大事。胡適博士謂：紀元前四世紀秦孝公，採用商君變法造成中國古代政治史上的最大集權國家，這種集權制度的確定，雖由商君而起，但是這種集權政治思想是起於墨子。

胡適繼續說到：

以前無政府主義是講「一人一義，二人二義，十人十義」。墨子則謂：「天子唯能，一得天下之義」。所謂「上之所是，必加是，上之所非，必加非」，「上同而下不比」，是最好的政治，當時秦孝公對於政治、經濟的大革新，是重農，唱戰。商君講「戰」有所謂「一賞一刑一教」，「一教」就是任何知識、行為、名譽都不能踏進富貴之門，「富貴之門，戰而已」，「富貴之門，必出於兵」。「民之見戰也，如餓狼之見肉」、「能使民樂戰者王」。關於「一刑」就是「連座」，有所謂「告奸與戰敵者同黨」、「匿奸者與降敵者同罰」，「有軍功者，受上賞」，不戰，不農者，則罰奴隸工。秦孝公建設了集權國家，在一百年當中，居然以武力打平當時所謂的天下。到秦始皇八年後，李斯建議焚書坑儒，因之引起百姓叛亂，歷史上這一段集權政治遂告崩潰。

胡適提到中國古代政治思想史上第四件大事：

漢朝四百多年的「無為而治」，使二千五百年的中國政治制度受到很大的影響，是為中國古代政治思想史的第四大事。胡氏謂：漢高祖起義後，在咸陽「約定三章」，所謂「殺人者死，傷人與盜抵罪」。漢高祖定天下後，解除了最嚴酷的政府法令。助漢高祖最有軍功的曹參，派山東齊國任相國，請蓋公襄助，實行九年「無為而

> 治」，結果齊國大治。蕭何且死，舉曹參以自代，所謂「蕭規曹隨」，曹參亦繼續了蕭何的立法成規，實行無為而治。漢高祖死後，舉岱王為漢文帝，文帝竇后，二十二年的政權，廢止連座，減課稅，使民得以生息，「天上政府，下不知有之」，漢朝有了這七十年的無為而治，始造成了四百多年的漢帝國，亦為「無為而治」的政治制度，豎下規模，因而使二千五百年多年的中國政治制度，都受了「無為而治」的影響。

承上論，胡適演講其對中國古代政治思想史的一個看法，我們細看這三百多年的古代思想史的三大思想家，老子站在極左，孔子代表中派而為傾向左派，墨子代表右派，色彩都很鮮明。[13]

（六）胡適談法統

〈胡適談法統〉的這則消息，是 1954 年 2 月 16 日，登載《中央日報》的【本報紐約 2 月 9 日航訊】：

> 一代學人，年來寄居紐約，不獨「考據」不廢，孜孜為學，對於祖國政治的發展，也是備極關懷，他此番毅然回國，參加國民大會，據其向本報記者表示，乃在尊重並維護憲法的法統，他對李宗仁抨擊召開國大是屬違憲一端，憤慨之至，連呼李宗仁糊塗不止，他認為二月十九日開幕的國民大會第二次會議，改選正副總統，乃是尊重並繼續中華民國法統的唯一合理措施，完全合乎憲法的正常途徑，絕無違憲之處。

該【航訊】繼續引述胡適的話：

---

[13] 胡適，〈對中國古代政治思想史的一個看法〉，（臺北：《聯合報》，1954 年 3 月 13 日）。

> 第一，首屆國民代表的任期，依據憲法的規定，將於本〔1954〕年三月二十八日屆滿，故在二月十九日召開的國民大會第二次會議，即在承平之時，亦是合法，何得謂為違憲。第二，首屆總統的任期，依法將於五月二十日滿期，在期屆滿之前九十日，則須召開國民大會，改選正副總統，所以此番總統的國民大會召集令，實是根據憲法而發，純是憲政的常軌。第三，依據憲法第二十八條的規定，每屆國民代表的任期，須至次屆代表就任之日，始告結束，茲以環境特殊，第二屆國民代表，無由產生，則第一屆代表的任期，仍屬有效，亦自可推選第二屆的總統副總統。第四，關於國代開會的法定人數問題，是屬選舉法的規定，而非憲法本身的問題，選舉法係由立法院通過，立法院當然有權修改。

所以胡先生堅持，此次召開國大，改選正副總統，實為憲法法統的尊崇與繼續，其他任何方法，圖謀改組政府，均屬違反憲法，難期國人的擁護。

【航訊】亦提到了「反共救國會議問題」時指出：

> 胡先生自己，是否準備競選總統或副總統呢？他說他是絕無此意，他此次回國，預定居留四星期至五星期，國大閉幕之後，即將趕返紐約，出席四月十三和十四兩日在哥倫比亞大學舉行的美國東方學會及遠東協會的聯合年會，在這次年會上，他將發表兩篇論文，一是應遠東協會之邀，文題寫〈中國古代思想中的懷疑精神〉，二是為東方學會而作，文題則是〈老子之人與書的年代問題〉，這兩篇的論文，將就是胡先生年來考據研究的結晶。因此，胡先生將不能留臺，參加國大之後的反共救國會議，他說，他所知甚少，不願對這個會議的意義及其作用，表示任何的意見。但謂將來如果確有必要，或將再度回國，參加反共救國的會議。

【航訊】繼續指出：

> 對於自由中國今後的途向，胡先生認為最重要的是自己把得穩，站得住，樹立與共產黨獨裁專制完全相反的風氣，厚植自由民主的根基，一爭取大陸的民心，二以廣引世界的同情，如此內有民心之所向，外有自由世界的支持，自由中國的發展，大陸赤色政權的瓦解，乃屬必然的推演。胡先生指出，此次反共義士返臺，可為大陸人心歸向祖國的明燈，意義重大，實堪興奮。

【航訊】的最後談及籌設中的南洋大學，適之先生表示，林語堂先生是閩南人，出長斯校，最為理想，但他對於林校長與南大董事會不打領帶的君子協定，則笑而不答。

當 1949 年 12 月大陸淪陷，國民政府總統蔣中正在下野的退守臺灣情勢，並於1950年3月重行視事；而副總統李宗仁則以治病為由，滯美不歸，凸顯了蔣、李二人長期以來在政治上的「瑜亮情結」。

巧的是，當年胡適的在北京大學任教；而林語堂則是在廈門大學任教，在學術文化圈長期以來，也傳聞「北胡適、南語堂」的胡、林二人似亦存有「瑜亮情結」。

（七）胡適與國民大會

1954 年 2 月 20 日，《中央日報》登載，胡適之先生在第一屆國民大會第二次會議開會式中，擔任臨時主席的致開會詞全文，其重點我先筆記：

> 總統、政府各位首長、各位來賓、各位同仁：今天是第一屆國民大會第二次會議的開幕典禮，我昨天剛從國外趕到，就聽說各位同仁要我擔任今天的臨時主席，這是最大的光榮，我很誠懇地感謝各位

同仁的厚意。臨時主席的任務是宣布開會，所以我想簡單的報告這一次會議的歷史的意義。

胡適開始提到：

八年前召集的國民大會，大家都叫做制憲國大，六年前召集的國民大會，大家都叫做行憲的第一屆國大。我覺得行憲兩個字很可以表示我們這第一屆國大的歷史任務，也很可以表示我們這第一屆第二次大會的歷史任務。第一屆國大的第一次會議，選舉了憲法頒布後的第一任總統副總統，由總統依據憲法提出行政院長，經過立法院的同意以後，組織憲法之下的第一個政府，這是第一次會議的歷史任務，現在總統副總統的任期只剩下九十天了，在國家蒙受歷史上空前大危難的時期，憲法的法統不可以中斷，所以今天的第一屆國大的第二次會議的召開，是繼續維持憲法的法統。依據憲法第二十五條，第二十七條，第二十八條，第二十九條的規定，舉行第二任總統副總統的選舉。

胡適在講演詞中，特別針對這次會議有部分人士提出違憲疑問做了說明。胡適在解釋今天的集會是完全合法的，是完全有憲法依據的，這一次開會的歷史任務是依據憲法舉行總統副總統的選舉，使憲法的法統可以維持繼續，不至於中斷。

胡適接著講到：

但是，我們今天回頭想想，不能不承認這個憲法法統的維持繼續，真不是容易做到的事，是在困苦艱難中勉強維持下去的，我們大家應該明瞭一個法統不是會自動維持繼續的，而是要全國人民全體以精神和物質的力量為維持繼續的。

胡適這時話鋒一轉，列了幾點感謝：

> 第一，我們不能不感謝我們的總統蔣先生，不能不感謝當日的東南行政長官，臺灣省主席，今日的行政院長陳先生，同許多忠貞的將領戰士，他們給我們保存了這臺灣省以及沿海前線的海島，做我們自由由中國的根據地。今日才能談憲法的法統，我們大家試回想民國三十八年，三十九年的危險，艱難，苦痛，我們都可以深刻的承認，若沒有了臺灣，也就沒有這個憲法的法統了。第二，我們不能不感謝許多忠貞的文官，忠貞的公務人員，忠貞的國民，他們在這幾年最困難的環境之中，維持住這一個政治、法律、經濟的規模，使五權憲法得以繼續行使，使人民的生活得以繼續存在，繼續維持，到今天才能看到憲法法統的繼續。第三，我們不能不感謝我們自己一千四、五百位國大代表同志，他們拋棄了他們的故鄉，從九死一生的苦難裏逃出來。來到這臺灣寶島，受到種種生活上的困難痛苦。毫無怨尤，他們為的是什麼？為的是要維持這個「代表全國國民行使政權」的國民大會。

胡適又說：

> 我們試想，若是沒有這一千四、五百位忠貞國大代表跟着政府，支持政府，我們今天還能繼續維持這個憲法的法統嗎？還開得成第一屆國民大會的第二次會議嗎？我個人站在國民大會一份子的立場，要向各位同仁表示最大的敬意。所以我們說，維持這個憲法的法統，真不容易的事，我們幸而有這三個條件存在，才能達到。我們看因為有這三大力量，海內外的人心都朝向自由中國的法統。

最後胡適的致開會詞特別提到：

> 今天在會場的外面有一萬四千個反共義士，他們在四個禮拜以前，在那樣困難的情形之下，向全世界表示他們的自由意志投票，回到臺灣來。今天我們在會場內工作，要曉得一萬四千反共義士他們抱著熱情，在那裏做我們的證人，我們的一舉一動，要對得起這一萬四千冒著生命危險，冒著長期的困難來到臺灣的義士，我們應該如何維持憲法的法統，如何繼續努力造成一個自由的中國，才能不辜負他們的熱情。這是今天我很匆忙中想到要向諸位報告的開會詞，現在請我們敬愛的總統蔣先生給我們講話。

胡適在這屆國民大會的第二次會議的致開會詞，可謂句句提到維持憲法法統的重要性和必要性，除了多次贏得熱烈掌聲之外，他特別提要感謝：總統蔣先生、行政院長陳誠，和將領戰士；忠貞的公務人員和忠貞的國民；一千四、五百位國大代表，也提包括他自己的國大代表身份。

更重要的，胡適也不忘配合當時會場的氛圍，提到要感謝 1954 年韓戰結束後，一萬四千多名選擇回到自由中國臺灣的反共義士。

然而，我讀完這篇胡適在國大的致開會詞，特別感受的是國民大會這一代表政權的機構和維持法統說。如今，隨著臺灣政經體制變革與中華民國總統、副總統，於 1996 年的改為人民直接選舉，皆已不復存在矣！但仍留下來的是：胡適一生所強調人權、自由、民主的思想與精神。

（八）胡適讚臺灣言論自由

胡適藉由回臺參加國民大會第一屆第二次會議，受到「自由中國社」的歡迎，在茶會中的講話內容，1954 年 3 月 6 日《聯合報》以「胡適昨在自由中國社茶會中　讚臺灣言論自由　否認美報傳其被查禁說　痛斥一切社會主義違反自由」為標題，刊出了胡適講話的內容。

該報訊登載指出：

自由中國雜誌社歡迎胡適博士茶會，於昨（五）日下午四時在裝甲軍官俱樂部舉行，到會張其昀、雷震、毛子水、杭立武等百餘人。茶會由毛子水主持。胡適博士應邀演講，首先對於昨日上午外電傳他已在臺灣被軟禁的一項謠言，予於駁斥。那則紐約電報說胡先生是由於二月二十三日對《紐約時報》駐臺記者發表的一些話，而被政府軟禁的。

該報訊登載繼續指出：

胡博士說：「我見到這個電報，當時我告訴記者們說，我還有二十分鐘就到陳院長家吃飯（陳院長昨日中午宴請胡氏），下午要在裝甲軍官俱樂部演說。借著這個機會，我可以向大家報告，胡適未被拘禁，行動仍很自由，上項謠傳是政府的敵人惡意散布的。」

胡博士繼談到他於二月二十三日對《紐約時報》記者發表談話的內容。他說：

《紐約時報》上登載了他談話的一部分，那句話是「我看到的臺灣，在言論自由一方面，遠超過許多人所想像。下面還舉例說明，可是《紐約時報》未曾刊出。胡氏是以自由中國社七、八兩期曾連續刊出殷海光翻譯的澳洲籍〔奧地利籍〕經濟學者海約克於一九四四年出版〈到奴役之路〉一文，舉例證實，自由中國的言論是絕對自由的。胡氏說：這本書是自由主義的一本名著。已先後印行十版。此名著用義，是根本反對一切社會主義。這位大經濟學家認為社會主義基本原則，即是計劃經濟，故一切社會主義均是違反自由的。

該報訊登載繼續指出：

> 胡氏又說他最近看到自由中國文摘轉載高壽康寫的一篇文章〈資本主義的前途〉裡面也曾提到海約克。那篇文章裏曾說：「我們現在對於資本主義，應重新予以估計，這是我們當前的亟務」。結論並謂：「資本主義的前途，不但不會崩潰，且還有光榮的前途。」胡適謂：「由於以上這兩個例證，使他覺得，現在已有許多經濟學家、政治學家、思想家，已在開闢一條新路，就是對於國家的政治經濟，對症下藥，從基本、理論、哲學上，做根本的批評，這是很好的現象。」

該報訊又引：

> 胡博士繼談到二年前一個住在國外的中國朋友給他一封長信，也曾談到這個問題。那個朋友說，現在最大的問題就是大家認為左傾是當今世界潮流、社會主義是現時代之趨向。因此，認為中國意應該順應時代潮流。信中並謂：中國士大夫階級，很有些人認為社會主義是今日世界大勢之所趨。其中許多受了費邊主義的影響，不少是拉斯基的門徒。
>
> 但是最主要的還是在政府任職的官吏，他們認為中國經濟的發展，只有依賴政府直接經營的工商礦業以及其他企業，保持這種主張最力的就是翁文灝、錢昌照兩個人，他們所主辦的資源委員會，在過去二十年中，把持了中國的工礦業，對于私有企業蠶食鯨吞，或被其窒息而死。他們兩位終於靠攏，反美而諂媚蘇聯，似乎是有緣的。

社會主義與自由主義是否衝突、計劃經濟與自由經濟孰優孰劣，國人討論甚多。該報訊登載繼續指出：

> 胡適謂：幾年前，國內外學者，均已逐漸有此普遍的趨勢，他們已認清社會主義只是共產主義的一部分，所以社會主義成功的希望遠不如共產主義。世界上那些老牌的社會主義國家，如澳洲、新西蘭等，都相繼拋棄了社會主義。英國勞工黨去年度競選失敗，亦即意味着社會主義之失敗。目前世界上只存有瑞典、挪威兩個社會主義國家。胡博士繼對於他個人十幾年前對社會主義的錯誤認識，表示懺悔。他說，他在胡適文存第三輯第一篇：〈我們對於西洋近代文明的態度〉一文中，講到十八世紀的新宗教信仰，是自由、平等、博愛，十九世紀中葉後的新宗教信條是社會主義。胡氏說，他那時與當時許多知識分子犯了同樣的錯誤，以為社會主義是人類將來必然的趨勢。
>
> 胡適博士繼謂：他這種思想上的轉變，是幾年以前就開始了。在《自由中國》前幾期曾由張起均翻譯了一篇，他於一九四一年七月在墨西根大學的講演題為「思想的衝突」。那篇文章裏曾說，一切所謂社會的澈底改革，必然領導政治走向獨裁。胡氏說，他所以有此轉變，不得不感謝三十多年當中，歐洲兩大極左極右社會主義運動的失敗，所給他的教訓。所謂極右派，那即是德國的希特勒與義國的墨索里尼，極左派就是一九三七年俄國的布爾希維克革命，俄國人自己雖認為他們那次革命是成功了，可是我們以歷史的眼光看，他們卻是失敗了。
>
> 胡博士最後說：現在，大家不約而同的都注意到這個基本問題——一切社會主義是否與自由主義衝突。這是一個非常好的現象。希望大家再考慮考慮，我們走這條路是否是值得？將來反攻大陸後，是不是我們國家的經濟，是由幾個官吏來計劃，還是讓老百姓自己「勤儉起家」？希望大家能夠把這個問題公開討論，這條路是引我們走

> 入自由之路，還是奴役之路！結語時，胡博士謂，他今天當眾首先向大家懺悔。

《自由中國》雜誌為胡適這次回臺，特地舉辦茶會的邀請胡適前來演講，和從其講演的內容分析，我們就不難看出胡適為什麼會擔任《自由中國》雜誌的名譽發行人，以及後來胡適的關心「雷震案」的發展。

1959年4月2日，《中華日報》登載胡適博士致函《自由中國》雜誌，文是這樣寫的：中央研究院院長胡適博士，近以《自由中國》月刊編輯委員身份，函致該社編輯委員會「切實改善本刊的編輯方法」，「誠懇的盼望我們大家作一次嚴重的檢討。」

胡適博士並以最近發生訴訟的陳懷琪事件為例，指出該刊編輯部沒有調查「陳懷琪」是真名假名，是一個「大錯誤」，認為該刊應作一次「嚴重的檢討」，切實改善該刊的編輯方法。

該報登載指出，在此函刊載《自由中國》半月刊之前，胡適博士曾以〈容忍與自由〉為題，撰文刊登在文前飲用了美國康乃爾大學史學大師布爾（Geroge L. Burr）對他所說的一句話：「我年紀愈大，愈感覺到容忍（Tolerance）比自由更重要。」

> 胡適博士結論：我現在常常想，我們還戒律自己，我們若想別人容忍諒解我們的見解，我們必須先養成能夠容忍諒解別人的見解。至少我們應該戒約自己決不可以吾輩所主張者為絕對之是。我們受過實驗主義的訓練的人，本來就不承認有「絕對之是」，更不可以以吾輩所主張者為絕對之是。

該報登載胡適博士寫給該刊編輯委員會的信，全文如下：

> 自由中國半月刊的編輯委員會的各位同人：我今天以編輯委員會的

一個分子的資格，很誠懇地向各位同人說幾句話。我在四十一年就懇求你們許我辭去「發行人」的名義，那時我已預料到今天發生的刑事訴訟案件一類的事遲早必會發生，發生時應有發行人能實際負責。若用一個遠在海外的人做「發行人」，那種辦法只足以叫人認為不負責任的表示，實際上也不是爭自由的正當辦法。此次陳懷琪的事件，我以為我們應該檢討自己的編輯方法的是否完善。

此次事情由於「讀者來書」。編輯部沒有調查「陳懷琪」是真名假名，就給登出了，這是根本是不合編輯「讀者來書」的普通原則的，這是我們的大錯誤。凡讀者投書，1.必須用真姓名，真地址，否則一概不登載。2.其有自己聲明因特殊情形不願用真姓名發表者，必須另有聲明的信用真姓名，真地址。否則不給發表。我很誠懇的盼望我們大家做一次嚴重的檢討，切實改善本刊的編輯方法。例如「讀者投書」的編輯，必須嚴格的實行我上面指出的兩條辦法。（國外通行的辦法真有一條，就是加上聲明，投書人發表的意見，並不能代表本社的意見。）

此外，我還有兩三個建議：1.本刊以後最好能不發表不署真姓名的文字。2.以後最好能不用不記名的「社論」。當年的獨立評論與現代評論沒有不署名的社論。3.以後停止「短評」。因為短評最容易作俏皮的諷刺語，又不署名，最容易使人看作尖刻或輕薄。（新青年的「隨感錄」，每周評論的「隨感錄」，各條尾皆有筆名，可以指定是誰的筆名。）

有人說，社論須署名，則社論更難找人寫了，我的看法是，爭取言論自由必須用真姓名，才可以表示負言論的責任，若發言人怕負言論的責任，則不如不發表這種言論，所以我辦獨立評論五年之久，沒有發表一篇用假姓名的文字。我們當時的公開表示是「用負責任的態度，說平實的話。」這種態度，久而久之，終可以得到多數讀者的同情和信任。以上諸點，我誠懇地提出來，請大家不客氣地討論批評 胡適 敬上 四八、三、五日下午。

胡適提到所謂「讀者來書」，也就是因為這兩則：〈軍人也贊成反對黨〉與〈革命軍人為何以「狗」自居〉，由署名陳懷琪揭露軍中舉辦三民主義講習班的授課內容，有醜化執政當局所引發的「陳懷琪事件」，最後更演變成雷震《自由中國》雜誌與層峰之間關係的惡化。

（九）胡適談美國民主制度

1954 年 3 月 18 日，《聯合報》登載胡適先生的這篇講演，據該報指出，胡適博士，於昨天（十七）日在聯合國中國同志會第九十次座談會中，以〈美國的民主制度〉為題，發表演說。座談話由程天放主持。該報刊載指出：

胡博士首就此一問題之事實性，予以解說。他說：現在〔指 1954 年〕的美國，能在其三百多年歷史當中，開闢那麼大的地域，使它成為文化最高，生活程度最高，人民最安樂的一個國家，這是人類史上的一個奇蹟。所以，要講現代西方文化，當然不能不注意美國的制度，以及它的文化、政治、經濟、人民生活、文化水準。所以，我們今天談這個題目，當然會引起大家的注意。何況，今年正式自由中國〔指中華民國〕六年一次，第二次的大選。

此外，另外還有一點，就是前些時〔1953 年〕我寫了一篇文章〈追念吳稚暉先生〉，有一位老朋友寫文章批評，裏面有一句話，說：共產黨難道完全都不好嗎？共產黨提倡科學化、工業化難道也是要不得嗎？看了這個朋友的文章，使我想到三十年前，討論到我們對西洋現代文化的態度與了解時，我曾發表一篇文章，指出現代西洋文化有三方面：一是物質的、工業的、技術的，二是科學的，三是民主的制度。

表面上看，提倡科學化、工業化都是現代西洋文化的要素，可是缺少了第三要素，沒有民主制度，就等於從前日本軍閥，提倡科學化、工業化，而沒有民主，結果闖了大禍，也等於希特勒，雖然德國在科學、工業方面，佔著歐洲領導地位，但是因為它的軍國主義，終而導致第二次被人征服。

胡適又說：

一九三八年，我出任駐美大使時，某一天蘇聯大使拿給我一本一九三六年的史達林憲法請我看，並誇稱蘇聯憲法，是世界上最民主，最完全的憲法。我曾對他說：「是很好的憲法，可惜的是，就缺乏一樣東西，沒有『民主』在裏面」。胡氏繼指出美國憲法的基本精神，頭一項即是民主。他說民主的第一個條件，就是人民控制政治的權利。美國在一百七十年前，制訂了世界上第一個人造憲法，真正民主共和制度的憲法，它裏面，最重要的，就是人民控制政權的轉移，這是美國憲法的基本精神。這是美國憲法的基本精神。胡氏旋就美國兩黨政治所表現的民主傳統精神，加以闡述。

胡博士接著又以民主制度最後的目標——自由——，說明美國民主制度。胡適說：

民主制度最後最後的目標，是保障人民的生命、自由、財產，這三項基本權利，在美國獨立宣言裏，是有此三項：「生命、自由與追

> 求幸福」。這都是一樣的。美國最初制定憲法時，認為人權，保障人民自由是當然的，是央格魯的傳統，所以未有明文規定，其實，自由是需要兢兢業業的保障它，保護它才可以。
> 所以，到一七九一年，又通過十條修正案，就是所謂「歷史上美國人民權利的妨礙」。這十條修正案，都是人民享有無條件的自由。如第一條，規定國會不得制定法律禁止信教自由，國會不准立法限制人民言論自由、出版自由、國會不得制定法律剝奪人民集會自由及向政府請願自由。

胡適的講演，除了闡述美國的民主、自由之外。胡適最後指出：

> 一七〇年前的美國老祖宗，及感覺到他們需要自由，自由的權利要保障，當時，毅然決然制定了十條修正案，這些人民自由方案，規定是無條件的自由，一百六十多年來的經驗，並未遭遇多大困難，可是在面對最大的，最危險的敵人——共產黨——之前，感覺到危險了，這些無條件自由保障，已被共產黨引來作護身符。然而美國大多數人民，仍然在考慮之中，是這十條修正案，完全推翻嗎？還是我們過慮？這些問題，值得我們想想。也是值得我們以他們一百六十年的經驗作參考。

1954 年 3 月 18 日，胡適的這篇闡述〈美國的民主制度〉，是胡適回臺參加第一屆國民大會第二次會議對「聯合國中國同志會座談會」上的講演，當時被稱為自由中國的中華民國還是聯合國的會員國，而且是五個常任理事國之一。1957 年 11 月，胡適被任命中央研究院院長，隔年 4 月，胡適離美抵臺履新。1962 年 2 月，胡適心臟病猝死於任內。1971 年 10 月，中華民國被迫退出聯合國。

上述這幾個重要的時間點，對照與胡適對「聯合國中國同志會座談會」

講演〈美國的民主制度〉的內容，我們不但可以感受到胡適談民主時，常與自由並舉。我們也不禁要檢視中華民國在歷經政治民主化多年之後，對於胡適所謂「無條件自由保障」的程度到底做了多少？

（十）胡適論民主自由

1954 年 3 月 29 日，《聯合報》登載，北大同學會於該日前一天，在臺大校總區教員休息室舉辦茶會，歡迎該校校長胡適博士。茶會由北大三十八期畢業同學金承藝，代表同學會致歡迎詞，引用胡氏所言「善未易明，理未易察，慎思明辨」，說明胡氏主持北大校政多年，已為自由主義埋下反共的根苗。

該報引：胡適博士致詞時，對於他八年以前在北大引用呂祖謙《東萊博議》上面的兩句話「善未易明，理未易察」，仍能為同學們記起，覺得很高興。

胡適說：

> 我講這兩句話，沒想到竟引起共產黨特別注意，一九五一年底，在上海、華南等地舉行的所謂「胡適思想清算座談會」，《大公報》上曾出專頁刊載，其中許多問題當中，有二、三個人，特別提我這八個字，說胡適是「存心最惡毒」，「煽惑人心」，又說我是「掩飾我擁護蔣介石的意思」。由此，可知共產黨特別提出來，在我來說，至少我這句話沒有浪費。

胡適繼從大陸清算胡適思想，談到當前言論自由問題，他說：

> 有一天，我曾與許多政府首長談到言論自由問題，我說真正的言論自由，並不是說有人可以做文章罵錢校長，罵鄧廳長，罵程部長，

> 這不能算是言論自由，真正的言論自由應該由政府向人民嚴正表示，現在是「百無禁忌」，「百無禁忌」才是言論自由。政府向人民表示，孫中山也可以批評，國民黨基本教條，三民主義，五權憲法，都可以作為批評對象，這樣才算是真正的言論自由。為什麼有此需要呢？譬如孫中山先生的三民主義，是他在聯俄容共時期講的話，所以裡面曾有「民生主義就是社會主義」，更有好幾個地方，提到民生主義與共產主義沒有大區別，而這些話，很容易讓人家作為「思想走私」的一條路。

胡適繼續說：

> 上次我來臺時，曾有報紙批評民主自由，說現在有人提倡民主自由，孰不知道這些年來，共產黨所以能使得大陸淪陷，都是因為有些人盲目提倡思想自由，使共產主義乘隙而入等語。那天，我與一些政府首長談到這些，我曾說不是如此，因為三民主義裏面有些是「空泛的輪廓的思想」，所以「走私」的成分最大。

胡適說：

> 假若我們把真理看作一種假設，證據不充分，寧可懸而不斷，因為真理是不容易知道的。而這個態度共產黨正要打倒它，這也就是為什麼因我平淡無奇的兩句話，竟會讓共產黨大動干戈清算。

接著，胡適談起大陸「思想改造問題」，痛斥朱毛匪幫改造思想罪行。最後胡適博士說：

> 北大的確留下一些思想，在共產黨眼裏是認為危險的，究竟那些思

想是共產黨最怕的，我們就拿來作反共抗俄的武器。

1954年4月6日，《臺灣新生報》登載，中外知名的學者胡適博士，已於五日下午乘西北航空公司班機飛東京轉往美國，朝野人士及學術界名流數百人，曾在機場送行。胡適博士係二月十八日自美抵臺，出席國民大會，他行前讚揚這次國民大會「圓滿的成功」。他對記者說：「此次國民大會無論出席人數，或是會場秩序和精神，都超過預料。」該報又引述：

> 這位忠誠維護憲法精神法統的愛國學人，特別指出「憲法法統的繼續，是此次大會的最大成功」。他認為這次大會「在選舉方面，表現得不錯」。他說：「這些好的方面都值得我們讚揚。」胡適博士希望政府繼續努力，「實行憲政」。他說：「我們憲法中規定，人民的權利和義務，都是無條件的，從憲法第八條到第十八條都有明白的規定，祇要大家努力去做，去爭取，這才是我們憲政的精神。」
>
> 胡適博士正式向記者聲明，他已接受臺灣大學的聘請，將於本年十月初返國，在臺灣大學文學院做為期六個月的講座，其講題可能為「中國思想史」。

1954年4月8日，《工商日報》引〈東京七日中央社專電〉指出：

> 胡適博士本日在此間一次集會上向華僑領袖及中國官員保證說：在蔣總統第二任總統任期下的中華民國新政府，將致力於在自由中國各方面實行更多的民主改革。胡適說，他在自由中國停留兩個月期內，特別高興看到政府官員及一般民間新氣象與新信心的生長。
>
> 胡適博士對若干外國報紙的批評加以擯斥，他強調說，他相信蔣總統和他的顧問及部屬們，在致力覓致常為戰時控制所阻的更多民主

> 改革及自由方面是最有誠意的。胡適博士是於今午在他離此前的兩小時，在此間一群華僑領袖中國機構代表及使館官員的聚會上發表談話。他於六時半飛美。

該報載電文，繼續引用胡適於被請評論迅速發展中的遠東情勢時，告訴中央社記者說：

> 在以越南戰局為中心的東南亞，某種令人興奮的大變化，已隱然可見。他預測美國可能在今後兩個月內對于越南局勢採取一種非常重要的緊急決定。他說：預言常是危險的，但中國算命家愛說的那句大家熟知的話：「遠在天邊，近在眼前」，很可以用以概述目前的國際局勢。胡適說，他相信朱毛 x 幫參預越戰一事，現已確定，該地的局勢將能很快地轉變到一個新階段。

該報引電文還說：

> 胡適在停留二日期間，曾於昨晚在董〔顯光〕大使舉行的宴會上，向一群日本文化界及報界文人發表演說，他向日本友人告自由中國正以驚人的速度邁向民主，他告日本友人說：在教育及工業方面，日人在臺所奠的良好基礎，不但被中國政府加以保持，而且還在不斷擴充中。他對臺灣所行的土地改革，極度讚譽，他指出說：此種措施之分外值得注意，是因為它已向世界表明此類重大的經濟及土地改革，在戰時一樣能夠實行。

大家對胡適有一項很特別的評價，就是胡適絕不會在外國人面前批評自己國家的不是，儘管他在國內經常批評政府有諸多的需要改革，需要更民主、更自由的開放。

檢視胡適這次自美回臺的二個月期間，不論擔任第一屆國代第二次會議的臨時主席，或在其他各種場合的發表談話，乃至於在大學的演講，他總是保持著學者應有的風範。更令人值得學習與敬佩的，我們知道何況這個時候胡適正處在他人生陷於低潮的時刻。

（十一）胡適論自由中國重要性

胡適的這篇演講稿，1955 年 4 月 14 日，《中央日報》在刊出該文的前言中說明，胡適博士本年三月十一日及十四日，曾先後在美佛吉尼亞州史威特布芮爾大學「瞭解亞洲」論壇會、及該州查洛士城國際問題研究會席上，以〈自由中國之重要性〉為題，發表同一演說，對自由中國之重要性多所闡述，並對反共復國，表示堅定信心。

該報刊頭繼續引胡適的話，歷史的教訓使他展望到有一天，一個戰爭將會強加諸於自由世界，而在這樣的一個戰爭進行之際，中國大陸由於她所具有的非常戰略重要性，終將被解救，擺脫世界共產主義所加的控制。中央社駐美記者的近訪胡適博士，採訪中央研究院院士集會消息，獲此講詞，茲予譯出，以饗國內讀者。

胡適這篇講詞共分：杜勒斯國務卿名言、臺灣的簡單介紹、中美建立太平洋聯防、亞洲紛擾的禍源、中國大陸光復不遠、臺灣是自由的堡壘、中國大陸的戰略意義等七個段落，來闡述自由中國之重要性。

胡適講詞首先引杜勒斯國務卿名言，由於杜勒斯剛於三月八日曾對美國人民報告他最近的遠東之行，其中談到自由中國時，特別指出，我最後訪問之處是臺灣，我在那裏交換了中美共同防禦條約的批准書，使該一包括臺灣與澎湖的共同防禦條約正式生效。批准交換典禮，是在觀禮人員歡呼聲中舉行，他們咸認為此一條約，具有一種重大的意義，只要美國能予保證，一個自由中國將來將永遠屹立。

胡適對「自由中國」一詞也做了解讀：

> 簡言之，有兩種含義：一「自由中國」是不受共產黨控制的一部分中國；二「自由中國」是要使整個中國不受共產黨控制的一種思想和希望。現在一般人說到「自由中國」時，通常是指現在臺灣及附近島嶼上的中華民國而言；但是當一位熱誠愛國的中國人士想像到「一個自由中國」時，他心中所想的自然是整個的中國大陸，是一個解除共產黨桎梏，恢復獨立自由的中國，這種想法是極其自然的。前者自由中國是狹義的，直覺的；後者之自由中國是廣義的，想像的。

最後，胡適談到，就以三億四千二百萬〔指當時中國大陸的人口〕而論吧，這已是一個龐大的人力資源了。因此重大的問題是：我們將把那個龐大的人口留給文明之敵，任其取用，任其加以教條的灌輸，任其訓練並用以進行戰爭呢？還是文明處此戰爭緊迫的時期，爭取生存的關頭，將奮戰以把那個龐大的人力資源贏奪回來呢？以上所說就是一個自由中國所具的重大的戰略重要性。

檢視胡適的這兩篇在美國講演的時間，是胡適在 1954 年 2 月，回臺參加第一屆國代第二次會議，和 7 月受聘「光復大陸設計委員會」副主任委員，尤其是於 11 月，中國大陸開始大規模展開批判胡適運動之後。

相較之下，胡適受到自由中國的國民黨政府的禮遇，而在大陸卻受到共產黨嚴厲的思想批判，胡適當時在美國的處境與心境，冷暖自知，我們當知其對於堅持的自由民主思想是可以想像的。

（十二）左舜生給胡適臨別贈言

1958 年 6 月 28 日，《自由人》雜誌登載，左舜生先生這短篇〈胡適之臨別贈言〉的評論胡適文字。這時間已是胡適於 1957 年 11 月，被任命中央研究院院長，並且於 1958 年 4 月，自美回臺就任院長職務的情境了。

左舜生的〈胡適之臨別贈言〉全文，是這樣寫的：

> 適之先生最近在臺北住了近兩個月，現在依然又到美國去了。推測胡先生這次其所以毅然回來就了中央研究院長這個職務，其目的總不完全在辦一次院士的選舉，多少總還想發展一個研究高深學術的健全機構。可是以目前臺灣的實況來說，一方面既認定是在「戰時」，一方面又還要高唱「革命」，既要「革命」而又在「戰時」，胡先生偏要來高談學術，豈不近於迂遠？中央研究院全年的經費，聽說衹有二百五十萬元的臺幣，這比之一個為個人製造政治資本的青年團體，究竟能佔幾分之幾？
>
> 至於胡先生臨別贈言，還希望臺灣的知識分子起來組織一個不可怕的「在野黨」，其實就一般統治階級的心理來說，他們覺得最難應付的却正是所謂知識分子，否則毛澤東何必清算所謂右派？何必清算「胡適思想」？臺灣當局又何必一定要修改一種出版法為一般舞文弄筆的知識分子做就一頂一戴上去就要感到頭痛的「花花帽」呢？

上述這篇左舜生登載於《自由人》的文字，已收錄在陳正茂教授所出版的《左舜生先生晚期言論集》；又左舜生的參與催生《自由人》、擔任代董事長，和其在言論尺度、經費支援上與國民黨當局的微妙關係，根據陳教授在其大作《大陸邊緣的徒然掙扎——冷戰時代滯港及流亡海外的第三勢力滄桑錄》的第二章，特以〈第三種聲音：附議第三勢力理念的《自由人》三日刊〉的專章來深入探討。

在這裡，我亦想引左舜生在其大作《中國近代史話二集》，其中有篇介紹〈胡適著：「丁文江的傳記」〉的文章。其中有段評論丁文江的文字指出：

> 我們應該注意丁文江，他好像不知道中國的所謂「獨裁」，乃是從

> 一黨專政演變出來的，既是從一黨專政演出，則所謂「獨裁的領袖」，乃不能不處處顧到「黨的利益」，如此，則所謂「以國家的利害為利害」，「利用全國的專門人才」，所謂「號召有參與政治資格的人的情緒與理智，使他們站在一個旗幟之下」，乃成為不可能。

左舜生先生是中國青年黨的代表性人物，他的積極參與《自由人》，乃至於《聯合評論》等所謂「第三勢力」的自由民主運動，無非是希望自己能與胡適、丁文江等人，要努力建立一個自由民主的政黨政治，讓健全的政黨政治能夠在自己的國土上生根開花結果。

（十三）胡適使美二三事

〈羅家倫談胡適使美二三事〉的這篇報導，是登載於 1958 年 12 月 17 日《中央日報》，該報記者李青來引述羅家倫談話的撰寫而成。這當日的採訪背景是北京大學六十周年校慶，同時也是該校校長，現任中央研究院長胡適的六十晉八壽辰，北京大學同學會用簡單餐會的方式，來紀念並慶祝這一雙重喜事。

其中該文引述羅家倫提到：

> 胡適在美國做大使時，珍珠港事變以前，我國外交史上的一段珍聞。那時，政府徵求胡先生就任駐美大使時，正是武漢快要淪陷，國家最艱苦困難的時代。胡先生發表駐美大使消息傳出之後，美國朝野非常歡迎，尤其是羅斯福總統。
>
> 羅斯福總統是美國哈佛大學出身，當時哈佛大學在慶祝該校二百年校慶時，曾經挑選了世界上五十位對學術有貢獻的人，授予名譽博士學位，我們中國祇有一位，這一位便是胡先生。羅斯福總統一向

對於哈佛所推崇的人，很表重視。因此，他對於胡先生便格外推崇。他們倆人之間的關係，很快地由於公務的關係發展到私人友誼。

羅家倫又說：

在珍珠港事變以前，日本曾派了兩個特使去到美國，一個是來栖三郎，一個是野村吉三郎。日本派這兩個特使到美國的目的，是想得到與美國訂立一項新的協定，讓美國允許他們對「中國問題」得到條約上的了解，美國當時曾予拒絕。後來日本退讓，希望與美國訂立一項三個月的臨時妥協換文，羅斯福總統當時把這消息親口告訴胡先生，並且要他打電報給中國政府同時徵求蔣委員長的意見，凡有關中國權利的事，一定要得到中國同意之後，美國才會去做。胡先生打電報到重慶，把這消息秘密報告並請示。

當時，三個月的日美臨時協定，對中國方面亦不無相當便利，其中最主要的一項，就是中國從國外購買來的軍火與物質，在這情況下，沒有國際戰事，可以不受日本軍艦的檢查與截留，況且當時尚有好些軍火正在海上，這些軍火，正是最迫切需要的。

關於這一點，羅家倫先生說：

蔣委員長的決策，認為不能為了一時的便利，而帶來重大的災害，他拒絕了，並且打電話給胡先生，要他轉達美國政府。胡先生在接到電報之後，立刻將我們政府的意思告訴了羅斯福總統。第二天，羅斯福總統一看見胡適就說已經拒絕了他們三個月臨時妥協的建議。恐怕太平洋上隨時可能發生戰事，如同菲律賓、關島等地。

> 胡適與羅斯福總統見面後，便到國務院找赫爾國務卿，那時正是午膳的時間，赫爾已經回去，當胡適回家剛用午餐，白宮來了羅斯福總統電話告訴胡適：日本人已在突擊珍珠港，從海上從空中猛烈的突擊，你趕快通知你政府。胡適放下電話，他知道大勢已定，現在戰事已是全球性的了，此後又將是另一個局面了。

該報最後引述羅家倫說：

> 以上這段話，是民國三十四年十一月，羅家倫先生在倫敦開聯合國組織文教科會議時，他與胡適博士同住在旅館中，胡適告訴他的。羅家倫先生說，這是抗戰時期一段極珍貴的外交密使。

這則〈羅家倫談胡適使美二三事〉，尤其是日本發動突擊珍珠港的戰事，不禁讓我們聯想到目前正在進行的俄羅斯發動攻打烏克蘭的這場戰事來。在此，我們也要呼籲俄羅斯趕快停止這場戰爭，畢竟發動戰爭的國家就必須遭到譴責。1962 年 3 月 2 日，《中央日報》又登載，記者李青來專訪羅家倫，從反對日本侵略、支持全民抗戰、增進中美友誼的三個故事，來談〈當國家艱危時的胡適先生〉一文，這內容已是在胡適 2 月 24 日過世之後才作的報導。

（十四）胡適評論陳誠

1958 年 12 月 25 日的行憲紀念日，胡適先後有兩場講演，一篇是《中華日報》，以〈九年來國際形勢與我國關係——胡適在國代年會中演說〉的報導；一篇是《中央日報》以〈光復大陸委會全體會上胡適博士致詞讚揚三民主義認係科學的、具兼容並包精神擁護以主義為主的反攻計劃〉標題。

以下僅就《中華日報》與《中央日報》，這兩大國民黨黨營報紙登載的內容加以引述。

《中華日報》對胡適在國代年會中演說的報導：

> 第一屆國民大會代表四十七年度年會昨日（二十五）在台北集會，出席國大代表一千四百三十八人。胡適博士被推選擔任上午九時二十五分在中山堂中正廳舉行的大會開幕式主席，胡適博士領導行禮，並即席致開會詞，以〈九年來國際形勢與我國關係〉為題，指出九年來我們度過國際形勢最險惡的時期而逐漸好轉，主要因素是靠我們自己的努力，再加上外界有利形勢的影響，才有我們今天站得住的國際地位。

胡適講演內容的概略：從大陸淪陷時情況最艱困、韓戰發生後情勢漸好轉、中美締結條約關係極重要、助我守金門美立場堅定、以主義反攻大家應努力等五個部分加以論述。

《中央日報》對胡適在光復大陸委會全體會上演說的報導：

> 光復大陸設計委員會副主任委員胡適，昨天在該會第五次全體會議中致詞，對總統前天宣佈反對修憲，以及總統昭示以主義為主，武力為從的反攻計劃，表示衷誠的擁護，這位無黨無派的學人，並且讚譽三民主義是反武斷、反獨斷、反教條、反不容忍，具有兼容並包精神的主義。他說：祇要我們保持這種精神，實踐這種精神，我們一定可以完成反攻大陸重建中華的使命。

該報導：

> 胡博士首先表示擁護總統反對修憲的主張，他說總統宣佈中國國民黨和中央政府不僅是沒有修改憲法的意思，並且反對修改憲法。對

> 總統以主義為主，武力為從的昭示，胡適接著表示擁護。他說，在中美會談公報中，宣佈我們光復大陸要靠主義，靠人心，而不憑藉武力，當時有許多人批評失望，總統在了解這些批評和失望的表示之後，重新慎重說明這主義為主，武力為從的反攻原則，這是大政治家的魄力和風度。

胡適博士回憶當時說：

> 中美公報宣佈以後，他和蔣廷黻博士談了半小時，蔣廷黻認為不憑藉武力反攻大陸的宣佈，是一個新時代的起點，而這一句話，代表了一個新轉變的開始，當時認為這席話未免太過於樂觀，回國以後，和許多朋友接觸，使他感覺到這一句話的確可以算是新轉機的開始，政府正努力向這句話去做。胡適博士說：今天，我願高舉雙手，贊成這一句話，並且盡力協助政府去做。

這則報導最後也針對胡適闡述三民主義係科學的，也可以說是反武斷、反獨斷、反教條、反不容忍，具有兼容並包精神的做了登載。

另外，《中央日報》特別引《中央社》的新聞登載，胡適於前一日下午在光復大陸設計委員會第五次全體委員會第四次會議中，以「無黨無派，二無黨委員」的資格，發表演說的內容之外；另又引《中央社》的一則新聞登載概略，胡適是光復大陸設計委員會的副主任委員，他在二十四日該會委員們的午餐會上發表演說，當時該會主任委員陳誠也在座。

胡適站起來說話時，滿臉笑容地說：

> 我是一個逃兵，本會成立了四年，除了去年夏天曾參加一次綜合研究組會議外，昨天才第一次出席會議。這幾年來，各位已經研擬了

三百多個方案，其中有兩百多個方案已經整理好，我曾看過一部分，知道各位如此的努力。我這逃兵很感慚愧，對各位很感欽佩。陳（誠）主任委員告訴我的一個故事，我覺得很好，我應當為他宣傳宣傳。

這故事是：當本會第一任秘書長邱昌渭就職時，陳主任委員告訴邱昌渭一句話，「不要同別人比聰明，不要同大家比聰明。」胡適說：「我覺得陳主任委員說這句話有做總統的資格，有聰明而不與別人比聰明，這是做領袖的智慧，這是最高最高的聰明。我覺得這個故事是本會，也是將來歷史上的一個重要的故事。」

胡適又說：

我有一個同鄉聖人，名字叫朱熹，他是一個絕頂聰明而做笨幹功夫的人，他提出寧詳毋略、寧下毋高、寧淺毋深、寧拙毋巧的十六個字，這是了不得的。由此可知剛才陳主任委員的那個故事，就是一個絕頂聰明的人，所走的一條笨幹的路。胡適又引述龜兔競跑的一個故事，強調「絕頂聰明的人，多數都是走烏龜的路。」

最後，胡適說：

朱夫子的十六個字，也許可以加在陳主任委員的名言之後，為我們做光復大陸之前，和光復大陸後設計工作的一個參考。這十六個字的前面的四個字，本會已經做到了，所研擬的方案，都很詳細，後面的十二個字，也可以供我們茶餘飯後參考。

檢視上述胡適在國代年會，在光復大陸委員會全體會上，和光復大陸設計委員會委員們的午餐會上的三場演說內容，其所凸顯憲法的修憲、總統的連任，以及副總統的接班等議題，都已經逐漸地浮上出檯面了。

（十五）胡適思想被清算

我這裡蒐藏胡適1959年4月的兩篇剪報文字，一篇是8日《中華日報》的登載，一篇是28日《臺灣新生報》的登載。

《中華日報》登載，中央研究院院長胡適博士昨日中午應邀在國際獅子會中國分會的餐會上，發表演說，題目是〈西藏的抗暴運動〉。他認為西藏高原的地形、藏胞高度的宗教信仰和生活習慣，是反共抗暴的有利條件。他說，這種抗暴運動將會擴大展開。

胡博士說：

> 匈牙利革命失敗，是因為俄帝的鎮壓。但今日西藏抗暴的情勢，大為不同。西藏自民國四十一年以來，就不斷地有反共游擊分子活動，至今已如燎原的火，聲勢壯大。

胡博士引用《紐約時報》所刊載的一段消息說：

> 北平政權對西藏大規模反共運動的事實，已公開地承認，並力圖鎮壓。胡博士說，這種情勢將會影響到清海、西康、新疆等省，印度的尼赫魯既不想開罪匪偽，又要庇護達賴，看他如何應付這一尷尬的局面？西藏全是高原地帶，有「世界屋脊」之稱，平均海拔一萬六千呎，使共匪進軍困難。

胡博士說：

> 藏胞有高度的宗教信仰和組織，有傳統的政教合一制度，共匪屢圖

破壞此種制度，不但不能遂其陰謀，而且引起更為強烈的反共運動。胡博士認為西藏的抗暴，正是北平政權崩潰的前奏。

《臺灣新生報》的登載，胡適博士指出：

> 共匪在大陸又發動所謂「清算胡適思想」，是因為這種思想是對付共產思想的「抗毒素」。他說他所倡導的「五四」精神，是主張自由、民主、思想獨立、不盲從、不武斷，對於共產毒素來說：這種精神無疑的是「消毒劑」、是「抗毒素」。而今日大陸上仍有許多他的及他朋友的學生們在傳播五四精神與思想，使得共產思想不靈，魔術失敗，共匪便一定要清算他們。

胡適博士說：

> 共產黨清算我的思想，已有十年的歷史了，自〔民國〕三十九年起，每年都有對我的所謂「清算運動」，共產黨的目的在「清算」胡適留在大陸的「毒素」、「游魂」，但這種「毒素」是越清算越多，「游魂」之「鬼」也是越打越多的。

這位五四運動的倡導人對共匪「清算」其思想感到很高興，因為這證明「五四」的思想今日仍存在於大陸，證明他往年的努力沒有白費。今年共匪又提出清算他的口號，是因為今年正是「五四」運動四十周年，大陸上的同胞們又回想起五四精神來。

四十六年，北京大學數千學生在「五四」晚上醞釀新「五四」運動，發表反共演講，並印行許多刊物，傳播大陸各地，欲造成反共風潮，結果共匪大批逮捕北大領袖，有的被殺害，有的判處徒刑，據胡適博士統計，全部被判刑期總加起來，共達二千一百多位。但胡博士說：「共匪的暴力迫害是無用的。」胡適博士在醫院中接見記者時說，共匪對胡適思想再一次地展開批判是「為我在做宣傳」。他說：

> 他們罵我，就要引用我的書就得看我的書——那是「奉命查書」。胡適說共匪最害怕的是胡適思想，這是最好的抗毒的，抗暴的武器，也是共匪最痛恨的。胡適博士刻仍在臺大醫院養病，他背上患粉瘤即將痊癒，他將於三十日遷出臺大附屬醫院，但他將遵照醫生的吩咐，在家中休養，他說「今年五四週年時舉行的幾次座談會我將不能出席」。

1959 年 5 月 4 日，《大華晚報》登載，胡適博士今天說：

> 共產黨目前正在對他的思想發動總清算，因為他們認為這種思想含有「毒素」，實際上，他的思想就是反共思想，就是維護自由的思想，當然與共產黨是冰炭不相容的。共產黨把清算他的思想稱之為「打鬼」，可是，「鬼」是不容易打的。

中國廣播公司今天將對大陸全天播送胡博士的談話，讓大陸景仰胡先生的人們，可以聽見睽違多年的胡先生的聲音。胡博士因為病體需要調養，今天沒有參加北大同學會紀念五四的大會，他是在中央研究院的辦公室裏，發表他對共產黨清算胡適思想的感想。

對照檢視了 1959 年 4 月 8 日《中華日報》與 28 日《臺灣新生報》，和 1959 年 5 月 4 日《大華晚報》等各報其所登載有關胡適的報導：胡適一是談〈西藏的抗暴運動〉，另一是談〈五四運動的精神〉，這也正彰顯胡適倡導的自由民主，而要被中國大陸共產黨清算其思想的主要原因了。

（十六）胡適談無容忍就無自由

1959年11月21日，《徵信新聞報》登載，二十日為「自由中國社」創刊《自由中國》半月刊十周年紀念，該社於當日下午六時假青島東路素女之家以便餐邀宴教育文化和新聞界人士，餐後該社發行人兼編輯委員雷震報告《自由中國》半月刊發行宗旨及十年來經營情形，旋由胡適博士以該社前任發行人暨現任編輯委員身分發表之〈容忍與自由〉為題，發表演說，歷時三十分鐘，餐會至七時三十分結束。

該報登載，胡適在演講會中指出：

> 我認為容忍比自由更為重要，如果沒有容忍就沒有自由，這一句話一方面是對我們自己而言，一方面也是對政府對社會上有力量的人說話，希望我們一方面發表思想自由，言論自由時，有一種容忍的態度，政府與社會也應該有一種容忍的雅量。

胡博士說：

> 我這篇文章背後有一個思想的基礎，就是民國三十五年秋天，我擔任北大校長時做一次開學典禮演說中，曾引用宋儒呂伯恭先生「善未易明，理未易察」八個字，毛子水先生曾為了這篇文章寫了一篇書後，他認為我所說的「容忍」的哲學基礎，也就是「理未易明」的道理。為此胡博士並引證穆勒的《自由論》為當今主持政治的人和主持言論的人，都應該一讀本書。

胡適指出：

> 為了這一篇文章殷海光先生也曾於《自由中國》寫了一篇〈容忍與

自由〉讀後，他也贊成我的意見，如果沒有容忍就不會容許別人有自由，他認為「容忍」用之於無權無勢的人容易，如果有權有勢的人「容忍」就很難了，所以他好像說：胡適之先生應該向有權有勢的人說「容忍」的意思，不要僅對我們拿筆桿的窮書生來說「容忍」，因為我們這些人是忍慣了。

胡適說：

因先生這番話以仔細想過，我今天想提出一個問題來，究竟誰是有權有勢的人、還是有兵力有政權的才可以算有權有勢？還是我們這般窮書生拿筆桿來說話的也有一些權，有一點勢？這一點值得我們想一想？他說，我想許多有權有勢的人，所以曾反對言論自由，對思想自由，想出種種法子，或是習慣上的，或是有意的，或是無意的，都緣於他們背後有一個觀念——這一般窮書生的筆桿寫出來的話，是一種危險的力量！所以我認為今天拿筆桿寫文章的人，也就是我們這種拿筆桿搞思想的人，不要太看輕自己，我們要承認，我們也是有權有勢的人，我們的力量勢反映人類的良知，我們不是弱者，我們也是強者！

該報登載，這位現任中央研究院院長的學者最後告訴在座的知識分子說：

總之，我們即是在有權有勢的人當中，我們也不是弱者，我們也是強者，我們也是有權有勢的人。但是，對於這種既有的權勢，我們不可以濫用，在運用時一定要運用得好，說話要有力量，並且要說得巧，說得人家心悅誠服，《禮記》所云「情欲信，辭欲巧」就是這個道理。說到這裡，胡博士特別強調「有一分證據說一分話，有幾分證據說幾分話」的主張，他說，唯有這樣才能算是持平之論，對政府亦應如此。

同時，胡博士並引述《論語》中孔子答魯定公問政的一段話：「為君難為臣不易！如知為君之難也，不幾乎一言而興邦乎！」「予無樂乎為君，唯其言而莫予違也，如其善而莫之違也，不幾乎一言而喪邦乎！」

他說，這才是最婉委的言辭表達出最堅定明確主張的一個例證，這才是達到了「情欲信，辭欲巧」的最高境界。因此，他說：我們今後應該是以「最負責任的態度說適合分際的話」，這才是我們適當而有力的運用我們權力的方式。

1959年11月21日，除了有《徵信新聞報》的這篇報導胡適的演講內容之外，當日的《自立晚報》還特別登出〈胡適之幽默雷儆寰〔震〕〉的這則報導：

《自由中國》半月刊紀念創刊十周年，特於昨晚邀請該刊作者及有關人士餐敘，到有王雲五、蔣勻田、程滄波、夏濤聲等百數十人。胡適之於與會諸人融洽敘談中，對該刊主持人雷儆寰略予「幽默」，引起哄堂大笑，其經過足值一述。

該晚報登載，茲悉：

昨日餐敘中對於民主法治及言論自由問題，談論甚多，於談及官方人士應有容忍之雅量時，胡適之發言，首先解釋容忍一詞之應用，按理係適用「強者」。一般以為當朝人士即為「強者」，似難一概而論。胡氏謂據其所知，由於民主自由之爭取為人同此心，教育文化及新聞界人士因為運用語言或文字傳播其思想，其影響力有時遠較官方為廣泛與深刻，就目前情勢而論，少數當朝人士對於彼等之

> 「畏懼」，遠過一般想像，因而部分教育文化及新聞界人士反而有「強者」之實。

胡適說：

> 民主自由既貴乎容忍，而「強者」應有容忍雅量又屬事實，則吾輩之應具此一雅量，似屬當然。觀乎《自由中國》十周年紀念專號雷儆寰先生所撰一文，其中曾強調「對人無存見，對事有是非」之句，殊應為吾人嚴格奉行。於此，胡適之先生乃笑謂：雷儆寰先生於容忍之奉行似乎未盡做到，即以今日餐敘而論，邀請之客人中何以未及余之同宗胡建中先生及陶希聖先生諸人？此語甫畢，舉座哄笑，雷儆寰則一時無詞以對。餐會散後，「胡適之幽默雷儆寰」之消息乃不脛而走，遍傳新聞文化界。

檢視胡適的名言：「容忍比自由更重要」，我們也是不是應該檢討臺灣在解嚴之後的實行民主政治，我們所謂的「有權有勢的人」，是不是都有時時提醒自己具有容忍別人批評的雅量。「無容忍就無自由」，當然無容忍的雅量，就無民主政治可言。

（十七）胡適反對修憲的 6 則新聞

我檢視 1960 年 2 月 16 日到 3 月 27 日，臺灣報紙的報導胡適與有關國民大會召開會議的 6 則新聞。

第 1 則新聞：1960 年 2 月 16 日《公論報》這則新聞報導的標題〈胡適之不滿陶希聖，夏濤聲責曲解憲法〉，文內容：

> 胡適之先生於本月五日晚上，在行政院長陳誠官邸舉行的宴會上，

> 曾提出三點詢問主人：一、國大三次會議的集會日期，距今僅餘兩週，國民黨的總統候選人為什麼不提出來？二、我〔胡適語〕有一個「荒繆絕倫」的學生陶希聖，他說修改臨時條款不是修憲；三、如果減低國大代表的總額，國民大會將來可以隨時修憲，國民黨將何以應付？
>
> 當時，在場的總統府祕書長張群立即加以辯論，張氏說：「你的學生不是完全沒有道理！」一直保持緘默的王世杰先生，為緩和情勢，便另找話題說：「不修憲連任的問題也可以談談。」由此可見王氏的態度了。那天晚上，蔣夢麟先生也在座，胡先生因事先引告退，與會者繼續討論這個問題，直到午夜零時始散。

第 2 則新聞：1960 年 2 月 21 日《公論報》這則新聞報導的標題〈胡適之婉拒任主席，雷震不出席開幕禮〉，文內容：

> 目前，無黨無派的國大代表如胡適之與雷震等，他們對修憲與修改臨時條款的態度又如何呢？記者可以列舉近事兩則，加以說明。國民大會從明（二十二）日起，到二十五日止，在四天的預備會議中，主持會議的主席何應欽、王雲五、曾寶蓀、于斌等四人。
>
> 其中獨係缺少胡適之先生，其原因何在。據說，這個問題的責任，不是發生在有關方面，而是胡先生婉拒任這個榮譽的職務。換句話說，胡氏的消極態度，頗使當局感到「頭痛」。

第 3 則新聞：

> 1960 年 3 月 14 日《民族晚報》這則新聞報導的內容：今晨會議由胡適主席，胡適博士說這是他自開幕典禮以來第一次當主席，現在要請陳院長來做施政報告。他還特別解釋法令稱：國民大會在憲法

上，組織法上雖都沒有明文可以聽施政報告，但是議事規則第五條上有可以請政府首長做施政報告的規定，所以現在由陳院長來報告。言畢，他首先鼓掌表示歡迎。

第4則新聞：1960年3月15日《徵信新聞報》〈瞭望台〉專欄的標題〔胡適之語重心長〕，文內容：

胡適博士此次不競而當選國大主席團之後，僅在預備會議期間一度出席主席團會議，半月來緊張熱烈之大會場面，則並未與聞。昨日之登「主席台」尚為開會以來之第一次。雖然火熾場面既過，會議何人主持已不似上週間之重要；然而胡氏前曾表示其特別立場，故昨日初次登「台」，仍為眾所矚目。依照議程，昨晨大會節目係聽取政府報告暨質詢，主席之任務不過坐聆行政院長報告完畢後，依登記次序請欲「質詢」之代表上台發言而已。

以胡氏之才能，主持此靜態會議自然綽有餘裕。據早日傳說，胡氏月前曾非正式表示其反對修訂臨時條款之立場，並聞曾擬在大會發言。後經各方婉言勸止，使作罷論。昨日開議時致詞，為其在大會首次發言，雖未涉及已成定論之修憲問題，然輕描淡寫之下，對國大職權問題，仍有發人深省之處。胡博士宣告開會之後，首先指出，依據憲法第五十七條，行政院長有向立法院提出施政報告之責，立法委員有提出質詢之權。繼又指出，依照國民大會組織法，國民大會並無得聽取政府施政報告之職權。

最後乃稱，依據國民大會議事規則第五條：國民大會開會時，得聽取政府施政報告，檢討國是，並得提出質詢與建議。因之，胡氏以大會主席身分，宣布本次大會，係依照國大議事規則，聽取政府施政報告，並「得」提出質詢與建議。憲法第二十七條對國大職權，已有明文列舉，其中並無得聽取施政報告之規定。即在國民大會組

> 織法中，亦不但無「得提出質詢」字樣，且未有「得聽取施政報告」一語，金國民大會之能聽取行政院長報告且提出「質詢」，惟一「準法律性」之依據，僅惟自行制定之議事規則而已。
>
> 兩年前，行政院長援引憲法第五十七條，拒絕列席監察院會議，依監察法接受詢問，一時釀成政治風波，終導致政府改組。國大議事規則係依據國大組織法而制定之子法，而監察法則係立法院制定之法律，兩者相較，難免令人生今昔之感。當茲四大權力日益擴張之際，昨日胡氏之言，值得代表諸公三思。

第 5 則新聞：1960 年 3 月 20 日《自立晚報》這則新聞報導的標題〈胡適珍重神聖票〉，文內容：

> 胡適博士因心臟病，遵照醫生勸告，於昨（十九）日下午住進台大醫院接受檢查，由於時間的巧合，使人以為胡適博士係藉此避過國民大會第三次會議的總統、副總統選舉會。今晨胡適博士對本報記者表示：「只是為了健康關係而就醫院檢查，假如明天可能檢查完畢，他提早出院，萬一不需繼續留院檢查的話，他明天一定要前往國民大會場投票選舉總統！」

第 6 則新聞：1960 年 3 月 27 日《自立晚報》這則新聞報導的標題〈最後要談胡適的心病〉，文內容：

> 胡適之先生反對修憲，同時亦反對修改戡亂時期的臨時條款，因此他曾經表示過假若眾議難排除時，他將向大會發表反對意見並且要求列入紀錄後申請退席，可是大會開完了，卻未聽見他發言，相反地卻看到他因心臟病的突發，而在第一次選舉大會的前夕，住入台大醫院檢查，當時就曾引起滿城風雨，說他有規避投票之嫌，可是

> 胡先生卻立即前往大會投下了神聖的一票，因此有人奇怪胡先生的行徑，也許是關心的人多，所以也能以訛傳訛。
> 據外間流言說：有關方面為了要胡先生在緊要關頭不要表示反對意見，曾拜會了胡先生的長公子胡祖望，並在九日的晚上，請祖望到南港去勸說胡先生，至於勸說內容是些甚麼？則傳言中未曾道及。我們也只有姑妄聽之了！

我們對照胡適當時的行事曆，胡適 1959 年 7 月赴美出席東西方哲學討論會；10 月，回臺北；11 月，對外表示反對修憲和修改臨時條款。所以，隔（1960）年 2 月，國內對於胡適出席國大會議的是否投票支持蔣中正總統的連任，成為大家矚目其與副總統陳誠之間互動的焦點，以及蔣經國順利接班的議題。我特別將這段期間的這 6 則有關於胡適動態的報導，摘錄下來，以有助於對於胡適的了解與研究。

（十八）胡適談〈弭兵會議〉

1960 年 7 月 4 日，《公論報》登載，中央研究院長胡適於昨（3）日上午，在「中國聯合國同志會」邀在臺工作十周年紀念大會中，應邀以〈從兩千五百年前的弭兵會議說起〉為題，發表演說。他首先說：

> 承朱家驊先生好意，要我在「中國聯合國同志會」在臺恢復工作十周年紀念大會中演講，我覺得我們應該組織一個反對虐待動物同志會，人也是動物，何必在這麼大熱天虐待講話的人同聽話的人呢？我來參加這個紀念會，一方面是為了道賀，一方面也對此「虐政」表示抗議。
> 「中國聯合國同志會」的前身，是「國際聯盟同志會」，那是民國八年一班朋友在北京發起組織的。國際聯盟正式成立於一九二〇

年，聯合國正式成立於一九四六年，今年是聯合國十五周年，聯合國的前身國際聯盟則離現在已有四十年了。

胡適略述了美國《獨立周報》的發行人海米・荷特（Hamilton Holt）提倡和平的緣起，和國際聯盟揭出和平的四項原則，以及後來聯合國憲章第七章第卅九條至五十一條，說到要以經濟、軍事力量維持國際和平與安全。胡適說：

> 一九四五年舉行舊金山會議時，我為中國的十位代表之一，八十歲的荷特曾來看我，對我說：「我由佛羅里達州，到舊金山，經三千多里地，就是想來看聯合國的成立，看看我年輕時的夢想是否可以實現」，我當時對於這位老人冀求和平的精神，深為感動。

胡適說：

> 在二千五百年前講和平，是沒有辦法保障的，四十五年前荷特提出了「以軍事經濟力量，維持和平」才算是指出了保障和平的方法。現在看到許多區域的或雙邊的安全保障條約，如北大西洋公約第三條至第五條就是要用力量來制裁侵略國家，如有一個國家受到侵略，就如同全體受到侵略，其他如東南亞公約美澳紐安全條約，美日、美菲、中美等安全條約，都包含了這個意思。二千五百年前我們沒有「用力量制裁侵略者」的辦法，因此和平運動失敗了，可是現在想出了這個辦法還是失敗。四十五年前世人企求和平的夢，替二千五百年來追尋和平開闢了一條新的路途。

接著胡適講了二千五百年前，發生在中國歷史上的弭兵會議，這故事給我們一個教訓，裁兵和平會議，無人反對，也無人有反對，但是沒有辦法的裁兵和平會議是不會成功的。同時，胡適列舉 1899 年的海牙國際法庭，但還是發生南非戰爭、日俄戰爭，乃至於爆發第一世界大戰；1928 年簽署非戰公約，仍然無法阻止日本發動「九一八」的佔領東三省，以及 1933 年德國希特勒侵略捷克，乃至於爆發二次世界大戰。

胡適說：

> 我們紀念聯合國不可不紀念十年前的韓戰，一九五〇六月二十五日，強大的北韓軍隊，配備各種新式武器越過卅八度線，侵略南韓，國際組織第一次遵照聯合國憲章第七章，維持恢復國際的和平安全，在聯合國的旗幟下，由美國領導十六個國家出兵，以力量來維持恢復和平，安理會因何能通過此案，由於蘇俄為中國代表權的問題，離出會場，沒有蘇俄否決權的阻撓，得以偷偷的通過了此案。……這唯一要侵略他人的國家，不僅力量可以侵略，他的主義也是要侵略他國的。這樣一個國家，照最近情勢看來，是可以引起一個大的戰爭爆發。
>
> 我們相信這個國家雖大雖強，但以自由民主國家目前的力量，及潛在的力量，是可以打倒這僅存的一個侵略他人的國家，當這個國家要完了的時候，其國內會發生革命，由極權獨裁轉變到自由民主，到那時四十五年前的夢可以實現，因此我們現在可以得出來，只有用全體力量去打倒世界上這個唯一的侵略國家，二千五百年前的和平希望，才有實現的一天。

胡適的這篇演說，特別是最後的一段話，迄今已經過了半世紀之久，但不禁要讓人聯想起，當前這檔事還正繼續發生在俄羅斯這個國家的侵略烏克蘭。無論它的結局是否會如胡適所指出，和平要有力量制裁侵略國的軍事經濟實力，才有實現的一天。

但依目前如火如荼的俄烏戰爭，又遇上聯合國並無軍事經濟力的維持和平，致使我們還看不到戰事的盡頭，更別說想見到和平的到來。

（十九）王世杰談胡適

1961 年 2 月，胡適參加臺大校長錢思亮的宴會，因身體不適，送醫院經診斷為冠狀動脈栓塞症加狹心症。此次住院 2 月，後回家自養，11 月病情惡化，至臺大醫院療養，隔（1962）年 1 月出院，2 月 24 日即因主持中研院第五屆院士會議，不幸心臟病猝發而死。

3 月 1、2 日，《中央日報》連續兩天登載，記者李青來專訪王世杰談〈胡適與政治〉的文字。5 月，王世杰接任胡適所空下中央研究院院長的職缺，直到 1970 年 4 月，辭去中央研究院院長，改任總統府資政。

王世杰與生前胡適的四十年以上深厚友誼，和兩人在政治上密切關係的背景，記者選擇訪問當時擔任政務委員的王世杰，來談論胡適當屬非常適合的人選。在這篇訪問稿中，王世杰分別從胡適的政治人格、政治工作和政治見解的三方面，來深入分析。

從政治人格方面，胡適是一個最進步的愛國主義者，胡適最關心政治問題，他的關心高於一般實際從事政治工作的人，但是他卻不願意做官或從事實際政治活動。他評論政治或參加政治活動，最富於責任心，也最有勇氣。他是一個絕對臨難不苟和見危受命的人。王世杰先生隨即指出兩件事實來說明胡適博士的這種政治人格。

> 第一件事是在「八一三」中國全面抗戰發生的前夕，時間約在民國二十六年七月和八月之間，胡適博士在廬山會議之後，來到南京，當時的胡適，確實希望政府能夠避免全面的戰爭。他到南京之後，曾親向蔣總統——當年的蔣委員長，提出他的意見，希望能夠避免戰爭。但是「八一三」全面抗日戰爭終於發生了。

發生之後，日本隨即向南京上空濫施轟炸，南京形勢岌岌可危，蔣委員長要胡適博士到歐洲和美國為政府做抗戰的宣傳工作，並要王世杰先生敦促前往。當時胡適博士堅決表示不願離開南京，他說：「戰爭已經很危急，我不願意在這時候離開南京，我願意與南京共存亡」。經過了一個星期的商談，胡適博士的態度依然堅決不變。最後王世杰找了傅斯年先生幫忙，費了很大的力，才把他說服，他終於接受這項艱苦工作，到歐美去。

第二件事是在民國三十七年三月。那時蔣主席（軍事委員會時已撤銷，蔣公任國民政府主席）曾要王世杰先生商請胡適博士出來擔任第一屆行憲後的總統候選人，那時胡適博士在南京，王世杰先生與他商談了三天，他都認為他的身體不能擔任這麼大的責任，還是蔣先生自己擔任為好。蔣主席仍繼續要王世杰先生前往敦促，最後胡適博士才表示讓蔣先生決定，主席聽了胡適的話很高興，便即向黨內的同志展開說服工作。

蔣主席當時曾為這件事做了很大的努力，但僅僅說服一個吳稚暉先生。當時本黨中央黨部開會討論這一問題時，公開發表意見表示贊同的人，只有吳稚暉、羅家倫兩位先生。蔣主席十分難過，他審察當時的情勢，本黨同志不贊同提胡適博士做總統候選人，這個總統候選人仍然非他自己出來擔任不可。蔣主席就在不得已情形下，因而承諾擔任總統候選人，王世杰把這經過情形告訴胡適博士，他真是感到如釋重負，十分愉快。

王世杰說完了這兩個故事，停了一會又補充說，恬淡不一定是偉大，恬淡而有極大的勇氣和責任心，纔是偉大。王世杰先生繼又談到胡適博士的政治工作。他說：

胡先生一生只做過一次官，那就是我國的駐美大使，他的實際政治工作，嚴格的說，就只限於他大使任期內的工作。他擔任駐美大使，約略四年。在這約略四年的大使任期中，他的貢獻不一定是一般人所深切了解的。王世杰先生指出，胡適博士在接受駐美大使職務時，既無外交經驗，而就職業外交家的觀點來說，胡先生亦無外交天才，他是一個最不願意向任何人或任何方面請求的人，這從職業外交家的觀點來說，也許是一個缺點。可是在他的任內，卻完成了兩項歷史性的任務。

他所完成的第一項歷史性任務是美國政府在武漢棄守後開始給予我國政府以二千五百萬美元的第一次借款，協助我國繼續抗戰。……

另一項歷史性的成就就是珍珠港事變前夕，美國政府決定拒絕日本政府關於中國戰事所提的解決條件。這是民國三十年十一月下旬的事，及珍珠港事變的前十幾天，美國政府這項決定引起了珍珠港轟炸，導發了美日戰爭。

美國政府當時做這項決定，也未嘗不知道結果的嚴重，但美國的輿論和美國政府的正義感，終於促成了這個決定。在日本與美國交涉期間，胡適博士曾將我國政府的主張和希望剴切誠懇地向美國政府披陳。除此之外，他並未作任何特殊的活動，或運用任何外交手腕去影響美國政府，可是當時的羅斯福總統和賀爾國務卿對於這位「書生大使」和他的慷慨陳詞，是很重要的，他的披陳是有著重大的影響力的。

接著王世杰先生又就胡適博士的反共思想，提倡「好人政府」，對抗日戰爭的主張和及所主張的批評態度四點，來說明胡適博士的政治見解。

在反共思想方面，王世杰先生指出，胡適博士反共思想，數十年如一日，從來沒有改變和動搖，他主張思想自由，他主張尊重個人人

> 格。……在提倡「好人政府」方面，在國民革命軍北伐以前，胡適在北大辦了一個《努力》周刊，他曾提出「好人政府」主張，因為當時有羅文幹、顧維鈞、王寵惠諸人在北平。胡適認為，如果這些人能夠出來組織政府，會成為一個「好人政府」。
>
> 關於對日抗戰的主張，王世杰指出，一般人均不曾充分明瞭胡適博士的基本理論與主張。在「八一三」抗戰前夕，胡適博士誠然曾經勸政府並向蔣委員長建議儘量避免戰爭。他的這一主張和建議，乃是擔心政府只以抗戰逞一時之忿，而不準備做長期的抗戰和苦鬥。他在民國二十六年「八一三」前夕所表示的避戰的主張，在當時很不得政府中一般人的諒解。但實際上他對日抗戰的根本思想卻全與政府後來所採的國策，完全一樣，而且真是有先見之明。
>
> 關於胡適博士對政治批評的態度問題，王先生指出，胡適博士也有他特殊見解。在大陸淪陷之後，一般人都知道，胡先生對於政府，依然採取他的一貫批評態度，他常常言人之不敢言，言人之不肯言，他曾對我們政府及許多國民黨黨員這樣說過「我將做你們的『諍友』」。
>
> 同時他認為，在這樣一個艱苦危難的時期，凡是可以回到臺灣來的人，對政府的批評，在原則上應該回到臺灣來批評。大陸淪陷之後，他自己對於政府的批評，幾乎都是來到臺灣發表的，他是一個言論自由的信徒，可是他所提倡的是「負責的言論」，他所身體力行的也是「負責的言論」這個大原則。

王世杰是繼胡適出任院長後，最重要的政策是：藉由學術交流讓台灣科學生根。他當時最重要的工作是在扶植健全大學或獨立研究院所，培養各種所需師資，使科學在臺灣生根。

（二十）余英時唐德剛論胡適思想

余英時《重尋胡適歷程：胡適生平與思想再認識》，本書收錄：1.從《日記》看胡適的一生、2.論學談詩二十年——序《胡適楊聯陞往來書札》、3.中國近代思想史上的胡適——《胡適之先生年譜長編初稿》序、4.《中國哲學史大綱》與史學革命、5.胡適與中國的民主運動、6.文藝復興乎？啟蒙運動乎？——一個史學家對五四運動的反思。本書後來的增訂版，則增加一篇〈胡適「博士學位」案的最後判決〉。[14]

我回溯 1970 年代，我開始利用剛學到圖書館學方法，撰寫《近代學人著作書目提要》，我的選擇的第一人，也是最後一人，就是〈胡適之先生著作書目提要〉。當時還沒有開始使用現代電腦這麼方便的搜尋和彙整資料功能，方法相較之下，我當時也可說只是土法煉鋼的笨拙罷了。

〈胡適之先生著作書目提要〉中有篇〈藏暉室劄記〉（後來更名《胡適的留學日記》）的提要，現在拿來對照余英時在《重尋胡適歷程：胡適生平與思想再認識》，這書中所介紹的〈從《日記》看胡適的一生〉，自覺汗顏。不過，自己想想，那時我也才剛進入輔仁大圖書館學系的學生研習階段。

我從年少時期即是「胡適迷」。2016 年，我從教職退休下來的開始審修【臺灣政治經濟思想史論叢】，就整理我研究與發表有關胡適的文字，分別在《臺灣政治經濟思想史論叢（卷三）：自由主義與民主篇》收錄：1.〈我撰寫《近代學人著作書目提要》的心路歷程〉，2.〈1950 年代前後臺灣「胡適學」與自由主義思潮〉等二篇論述。《臺灣政治經濟思想史論叢（卷六）：人文主義與文化篇》則收錄有：1.〈胡適 1970 年代臺灣重要著作書目提要的補述〉，2.〈近代學人 1970 年代重要著作與胡適的文化記述〉等二篇論述。

---

14 余英時，《重尋胡適歷程：胡適生平與思想再認識》，（臺北：中央研究院、聯經，2007 年 4 月）。

〈論學談詩二十年——序《胡適楊聯陞往來書札》〉，是記述 1943 年至 1958 年胡適與楊聯陞的往來書札。楊聯陞會把他與胡適來往的信札影印送給余英時，這也凸顯余英時學術成績已經受到楊聯陞老師的肯定，相信將他與胡適之間來往的論學談詩，其中的重要精髓是余英時可以理解和加以闡述的。

〈中國近代思想史上的胡適——《胡適之先生年譜長編初稿》序〉，聯經公司還於 1984 年特別以《中國近代思想史上的胡適》為書名，出版了單行本，110 頁。余英時在〈前言〉：這部《胡適之先生年譜長編初稿》是胡頌平先生花了整整五年的時間（民國五十五年一月一日至六十年二月二十三日）編寫成功的。如果再加上後來增補的資料，前後經過十五年多才完成這部三百萬多字著作。[15]

〈《中國哲學史大綱》與史學革命〉，有關《中國哲學史大綱》一書，是胡適改寫自他的博士論文，最早是 1919 年由上海商務印書館出版，1970 年臺北商務人人文庫以《中國哲學史大綱》（上卷）重新出版。全書分十二篇。

蔡元培在〈序〉中特別指出，此書具有證明的方法、扼要的手段、平等的眼光、系統的研究等四大特點。余英時認為此書除了是受到了西方哲學史的影響，同時與中國考證學的內在發展可以相應，對於史學的研究方法在論述中國哲學思想方法，具有革命性的建立典範的作用。

〈胡適與中國的民主運動〉，1947 年胡適在北平的一場演講中指出，世界文化有三個共同趨勢：第一是用科學的成績解除人類痛苦，增加人生的幸福；第二是用社會化的經濟制度來解放人類的思想，發展人類的才能，造成自由獨立的人格；第三是民主的政治制度。

余英時認為胡適在人文學的領域內，是以均衡的通識見長，胡適在中國提倡民主自由運動恰好能發揮他的通識的長處。余英時更深入指出，胡適雖

---

15 余英時，〈前言〉，《中國近代思想史上的胡適》，（臺北：聯經，1984 年 5 月），頁一。

以「反傳統」著稱，但是胡適在推動中國的民主運動時，卻隨時隨地不忘為民主、自由、人權尋找中國的歷史基礎。

文中，余英時又指出，胡適承認中國歷史上沒有發展出民主的政治制度，但是他並不認為中國文化的土壤完全不適於民主、自由、人權的移植。胡適常常說民主社會是一個最有人情味的文明社會。從人情、人性著眼，胡適大概也承認中國沒有不能接受民主的理由。

〈文藝復興乎？啟蒙運動乎？——一個史學家對五四運動的反思〉，余英時指出，五四運動在西方早期是以「中國的文藝復興」而廣為人知，胡適在宣揚「中國的文藝復興」的理念比起其他人更具重要性。

余英時認為不能輕率將文藝復興與啟蒙運動兩種概念，視為隨機援引來比附五四運動的兩種不同特徵。文藝復興是一種文化與思想的方案，反之，啟蒙運動本質上是一種經偽裝的政治方案。我們閱讀余著《重尋胡適歷程：胡適生平與思想再認識》，讓我可以再深入認識中國近代思想史上的胡適，他的一段學術文化思想上的成長歷程。

1984年5月5日，我在《聯合報》讀到由陳雪屏口述、顏敏紀錄整理一篇〈不畏浮雲遮望眼，自緣身在最高層——關於胡適之先生的年譜和晚年談話錄〉的文字。

當時我還不清楚陳雪屏就是余英時的岳父，但是我知道陳雪屏出身教育界，曾經擔任過臺灣省教育廳長；而且這篇文章題目又因與胡適有關，自然引起我的注意和閱讀的興趣。

這篇文章陳雪屏除了提到他本人與王世杰、毛子水認為，像胡適這樣一代人物，死了以後我們應該替他寫傳記；第一步應先編個年譜出來。於是就請了曾經擔任過胡適秘書的胡頌平為主要編著者。

胡頌平初稿完成後，陳雪屏認為初稿的篇幅不平衡，胡先生總共活七十二歲，七十歲以前佔初稿二十本，後來在中央研究院三年佔了八本，是否最後三年發生的事特別多？

真正說起來，胡適任職中央研究院在學術上的著作並不多，不應該佔那麼多篇幅。因此，建議把胡適寫的文章和所做重要的事和想法盡量放入年譜裡，有關談話部分則另成一書。所以，1984年5月聯經除了出版十大冊《胡適之先生年譜長編初稿》，也同時出版了《胡適之先生晚年談話錄》。

至於《胡適之先生年譜長編初稿》的〈序〉，胡頌平請陳雪屏寫序，但他沒答應，找胡適的老學生毛子水，他也不肯寫。後來大家無意中講起來想找一位研究思想史的人來寫也許比較好，想來想去就想到余英時。

余英時看過很多胡先生的著作，而他沒有看過的著作他們也一起再送給他看，請他作序。這篇序他很賣力氣寫了三萬多字，態度相當認真，這很不容易。

陳雪屏是余英時的岳父，老丈人誇獎女婿的〈序〉寫得好，也實至名歸的毫無矯情或過譽之辭。余英時在《胡適之先生年譜長編初稿》寫的〈序〉，聯經出版也在同一時間的1984年5月，以書名《中國近代思想史上的胡適》的單行本方式對外發行。

陳雪屏在口述的這篇內容，也談到當年國民政府撤退來臺的關鍵時刻，他跟胡適以長途電話，說明政府的想法，問胡適可否由我們在南京開個名單請他主持接人工作，胡先生堅持不肯。最後胡先生說明天飛機就要走了，事不宜遲，你們好不好授權給我，讓我去各方面接觸一下，看看有誰可以走的。

後來，胡先生和胡太太離開了，但二兒子卻沒有走成，胡先生說我們已經夫婦二個上飛機，再帶個兒子就佔了別人的位置，我的孩子不能走。為了這件事，夫婦倆還嘔了氣。

胡先生就是在如此匆忙的情況下離開北平的，只拿了一點東西，他的日記、朋友間往還的書信，以及他在美國做大使的日記都丟在北平。儘管後來大陸把這些書信出了三本書發表出來，臺灣這邊又有出版社重新整理出了兩本，這些都不包括在這套10冊的《胡適之先生年譜長編初稿》裡。

以上是1984年5月聯經出版胡頌平編著《胡適之先生年譜長編初稿》與《胡適之先生晚年談話錄》，以及余英時寫《中國近代思想史上的胡適》

等三書的情形。2004 年聯經 30 週年慶出版《胡適日記全集》（全套十冊），時間從 1906-1962 年，是一部最完整的胡適日記。

2018 年 12 月，中央研究院胡適紀念館出版了潘光哲主編的《胡適全集》，預定到 2023 年出齊 60 冊。我特別在最近的拙作《稻浪嘉南平原》，其中有篇文字特別敘述了這套《胡適全集》出版的意涵，其所努力完整建構「胡適學」研究的奠基學問。

唐德剛在《胡適口述自傳》的〈寫在書前的譯後感〉寫到：1970 年冬季他訪臺時，蒙林語堂先生盛情召宴，他在一家嘈雜的大酒店內，問那位衣冠楚楚的總招待，「林語堂先生請客的桌子在哪裡？」竟遭大聲反問「林語堂是那家公司的？」的憾事。[16]

唐德剛盼望這本《胡適口述自傳》的出版，其內容對青年讀者非常具有「實用價值」，因為它是一部最淺近的、最適合青年讀者需要的，胡適自撰的「胡適入門」。對於研究中國近代文史的專家們，它是一本辭簡意賅，夫子自道的「胡適學案」。

周策縱與夏志清在《胡適雜憶》的〈序〉中，分別談到胡適的治學之外，亦略述 1950 年代胡適在美國的那一段生活的艱辛日子，特別是夏志清的序言裡，分別談及大家所關心胡適身邊的幾位女士，包括江冬秀、韋蓮司、陳衡哲。

唐德剛的感觸胡適這個人，在 1970 年之後就已經逐漸地被兩岸的中華兒女所遺忘。或許很快地余英時這個人，同樣會步入胡適的後塵被淹沒在兩岸人民的記憶裡。

三、余英時歷史學術文化資源的創新轉化再生

2021 年 8 月 1 日，一代史學大師、中研院院士余英時在美國紐澤西普林

[16] 唐德剛譯註《胡適口述自傳》、《胡適雜憶》，（臺北：傳記文學，1981 年 3 月）。

斯頓的寓所逝世，享耆壽 91 歲。

2020 年，元華文創出版拙作《臺灣政治經濟思想史論叢（卷六）：人文主義與文化篇》，其中收錄一篇〈余英時人文主義的通識治學之探討〉。我在該文中提到：錢穆於 1950 年冬，因為新亞書院創校初期的面臨校舍、校務經費等營運困難，來臺期間獲總統府祕書長王世杰得蔣介石面諭協款度過難關。同時，臺灣省教育廳長陳雪屏為其安排至各學校講演。

1950 年，陳雪屏曾任中國國民黨中央改造委員。陳雪屏是余英時的岳父，但因與胡適走得近，被蔣介石在其日記中指責他借胡適來脅制本黨。陳雪屏長公子陳棠，當年曾追隨李國鼎部長多年，當年與李偉、季可渝、李端玉、許遠東有「五虎將」之稱。陳棠並曾出任臺灣土地銀行董事長一職。

以上簡略提到余英時家族與中華民國播遷來臺之後的黨政關係。另外，余英時在學術上的成就，他兼治錢穆的史學通識與胡適的考證治學，整合地建立自己的治學之路。尤其余英時受其業師楊聯陞影響的提出「儒商」概念，不但闡述了自由經濟學與民主政治之間關係，更是強調人文與社會科學的整合性通識治學。

所以，在治學途徑上，余英時認為胡適是一位人文學的通才，也可說是學術思想上重要的通識治學之士。因此，余英時在通識治學的道路上，融會錢穆的中國傳統文化、胡適的西方現代文化，與楊聯陞的社會科學等三位老師的學術研究精華，蔚成當代中國學術思想的巨擘。

個人在大學長期以來的從事通識教育工作，感受博雅教育與通識教育的差異：簡單說來，博雅教育是相對於職業教育，旨在培育 「統整的人格」；而通識教育是相對於專業教育，旨在追求「統整的知識」。

博雅教育從「統整的人格」角度，避免流於為自然或科技知識而知識，而能關注於人本身的統整性，彰顯其在通識教育追求「統整的知識」的層次之上。因而，當前許多大學會在重視「博雅教育」（liberal arts）而特別成立院級單位——「博雅學院」，然後其下屬設立各類型中心，如通識教育中心、語文中心、共同必修科等等。

我個人在臺北城市科技大學通識教育中心服務，理論上，我著重的應是職業教育的博雅教育，旨在培育「統整的人格」；而非專業教育的通識教育，旨在追求「統整的知識」。但實際上，校務的運作仍在通識教育中心的層次，而未有必要成立博雅學院的規模。

博雅教育的「統整的人格」也好；通識教育的「統整的知識」也好，最終的目標應該都是獲致「全人格教育」的達成。這是我粗淺對通識教育的看法和一份堅持，強調通識教育的統整知識，亦即接近余英時強調人文主義學術的存在，和其重要性了。

我個人對人文主義余英時院士的逝去表示哀悼，更為統整知識上痛失一位通識教育導師的感到惋惜。以下，略述余英時歷史學術文化資源創新轉化與再生的文創產業議題，提供發展國家文化軟實力的參考。

（一）余英時談人文與民主

余英時在《人文與民主》的〈自序〉提到：本書的主題是「人文與民主」，包括人文研究篇、民主篇和思想篇等三單元。這三個單元環環相套，是不能截然分開的。[17]

余英時在學術思想上受到胡適的影響很深，也都服膺自由主義與民主思想。余英時強調人文修養對民主有很重要的關係，民主不只是「量」（quantity）的問題，一人一票。民主有「質」（quality）的問題，就是領導社會、政府各階層的領袖，必須要有高度人文修養，否則不配做民主時代的領袖。余英時特別常提胡適在美國講中國民主歷史的基礎，也提到中國有許多好的傳統，可以和民主制度配合的。我們不可一口咬定儒家文化不一定不能建立民主制度。

余英時在學術文化淵源上，也傳承錢穆與楊聯陞的乾嘉考證與人文通識

[17] 余英時，《人文與民主》，（臺北：時報文化，2010 年 1 月）。

治學。既有著知識分子創造知識的成就，也有著知識分子現世關懷的人文主義精神。尤其是一個在大時代裡生存的人，不可能不面對自己身處的歷史。

余英時從老家安徽潛山的鄉村經驗，經香港新亞，到美國哈佛、耶魯、普林斯頓等各大學府，他好學深思，心知其意的不斷反思，不斷自我挑戰，這樣才可能成就其所認知的通識治學，是每一位讀書人所冀望達到人文素養的階段。

「素養」可解讀讀書人平素的修習涵養，也就是我們一般所指的「鴻儒」。他不但要能夠立義創意，眇思自出於胸中，而且能夠培養出道德高尚與崇尚知能的人。

如果我們最簡單的定義來描述「素養」或是「鴻儒」，則可稱為「最有價值的知識是活用的知識，一種融會貫通後能在生活中活用的跨域知識」，也就是現在我們學校裡所要強調通識的全人格教育，更是我們社會所應該普遍重視的人文素養。

臺灣已經走過威權統治，在這民主化歷經的過程中，我們也先有了臺灣省臨時參議員、省縣市長、議員等類型的地方自治選舉，又經補選、增額的中央民意代表選舉，才發展到有 1996 年總統直選，2000 年政黨輪替的成功經驗。

我們當關注臺灣實施民主政治的發展，但仍須從人文修養培養出民主修養，政黨輪替不只是選票量的問題，而是要有民主素質的提升。所有的公民抗爭運動，其本質上就應具有最基本的人文與民主修養，這才是我們所要建立的自由法治社會。

2014 年 3 月 18 日，臺灣爆發學生攻進立法院議場的「太陽花事件」，其標榜所謂民主政治的公民運動，卻發生學生和群眾的佔領立法院，還強行進入行政院辦公室的行動。猶記得當時余英時曾表示支持太陽花的學生運動。

我們若從余著 2010 年就已經出版《人文與民主》的書中理解，其所強調的人文精神與民主素養，對照其在 4 年之後臺灣所發生的「太陽花事件」，讓我們不禁懷疑這樣的抗爭行動，是不是就是余英時所論述的人文與民主，也就是我們臺灣自由民主所要追求的公民法治社會嗎？

承上述，拙文發表於 2021 年 8 月 9 日《臺灣商報》【全民專欄】曾指出，對余英時先生的支持「太陽花事件」表示存疑的態度，2022 年 5 月，顏擇雅編《余英時評政治現實》寫道：

> 〔2014 年〕三月二十三日晚，有一批學生衝進行政院。當晚我接到余英時另一封傳真：我〔指余英時〕最近得到消息，抗議越弄越大，已不只要求服貿「逐條審查，逐條通過」了。我覺得學運組織已控制不住抗議群眾，我很擔心。若運動變成「革命」性質，不再尊重民主體制，而擬推翻執政黨政府（不經選舉），或逼馬英九下台，則似已超越限度。我很擔心事件以後以暴力解決。這幾句話是對你個人說的，不要公開。但你可以把我的意思私下傳達給劉〔靜怡〕教授。[18]

顏擇雅編《余英時評政治現實》這書時，公開了余英時給她的這封傳真，是要說明余英時支持公民抗爭，但反對暴力革命的一貫主張。顏擇雅在其〈編輯的話〉指出：

> 選文時，首要條件是從未收入他已出版的文集。版權只是考量之一，更大原因是篇幅寶貴，想空出來空間給散落在舊報紙、舊雜誌，如今在圖書館甚至網路都不好找的那些文章。……獨立出書還有一個好處，就是可以給中國海內外與香港的民主派鼓舞士氣。在我眼中，余英時是「無入而不自得」，很能自處的人。……但編書時最困擾的……說是只收政論，但是余英時的政治看法與史學思想

[18] 顏擇雅編，《余英時評政治現實》，（臺北：INK，2022 年 5 月），頁 244。

是一體兩面，很難一刀切。[19]

該書除了〈代序：家天下、族天下、黨天下（1998）〉，和〈代結語：待從頭，收拾舊山河（1990）〉之外，共收錄〔最後見解〕3 篇，〔六四之後〕16 篇，〔六四之前〕2 篇。連〈代序〉、〈代結語〉總計 23 篇，而且篇篇有按語，讓讀者了解每篇文字的來龍去脈，這是該書的最大特點。

根據〈編輯的話〉，編者又指出：

> 我為每篇都寫了編輯按語，註明作品背景，以及發表後引來什麼罵名，「反華仇華勢力急先鋒」之類的。過程當然有很多感想，但我都克制不寫出來。出書用意就是要讓更多人繼承余英時精神，當然讓他本人發聲就好。[20]

我在讀顏編《余英時評政治現實》之後，記述了下列余英時在該書中所聚焦的主題，或許可以從其卓見中帶給我們許多的省思和啟示。

在民主議題上，余英時提到所謂「硬相守」的概念，即臺灣必須建立起最低限度的內部共識，走向一種「少數服從多數，但多數尊重少數」的民主道路。相反的，如果台灣內部不斷的進行原子分裂的活動，則其前景是未可樂觀的。僅僅是「少數服從多數」仍可以流為「多數的專制」，不是民主。「多數尊重少數」才是真正體現了「寬容」的精神。余英時這提醒臺灣的政府與人民在民主制度上要鞏固，在民主內涵上要深化。

在國家利益的議題上，余英時指出，費正清時代美國對中國是不講這人權的，只要有一個很好的政府跟人民可以打交道就行了。國民黨到臺灣，美國覺得你國民黨要靠我們，才拚命講人權。美國只有看你很弱的時候才講人

---

[19] 余英時著，顏擇雅編，〈編輯的話〉，《余英時評政治現實》，（臺北：INK，2022 年 5 月），頁 7-9。

[20] 余英時著，顏擇雅編，〈編輯的話〉，《余英時評政治現實》，（臺北：INK，2022 年 5 月），頁 9。

權，你實力變強就不講了。因為你變強，美國講人權要付很大代價，比如你買法國的飛機，不買美國波音了，這樣美國吃不消。利害考量也不能光怪美國，中國人也是國家利益第一的。很難要求國際政治完全根據正義公平的理論，不考量現實利害。少數個人也許可以，國家與社會集體是很難的。所以美國外交有兩個面向，一是實際利益的面向，一是理想主義的面向。

在傳統的中國文化上，余英時指出，我對蔣經國的印象一直不好的，很大原因是他是蔣介石的兒子，父傳子我不能贊成。他最早是要把自由派勢力幹掉，壓迫《自由中國》他是有分的，早期他是民主的敵人，但是後來慢慢覺悟，能有改進，就值得稱讚。……臺灣可以證明中國傳統文化並不是民主的絕對敵人。民主化、自由人權是哪裡都有些障礙的，不是中國特有的問題。

在「本土化」的概念上，余英時指出，「去中國化」是討厭中共，你把中國跟中共變成一個，去中共也非把中國去掉，那不可能。你自己也是中國的一部分，怎麼去掉？語言就是，最基本的語言是去不掉的，臺灣話也是閩南語，也不是臺灣才出現的，用的字還是漢字，意義還是傳統來的，怎麼去？所以「去中國化」本身不能成立。

余英時在其重要著作《民主與兩岸動向》，選錄他於 1987 至 1991 的時論文字 33 篇，主要立論的範圍以民主發展與海峽兩岸的動向。可分為三個部分：第一部分共 13 篇，都是討論臺灣民主發展的問題的。第二部分是討論大陸民主運動的 10 篇。第三部分以討論兩岸關係為主的 10 篇，此中關鍵則是中共政權的本質問題。[21]

余英時討論臺灣民主發展指出，1987 年國民政府正式解除戒嚴令和 1988 年蔣經國逝世為其這十幾篇文字的撰寫提供了契機。他在這篇〈開放、民主與共識——蔣經國先生逝世一周年的回顧與前瞻〉指出，其實從蔣經國過渡到李登輝是具有多重意義的歷史變遷：

---

[21] 余英時，《民主與兩岸動向》，（臺北：三民書局，1993 年 9 月）。

第一是從革命時代過渡到民主建國時代；第二是從「強人政治」過渡到「群龍無首」的政治；第三是從大陸本位的領導過渡到本土化的領導。

余英時特別解說這「本土化」並不只狹隘的「省籍」觀念，而是國民黨的接班大體上已使黨和政的領導階層，他們都是在臺灣成長起來的，但這又不等於說他們也都是變相的「臺獨派」。余英時相信他們仍然具有深厚的中國意識，而這一中國意識主要是文化的而非政治的。

余英時曾在一次接受的訪問中更深入地明確指出，民主化與本土化之間本來就有著一定的關連，臺灣經過近二十年的民主發展，整個社會逐漸走向本土化是必然的趨勢。但是本土化並不等於臺獨，也不是哪個政黨的專利。不能說你民進黨最早喊出本土化，所以就只有你一個黨是代表本土的，其他政黨都不是。只要是透過民主的程序、經由人民選票產生的政權，都是本土化，都代表本土。

所以，余英時在這篇〈民主乎？獨立乎〉中指出，「臺灣獨立」如果在今天還有積極的意義，那就只能是獨立於中共殘暴的政權。臺灣在國際上的困境是中共所造成的，而中共對於中華民國這一既成事實是無可奈何的，對於「臺灣共和國」則是絕對不能容忍的。

余英時以為臺獨「去中國化」是不可能的，臺灣可以講獨立。如果臺灣獨立不是根據狹隘的地方觀念，也不是投降任何外國勢力，那也沒有什麼不好。臺灣民主制度已在形成中，一般人民的獨立自主意識很強烈，就算中共用武力征服臺灣，也會受到臺灣人民無止境的反抗。

顯然余英時對於中共對待臺灣的政治手段，是懷有很高的戒心的。我們可以清楚理解他的不接受違反民主的民族主義，中國大陸的新民族主義在性質上與舊民族主義根本不同，它已從自衛轉變為攻擊。因為民族主義是可以被建構出來的。

余英時在其〈序〉中指出，本書有關兩岸關係的文字中，反覆強調的其實只有一點：兩岸的文化和經濟的溝通不妨以審慎的方式逐步加強，但政治談判則目前決非其時。「統一」和「獨立」對臺灣而言都是政治自殺。大陸和臺灣不能永遠分離，這是毫無可疑的，但正常的關係必須在大陸也開始民主化以後才能建立。

余英時特別舉朱熹論宋、金關係時曾說：「今朝廷之議，不是戰，便是和。不知古人不戰不和之間，也有個且硬相守底道理。」今天臺灣對於大陸，在不「統」不「獨」之間，「也且有個硬相守底道理」。

所謂「硬相守」，即臺灣必須建立起最低限度的內部共識，走向一種「少數服從多數，但多數尊重少數」的民主道路。相反的，如果臺灣內部不斷地進行原子分裂的活動，則其前景是未可樂觀的。

我曾在 2020 年 1 月拙作《臺灣政治經濟思想史論叢（卷四）：民族主義與兩岸篇》的一篇〈余英時自由主義思想與兩岸關係評論〉中，提出如下建議：不管民進黨或國民黨執政，中華民國非常歡迎余英時在他今（2019）年的 90 歲年紀，能夠追隨他的老師錢穆，和胡適、林語堂、張大千等人士的返臺定居。

余英時不但可以享譽他身為中央研究院院士的崇高地位，而且他們賢伉儷亦可享受臺灣自由民主社會的晚年生活。如今隨著余院士的逝世，這建議案亦隨著遠去了。

（二）余英時談中國文化與現代變遷

余英時《中國文化與現代變遷》，選錄他在 1988-1991 年間，有關討論學術文化和思想問題的文字，都是屬於通論性質的文字，也大體都可以包括在中國文化與現代變遷的這兩個主題之內。

余英時在〈自序〉：

> 但討論中國文化有時不能不旁引西方以資參證；討論現代變遷有時也不免要上溯古代以明源流。更重要的是這兩個主題在本書中不是孤立的，而是密切相關的。本書的主要旨趣正是要從現代變遷中窺

測中國文化的新動向。[22]

從余著的目錄與內容來看，本書主要可以分為三部分。第一部分包括：論文化超越、文化評論的回顧與展望、中國知識分子的邊緣化、美國華僑與中國文化、民主與文化重建、我所承受的「五四」遺產、現代儒學的困境、「創新」與「保守」、費正清與中國、中國近代個人觀的改變、自我的失落與重建——中國現代的意義危機等 11 篇與文化議題有關的論述。

第二部分包括：陳獨秀與激進思潮——郭著《陳獨秀與中國共產運動》序、 資本主義的新啟示——黃著《資本主義與廿一世紀》序、關於「新教倫理」與儒學研究——致《九州學刊》編者、實證與詮釋——《方以智晚節考》增訂版自序、《中國思想傳統的現代詮釋》自序、「明明直照吾家路」——《陳寅恪晚年詩文釋證》新版自序、「士魂商才」——《中國近世宗教倫理與商人精神》日譯本自序等七本著作的序言。

第三部分特別論述如何〈怎樣讀中國書〉？

綜合上述第一、第二部分，我們當理解中國文化與國家從傳統走向現代的變遷。余英時曾指出，胡適的貢獻是再把中國從原有封閉的一種傳統中，帶到一個現代世界上，是對中國文化的一種現代化和學術現代化的啟蒙作用。至於他主要是從史學的觀點研究中國傳統的動態，因此不但要觀察它循著什麼具體途徑而變動，而且希望儘可能地窮盡這些變動的歷史曲折。

所以，余英時認為這是展示中國文化傳統的獨特面貌的一個最可靠的途徑，雖然他也偶而引用西方的理論和事實，藉以作為參證比較的輔助，但其目的只是為了增加說明上的方便，決非為了證實或否證任何一個流行的學說。

余英時上述的論點，其立足點永遠是中國傳統及其原始典籍內部中所呈現的脈絡，而不是在崇尚任何一種西方的理論架構。余英時認為沒有任何一

[22] 余英時，〈自序〉《中國文化與現代變遷》，（臺北：三民書局，1995 年 8 月），頁 2。

種西方的理論或方法，可以現成地套用在中國史的具體研究上面。

中國文化是否會影響國家現代化發展，在 1970 年代亞洲四小龍經濟發展的表現，和中國大陸在鄧小平實施改革開放政策之後的經濟成長，已經很清楚的驗證了文化在國家整體發展中的重要性。

余著第三部分的論述怎樣讀中國書？余英時指出，古今中外論讀書，大致都不外專精和博覽兩途。精讀的書給我們建立了做學問的基地；有了基地，我們才能擴展，這就是博覽了。博覽也須要有重點，不是漫無目的的亂翻。

胡適指出，讀書有兩個要素：第一要精，第二要博。一個人要有大學問必須精博雙修，只精不博會一葉障目，而只博不精則好似一張很大的薄紙，禁不起風吹雨打。

現代是知識爆炸的時代，古人所謂「一物不知，儒者之恥」，已不合時宜了。我們無法學習像清代大儒戴震（東原）熟背《十三經》，和如余嘉錫在《四庫提要辯證》〈序錄〉中所引董遇說「讀書百遍，而義自見」的讀書方法。

所以我們必須配合著自己專業去逐步擴大知識的範圍，和需要訓練自己的判斷力，以及現代圖書資訊學裡所強調善用電腦提供搜尋資料的功能。

閱讀了余著《中國文化與現代變遷》，如果我們臺灣社會還會瀰漫一股「去中國化」思潮，使得反智主義與盲目反中國文化的浪潮節節升高，這當不是余英時先生當年聲言支持臺灣民主運動的本意吧？

余英時師承錢穆歷史文化，他在《猶記風吹水上鱗：錢穆與現代中國學術》，收錄 11 篇文字，主要是他為紀念其師錢穆（賓四）先生逝世週年而作。其中 5 篇的內容是屬於論述性文字，其餘的 6 篇是屬於比較偏重在評論作品性質文章。

〈猶記風吹水上鱗——敬悼錢賓四師〉一文，其最前面余英時有詩：

海濱回首隔前塵，猶記風吹水上鱗。避地難求三戶楚，占天曾說十

> 年秦。河間格義心如故，伏壁藏經世已新。愧負當時傳法意，唯余短髮報長春。[23]

這詩除了道盡他們師生關係之外，余英時亦在文中述及錢先生走出了自己的獨特「以通馭專」的道路，以及錢穆儒學素養是經過人文教養浸潤以後的那種自然，是中國傳統語言的所謂「道尊」，或現代西方人所說的「人格尊嚴」。

余英時特別記述他在得到錢先生逝世消息的前幾個小時，正在撰寫《國史大綱》所體現的民族史的意識，由於錢先生在余英時早期生命中發生了塑造的力量，這種力量在錢先生臨終前又從余英時的潛意識中湧現出來，讓他對老師的是去更感到倍加的哀痛。

〈一生為故國招魂——敬悼錢賓四師〉一文，其最前面余英時亦有詩：

> 一生為故國招魂，當時搗麝成塵，未學齋中香不散。萬里曾家山入夢，此日騎鯨渡海，素書樓外月初寒。[24]

余英時為老師感嘆其一生為中國招魂雖然沒有得到預期效果，但是無論是世界的思潮或中國的知識氣候都和「五四」時代大不相同了。錢先生所追求的從來不是中國舊魂原封不動地還陽，而是舊魂引生新魂。

〈錢穆與新儒家〉一文近四萬言，說明錢先生的治學精神。余英時指出：錢先生既已抉發中國歷史和文化的主要精神，及其現代意義為治學的宗主，最後必然要歸宿到儒家思想。

錢先生對宋明理學是十分推崇的，但他不能接受理學家的道統觀，其與

---

23 余英時，〈猶記風吹水上鱗——敬悼錢賓四師〉，《猶記風吹水上鱗：錢穆與現代中國學術》，（臺北：三民書局，1995 年 3 月），頁 1。

24 余英時，〈一生為故國招魂——敬悼錢賓四師〉，《猶記風吹水上鱗：錢穆與現代中國學術》，（臺北：三民書局，1995 年 3 月），頁 17。

當代新儒家熊十力、唐君毅、牟宗三、徐復觀等人，在儒家思想上是有所不同的見解。

〈中國文化的海外媒介〉一文，是余英時原為悼念楊蓮生師而作。以歷史淵源而論，楊蓮生雖與胡適的關係深厚，但他超越門戶之見的在學術上與錢穆交往。余英時係承繼錢穆的史學的取徑，修正史料學派與史觀學派的論點指出，其研究取徑可以說是承續了楊師訓詁治史的途徑。

〈中國近代思想史上的激進與保守〉一篇長文，余英時雖未正面述及錢先生，但他在這次香港中文大學二十五周年紀念講座第四講（一九八八年九月）的演講中，為他的學術思想做了一種時代背景與變遷的脈絡梳理。

其餘 6 篇：《十批判書》與《先秦諸子繫年》互校記（附〈跋語〉）、《周禮》考證和《周禮》的現代啟示——金春峰《周官之成書及其反映的文化與時代新考》序、《錢穆先生八十歲紀念論文集》弁言、壽錢賓四師九十，還有附錄：錢賓四先生論學書簡（附原文）等，在內容上是屬於著作評論、考證和書信方面的文字。

藉此，我特別要提到拙作《台灣政治經濟思想史論叢（卷六）：人文主義與文化篇》，其中有〈余英時人文主義的通識治學之探討〉與〈徐復觀激進的儒家思想與本土化思維〉的兩篇論文，在內容上我分別論述了錢穆、余英時與徐復觀，他們在儒家思想上的淵源，和他們所持的不同觀點與發展。

（三）余英時談歷史與思想

余英時先生重要著作之一：《歷史與思想》，四十年來《歷史與思想》的不斷重印，是余英時著作中流傳最廣而且持續最久的一部，在他個人的學術生命中具有極不尋常的意義。余英時在〈新版序〉說，對於他自己來說，有兩點特別值得紀念之處。[25]

第一，是這部選集將余英時的治學取向相當準確地呈現了出來。例如中

[25] 余英時，〈新版序〉，《歷史與思想》，（臺北：聯經，2015 年 9 月），頁 iii。

國文、史、哲之間的相互關聯以及中、西文化與思想之間異同的比較正是全書的重點所在。

第二，是余英時中年以後改用中文為他個人學術著作的主要媒介，本書是最早的一個見證。1973 至 1975 兩年，他回到香港工作，這本書百分之七十以上都是他在香港兩年，為了轉換書寫媒介而特意撰寫的。

《歷史與思想》共收錄 17 篇文章，依其論題的內容可分為三大類。

第一大類，是與中國政治傳統儒學有關的論述，包括：1.反智論與中國政治傳統——論儒、道、法三家政治思想的分野與匯流，2.「君尊臣卑」下的君權與相權——〈反智論與中國政治傳統〉餘論，3.唐、宋、明三帝老子注中之治術發微，4.從宋明儒學的發展論清代思想史——宋明儒學中智識主義的傳統，5.清代思想史的一個新解釋，6.略論清代儒學的新動向——《論戴震與章學誠》自序，7.章實齋與柯靈烏的歷史思想——中西歷史哲學的一點比較等 7 篇。

第二大類，是與人文主義現代工業文明精神有關的論述，包括：1.一個人文主義的歷史觀——介紹柯靈烏的歷史哲學，2.史學、史家與時代，3.關於中國歷史特質的一些看法，4.西方古典時代之人文思想，5.文藝復興與人文思潮，6.工業文明之精神基礎等 6 篇。

第三大類，是與紅樓夢世界檢討紅學有關的論述，包括：1.近代紅學的發展與紅學革命——一個學術史的分析，2.紅樓夢的兩個世界，3.關於紅樓夢的作者和思想問題，4.陳寅恪先生論再生緣書後等 4 篇。

余英時在〈自序〉特別說明，為了照顧到一般讀者的興趣，選在這部集子裡面的文字大體上都屬於通論的性質，凡屬專門性、考證性的東西都沒有收進去。所以這部選集的對象並不是專治歷史與思想的學者，而是關心歷史和思想問題的一般知識分子。

在現代社會中，一個知識分子必須靠他的知識技能而生活，因此他同時必須是一個知識從業員。反地，一個知識從業員卻不必然是一個知識分子，如果他的興趣始終不出乎職業範圍以外的話。一個知識分子必須具有超越一己利害得失的精神；他在自己所學所思的專門基礎上發展出一種對國家、社會、文化的時代關切感。

最後，余英時在〈紅樓夢的兩個世界〉總結地說：「《紅樓夢》這部小說主要是描寫一個理想世界的興起、發展及其最後的幻滅。但這個理想世界自始就和現實世界是分不開的：大觀園的乾淨本來就建築在會芳園的骯髒基礎之上。並且在大觀園的整個發展和破敗的過程之中，它也無時不在承受著園中的一切骯髒力量的衝擊。乾淨既從骯髒而來，最後又無可奈何地要回到骯髒去。在我看來，這是《紅樓夢》的悲劇的中心意義，也是曹雪芹所見到的人間世的最大的悲劇！」

悲劇小說總容易扣人心弦，讓人引發刻骨銘心的共鳴。如果小說是宗教，那愛情是信仰。這也是《紅樓夢》之所以吸引讀者百讀不厭的主要原因。

《紅樓夢》中〈紅豆詞〉，是賈寶玉唱的，這首詞用了十個「不」，來形容不同的意象，真乃神來之筆。

滴不盡相思血淚拋紅豆／開不完春柳春花滿畫樓／睡不穩紗窗風雨黃昏後／忘不了新愁與舊愁／嚥不下玉粒金波噎滿喉／瞧不盡鏡裡花容瘦／展不開的眉頭／挨不明的更漏／恰便似遮不住的青山隱隱／流不斷的綠水悠悠。

〈紅豆詞〉在 1960 年代我們念初中的時期，曾被列入音樂教材，如今又將有多少人能夠深入領略和感受《紅樓夢》裡的文字優美呢？

余英時在談到儒學資本主義思想，他在《中國近世宗教倫理與商人精神》一書，特別將該書主文除了分為上、中、下三篇的文字；另外，余英時的老師楊聯陞為其寫前序〈原商賈——余著《中國近世宗教倫理與商人精神》序〉，與劉廣京寫〈後序：近世制度與商人〉，和余英時自己寫的〈自序〉[26]和〈序論〉。[27]

---

[26] 余英時，《中國近世宗教倫理與商人精神》（增訂版），（臺北：聯經，2007 年 4 月），頁一~七七。

[27] 余英時，〈序論〉，《中國近世宗教倫理與商人精神》（增訂版），（臺北：聯經，2007 年 4

上述文字有助於讀者對全書脈絡的理解。余英時在〈自序〉中指出，本書所研究的是明清商人的主觀世界，包括他們的階級自覺和價值意識，特別是儒家的倫理和教養對他們商業活動的影響。這是現代中日社會經濟史學家所比較忽略的問題。

本書上篇：〈中國宗教的入世轉向〉，分新禪宗與新道教等 2 部分，加以論述中唐以來的新禪宗和宋以後的新道教。

本書中篇：〈儒家倫理的新發展〉，分新儒家的興起與禪宗的影響、「天理世界」的建立——新儒家的「彼世」、「敬貫動靜」——入世作事的精神修養、「以天下為己任」——新儒家的入世苦行、朱陸異同——新儒家分化的社會意義等 5 部分，加以論述新儒家和新禪宗的關係，以及從程、朱到陸、王的發展。

本書下篇：〈中國商人的精神〉，分明清儒家的「治生」論、新四民論——士商關係的變化、商人與儒學、商人的倫理、「賈道」、結語等 6 部分，加以論述商人和傳統宗教倫理，特別是新儒家的關係。

本書附錄：〈韋伯觀點與「儒家倫理」序說〉，是從士商互動與儒學轉向，來加以敘述明清社會史與思想史之一面相。

中國經濟社會史溯自 15 世紀以來，「棄儒就賈」已是普遍出現的現象。換言之，明清時期的中國也可以說是「士魂商才」的時代。不過中國的「士」不是日本的「武士」，而是中國所謂士大夫的「儒士」，也就是現代所稱的「知識分子」。

余英時認為有清一代的考證運動，在儒學史上發揮了一個十分重大的功能，就是將「道問學」的強調知識或學問的價值，不再只是宋明理學強調「道問學」是為「尊德性」服務的論調。

余英時除了避言新儒家以中國文化可以開出民主論的說法之外，他雖然與新儒家同樣都關心「傳統與現代化」的議題，特別是其所涉及中國文化在

月），頁一～一0。

西方衝擊之下的轉型，然余英時是從史學關注具體歷史的「即事以言理」，把儒家歷史學當作儒家人文主義的基礎，在這方面他是比較接近於徐復觀的激進儒家思維。

余英時對於西方現代資本主義社會所呈現的歷史現象，諸如現代企業與社會關係的形成、組織與發展，對於私利的定義與價值的肯定，以及經濟利益的倫理與道德之間的分際，特別是資本主義市場經濟發展的社會功能，在本書裡都有深入的論述。

他也特別針對中國社會自宋代以來，宗教思想的入世轉向發展及其與中國商人精神之間關聯性提出了見解。楊聯陞在其〈序〉中特別提到，近二三十年來，明清社會經濟史，已有不少收穫，研究仍在逐步深入中。所謂「資本主義萌芽」，曾引起不少討論，現在塵埃似已大致落定，亟待新的構想指引。英時此書，貢獻正得其時。

余英時認為儒家思想是不可能當作意識形態的，不可能用它來規劃公共領域。對於資本主義的只有「手段合理」，而社會主義只有的「目的合理」，兩種合理都達到自我矛盾（paradox），如果由此推論到儒家倫理和東亞四小龍經濟發展的關係，他認為後者仍然是一個懸而未決的問題。

當今「儒學資本主義」的概念是否可以形成？值得深入探討。譬如在中國的明末清初，從 16 到 19 世紀商業特別發達，商人的地位也提高，那為什麼有這種現象？這種現象和儒家倫理及思想有沒有關係？有的話，是什麼關係？沒有的話，中國商人的精神淵源又是從哪裡來的？

所以，1976 年 8 月余英時在臺北時，也特別呼籲學者從比較思想史的立場，留意東亞國家日、韓、越等儒學的發展。我在 2017 年出版拙作《臺灣政治經濟思想史論叢（卷一）：資本主義與市場篇》，其中就特別針對西方資本主義市場經濟與臺灣各歷史階段的關係與發展，進行了比較深入的探討。

（四）相關余英時回憶錄

余英時著作《余英時回憶錄》。[28]本書分五章。第一章與第二章余英時寫他幼青年時期（1930-1945）住在老家安徽潛山的鄉村生活，認識共產主義的過程，和抗日戰爭的背景。第三章寫余英時 1946 年至 1949 年期間的入讀東北中正大學與燕京大學的求學，和曾加入「新民主主義青年團」（共青團前身）的經過。

第四章余英時寫他轉學香港新亞書院，從 1950 年起跟隨錢穆老師作學問，期間並接觸香港流行的反共刊物，和擔任編輯與發表文章。第五章寫初訪美國哈佛大學、向楊聯陞先生問學，和 1962 年通過博士論文審查，以及論及中國人文學者在哈佛的歷史發展。

余英時在〈序——從「訪談錄」到「回憶錄」〉特別談到他接受訪談的經過，和敘述將訪談的重點，如何從他個人的生活和思想，轉換為七、八十年來他個人所經歷的世變。

余英時還提到，回憶錄因個人的處境互異而各有不同，這是不可避免的。他一生都在研究和教學中渡過，因此回憶也只能騁馳在學術、思想和文化的領域之內，其所經歷的世變也是通過這一特殊領域得來的。

余英時希望他的回憶對於這一段歷史流變的認識稍有所助。同時他也相信，一定會有和他同代的其他學人，以不同方式留下他們的回憶。這樣的回憶越多越好，可以互證所同、互校所異。他相信一個時代的回憶之作愈多，後人變愈能掌握它的歷史動向。在這也是他出版這部《回憶錄》的另一動機：拋磚引玉，激起更多學人追憶往事的興趣。

余英時在〈序〉中接著提到，如果允許我再有一個奢望，我想說：我在《回憶錄》中所記述的個人學思歷程，無論得失如何，也許可以獻給新一代求學的朋友們，作為一種參考。

讀到余英時〈序〉中的文字，其顯示謙虛又對後進學子的殷殷寄望，真

[28] 余英時，《余英時回憶錄》，（臺北：允晨出版社，2019 年 1 月）。

令人對他一生在學術專業上的傑出成就，和他秉持人文主義涵養的為人處事態度感到由衷的最高崇敬。因而，在華人世界中他被譽為是繼胡適之後聲望最隆的一位自由主義者。

我回溯自己 1978 年在臺北溫州街定居之後，因為早期受到胡適思想與治學的影響，也就開始養成剪報與閱讀的習慣。如果要以現在我所剪報張數的多寡，和保存的意義來論的話，在我所蒐集的剪報要屬余英時發表在報紙上的論述文章最多，也給我帶來諸多的啟示與反思了。

余英時這本回憶錄自 2018 年 11 月出版以來的不到 3 個月時間，就已經創下二版十五刷的紀錄，當可以比之於 1954 年 4 月胡適出版《四十自述》的受歡迎程度了。我在拙作《臺灣政治經濟思想史論叢（卷三）：自由主義與民主篇》一書亦有所著墨。

《余英時回憶錄》令人比較遺憾的是，其記述的時間和內容只有到 1962 年，他通過哈佛大學博士學位的那一階段為止。根據他在序言中與允晨出版社廖志峰發行人的對話，亦曾談及下冊的撰述等等，我們希望未來能見到下冊的出版來嘉惠學子。

2021 年 11 月，允晨文化公司出版了余英時口述、李懷宇整理的《余英時談話錄》。[29]我筆記了下列幾項重點：

余英時與新儒家關係。余英時指出：

> 我寫了〈錢穆與新儒家〉一文，另外有一個重要原因，錢先生逝世以後，很多人把錢先生寫入新儒家的一員。但是，錢先生跟唐如此不合，張君勱、唐君毅、牟宗三、徐復觀四先生一九五八年簽名的〈中國文化宣言〉，錢先生不肯簽名。這是錢夫人鄭重請我寫的。[30]
> 殷海光得癌症的時候，他的論敵徐復觀托金耀基把三千塊錢送給

[29] 余英時口述、李懷宇整理，《余英時談話錄》，（臺北：允晨，2021 年 11 月）。

[30] 余英時口述、李懷宇整理，《余英時談話錄》，（臺北：允晨，2021 年 11 月），頁 55。

> 他。徐復觀這一點很好，雖然是思想上的論敵，互相罵得一塌糊塗，這個時候表示同情，很有義氣。[31]

1950 年代開始，新亞書院辦新亞講座，請各種人來演講。後來徐復觀從蔣介石那兒拿到錢，辦《民主評論》，那算是香港一個重要的媒體。1970 年代余英時在新亞書院校長期間，在《明報月刊》發表一篇談自由的文章，引發羅孚領導的《新晚報》的批判，說余英時回香港來不為中美關係著想，還批評文化大革命。羅孚後來託徐復觀給余英時轉話：對不起，他剛好去大陸，批評余英時的文章是他手下編輯把這東西發表了。

余英時的胡適「充分世界化」觀。胡適與第二代新儒家的熊十力三位海外弟子牟宗三、唐君毅、徐復觀基本上沒有甚麼直接交鋒。這是胡適自一九五八年回臺定居以後很少發表批評中國文化的言論，只有在臺中農學院和英文 "Social Changes Necessary for the Growth of Science" 兩次演講中重提「纏足」的老話，但與二十世紀二〇、三〇年代文章的刺激性已不能相提並論。何況這兩次演講並不是針對新儒家而發。

至於新儒家對胡適的攻擊，也只有徐復觀一人屢屢行之文字，唐君毅、牟宗三則只有私下議論。與第二代新儒家對壘的不是胡適本人，而是「接著胡適講」的一群「文化激進派」，最初以殷海光為主將，以《自由中國》雜誌為基地，後來又由《文星雜誌》的一群更年輕的作者繼承下來〔按：指的是李敖等〕。這些人只是「接著」而不是「照著」胡適講的，他們痛詆中國文化、提倡「全盤西化」，在當時很有影響，但不應由胡適負責。

徐復觀痛罵胡適並不是單獨上陣，與他並肩作戰的人多得很。事實上，如果以文化保守主義與文化激進主義為劃界，則前者才是二十世紀五、六〇年的主流，具有深厚的政治與社會基礎，後者則處於邊緣地位，成為被打壓的對象。一九六〇年代起，《自由中國》被封閉，雷震入獄，殷海光被台大

31 余英時口述、李懷宇整理，《余英時談話錄》，（臺北：允晨，2021 年 11 月），頁 175。

解職，受監視與軟禁，其他遭株連而死或囚者不可勝數。胡適在中央研究院內連一個「文化激進」的同志也沒有。

我算來算去，胡適在臺灣學術界的追隨著僅剩下毛子水一人。毛子水在一九五〇年代初曾與徐復觀一度發生過「義理」與「考證」的爭論，但很快便為人所遺忘。毛子水極少寫文章，也不是「激進派」，更無權勢可言，他沒有任何「打壓」新儒家的力量。《自由中國》潰滅以後，新儒家安然無恙，《民主評論》也照常出版。從比較廣闊的政治、社會背景上看，究竟誰是「主流」，誰是「邊緣」，恐怕也是一個仍待爭論的問題。

胡適與「全盤西化」，我認為有必要澄清「全盤西化」的問題。胡適雖然一度附和陳序經的「全盤西化」的口號，但是三個月之內便發現這是一個誤導的名詞，所以特意寫了〈充分世界化與全盤西化〉一文，正式拋棄了這一口號，而代之以「充分世界化」。他說「充分」不過是「儘量」或「用全力」的意思。他的「世界化」當然主要是指科學與民主而言。

但是這二者雖是西方發展出來的，在中國卻已為文化保守主義者接受，胡適更明白承認：「況且西洋文化確有不少的歷史因襲的成分，我們不但理智上不願採取，事實上也決不會全盤採取。」但批胡者把胡適早已鄭重宣布拋棄的「全盤西化」四個字繼續扣在他頭上，痛加咒罵，這是批胡的人的一貫策略，他們根本對他的公開修正視若無睹。

余英時與新儒家思想的爭論，除了學術思想上的因素之外，其中還糾葛胡適自由主義與國民黨蔣介石政權，錢穆當年進北大教書的受遇於胡適，還有錢穆創辦新亞書院與時任臺灣省教育廳長陳雪屏（余英時岳父）的居間協助。在「兩蔣時代」的 1968 年、1974 年，錢穆、余英時師生分別當選中央研究院院士等等錯綜複雜因素，亦是研究余英時與新儒家思想關注的焦點。

余英時提倡「知識人」的重視「人的尊嚴」。余英時的史學雖延續近代中國新漢學的「乾嘉考證」之風，但有其超越新漢學「實證」科學之處。余一方面受胡適五四啟蒙運動的影響，關心民主、科學的課題，同時在他史學的風格上，呈現了錢穆與陳寅恪將史學與時代結合的論題選擇，余英時可謂現代型的公共知識分子。

《余英時談話錄》指出：

> 「知識人」這個名詞是我現在提倡的。2002 年正式提出來的。以後我就盡可能用知識人，而不用知識分子。從前「知識分子」是一個中性的名詞，後來就變質了。我是受陳原的影響，日本人也用知識人，講政治人、經濟人、文化人都可以，為什麼不能用知識人呢？我的意思是人的地位要受到尊重。因為語言是影響很大的東西，語言一定限制你的思想，用暴力語言，就是鼓動暴力。余英時的「知識人」是強調對「人的尊嚴」的取代「知識分子」一詞。[32]

余英時的認為「知識人」是強調對「人的尊嚴」的取代「知識分子」一詞，亦即「做一個有尊嚴的知識人」，「做一個有歷史擔當的知識人」。

1980 年代，余英時頻繁就兩岸問題發聲，尤其是「六四事件」，1990 年代余英時有「待從頭，收拾舊山河」之感嘆，並開始不定期接受《自由亞洲電台》採訪，固定就「公共事務」議題發聲，成為了解余英時晚年政治立場，政治思想的一個視窗。

美國就 1970 年代起，將原本以政府作為主體的公共行政（public administration）教育，參考企業管理（business administration）的議題導向與跨域整合，形成了公共事務（public affairs）領域。從為因應社會經濟發展與變遷的觀點，凸顯當前「公共事務」的重視「社會主義式」議題，似可比之於「企業管理」的「資本主義式」實際運作模式。

余英時主張「傳統與現代化」的取徑模式。余英時指出：我認為中國的傳統價值裡面也有「普世價值」，例如自由、寬容、民主、科學、人權。我常常說，中國沒有人權這兩個字，但是有人權的想法。而且有些中國已經有

---

32 余英時口述、李懷宇整理，《余英時談話錄》，（臺北：允晨，2021 年 11 月），頁 226。

的東西與西方一配合，就從原來的傳統進入現代化了。現代化就是把已經有的價值用現代的語言與方式跟其他文化中的東西聯合起來，講成同樣的東西，不覺得生硬和冒昧。

我們可以說余英時的學術思想是結合錢穆對中國文化執著，與胡適對西方實證科學優點的融合而成的一家之言。余英時秉性謙沖為懷的並不希望像新儒家在思想文化傳承，有所謂第一代、第二代、第三代的派別。

余英時有如業師錢穆的不立門戶，可是從現在余英時思想受到學界有如「胡適學」的崇敬，對於當前華人世界的影響已蔚成一股「余英時學」熱潮，余英時的為學與處世總會讓人有一股「如沐春風」的感受，其影響力的深遠是擋不住的。

余英時認為中華文化轉機在日常實踐。余英時指出：在香港中文大學兩年，使我對歷史的看法不是那麼天真。我覺得理論沒有那麼重要了。研究歷史不是光靠理論，要知道人的複雜性。光是在書房裡念書，永遠看不到人性的深處。

余英時在中文大學改制風波，給他帶來很深的感觸，認為「光是在書房裡念書，永遠看不到人性的深處」。所以他對於新儒家太講形上學，卻忽略了日常實踐，是不能為中華文化帶來轉機，也不能解決中國的政治問題，對現實也無能為力。用現在的話：狹義的新儒家提倡的道統是很抽象，而且是不接地氣的。

余英時對於政治「遙遠的興趣」。關於余英時與第三勢力關係，或余英時與自由派知識人關係的研究，可以從余英時父親余協中、岳父陳雪屏等家族人與國民黨蔣介石之間的互動；或如余英時與胡適、王世杰等自由主義者之間的關係。

黃克武在《胡適的頓挫：自由與威權衝撞下的政治抉擇》書中，引1959年3月4-5日的《蔣介石日記》謂：包圍陳誠的「小宵政客」之一是陳雪屏，蔣對陳雪屏最不滿的地方即是他勾結胡適，「陳雪屏為反動分子包蔽，並藉胡適來脅制本黨，此人積惡已深，其卑劣言行再不可恕諒」、「昨晡以陳雪屏卑劣行動直等於漢奸不能忍受，再三自制幸未暴怒氣也」。

之後，陳雪屏在 1959 月 5 月 19 日，國民黨八屆二中全會選舉中常委時就落選了。這是一段蔣介石對陳雪屏與陳誠、胡適走得太近的記載，蔣氏父子認為陳誠在拉攏北大知識分子而結黨結派。陳雪屏曾書「正須謀獨往，何暇計群飛」一幅墨寶，影射當年陳誠與蔣經國兩方陣營，在政治上的不甚投契。後來陳雪屏雖然淡出中華民國政治圈，但 1990 年在李登輝總統任內仍受聘總統府資政。最後，在臺灣終老，葬在臺灣。

周言《余英時傳》[33]中特別提到，余先生當時還談到了他家庭的一些情況，當然還有一些敏感話題我沒有談，心想以後如果余先生提到可以順便問一下，比如說臺灣島內對他曾和蔣經國之間的關係曾有過非議，諸如此類，但是礙於情面，我終究沒有問過這些問題，我想這些問題談起來既深且長，三言兩語無法概括，這其中的關係，並不是余先生那一本《民主與兩岸動向》的書可以簡單解釋的。

余英時過世後，周言出版了《余英時傳》一書，其中第二十五章〈時代的風陵渡口〉，特別提到「從六四事件到中國學社／中國學社的台前幕後／中國學社的內部紛爭」，是針對余英時於「六四事件」之後，有關在普林斯頓大學成立「中國學社」、「當代中國研究中心」，及後來與馬樹禮主持下「臺灣三民主義大同盟」之間的關係與運作情形如何？做進一步分析。

余英時「中國情懷」與「臺灣本土化」思維。余英時指出：東晉的元帝是創始的皇帝，當時的口號就是「王與馬，共天下」，非靠王家不可，要不然站不住的。因為皇帝是從北方來的，像大陸人跑到臺灣，沒有本地人靠不住，所以必須本土化。本土化的過程中，南方的士族很重要。

這本土化議題，從政權本土化的本質，延伸「蔣經國在臺灣的本土化政策」，和提倡自由民主的不廢儒家文化，延伸「新儒家徐復觀激進文化的本土化論述」，正如羅爾斯（John Rawls）在《政治自由主義》中指出，在民

33 周言，《余英時傳》，（臺北：INK，2021 年 10 月）。

主與自由的時代，仍需要有一個背景文化。

余英時認為：現代儒學必須放棄全面安排人生秩序的想法，然後儒學才真能開始它的現代使命，而明清儒學所開啟的「日用常行化」或「人倫日用化」觀點。依此，如果從「文化即日常生活實踐」的文化資源創新轉化，當前臺灣產業界流行的文化創意產業，中華文化和儒家文化其在中華民臺灣發展的未來性如何？余英時有「當代胡適」之譽，胡適與余英時的文化資產可有與「文化創意產業」的可能性？這是一個值得研究的議題。

中央研究院院士，也曾是在普林斯頓大學余英時學生的王汎森教授，曾引龔自珍的一首詩，說和余英時先生交往是「萬人叢中一握手，使我衣袖三年香」。我就借用這句話，作為閱讀《余英時談話錄》的心得與感想。

2018 年 11 月，我們有機會可以閱讀的到，由臺北允晨文化出版的李懷宇訪談余英時先生，從「訪談錄」的經過，到整理成《余英時回憶錄》一書。比較遺憾的是，這書只寫到第五章的余英時到哈佛大學求學階段，勉強可謂之「上冊」。2021 年 8 月，余英時的逝世已使「下冊」的出版，成為學術界的絕響與一大憾事。

2021 年 10 月，所幸 INK 印刻文學生活雜誌出版了周言先生寫的《余英時傳》，使得余英時的一生全貌，讓我們可以有初步的閱讀與認識。周先生在該書的〈後記〉特別說明：

> 回到此書，由於英時先生此前曾經有多篇回憶文章，……因此此書寫作基本上以余英時先生的回憶為中心，另外李懷宇先生對余英時先生做過多次訪談，而且採訪過余先生周遭人物，都留下了和余英時先生相關的材料，因此本書也以這些材料作為重要參考，同時引用多種史料加以佐證，其中有許多資料是第一次披露。比如余英時先生父親的家信，余英時在哈佛的老師楊聯陞的日記，還有以前未能被重視的余英時先生老師錢穆的書信，還有未刊行的徐復觀日記

> 等等，包括散落各地的余英時先生自己的書信，筆者都一一加以蒐羅整理，以期還原一個豐富的人物形象。[34]
> 而限於時空原因，許多存放在各個學校檔案館中的有關余英時先生的史料也未能寓目。另外由於本書乃是人物傳記，並非學術評傳，因此對於余先生學術方面的成就，較少深入探討，以後將會寫專文研究。[35]

我就順著「對於余先生學術方面的成就，較少深入探討」的話，我特別針對該書第十二章〈余英時的岳父陳雪屏：從學界到政界／一九四九之際／終老台灣〉的這章節，引述 2011 年 6 月，由寶瓶文化出版作者任治平，撰文汪士淳、陳穎《這一生：我的父親任顯群》的一段事件經過：

> 民國四十四年四月三日傍晚，顧劇團裡的花旦張正芬與雲南籍國大代表庾家麟在臺北市空軍新生社結婚，張正芬是顧正秋女士多年的舞台搭檔，爸〔指任顯群〕陪伴她參加婚禮。……日後，我姨公陳雪屏親口告訴我〔指任治平〕，她參加國民黨召開的政軍幹部聯合作戰研究會議，當我爸在台下擠進座位時，坐在講台上第二排的姨公，聽到坐在第一排的蔣夫人向蔣總統說：「任顯群這麼荒唐！有空閒陪戲子，還來開甚麼會！」旁邊的蔣經國插句話：「任顯群還替匪諜作保！」陳雪屏在爸還是財政廳長時，他是教育廳長。[36]

任治平繼續說到：

[34] 周言，〈後記〉，《余英時傳》，（臺北：INK，2021 年 10 月），頁 431。

[35] 周言，〈後記〉，《余英時傳》，（臺北：INK，2021 年 10 月），頁 431。

[36] 任治平口述，汪士淳、陳穎撰文，《這一生：我的父親任顯群》，（臺北：2011 年 6 月，寶瓶文化），頁 227。

過了一星期，十日是星期日，《大華晚報》的〈星期畫頁〉一向把前個星期較引人矚目的新聞畫面做整版刊出，那天的版面居然有一大半是張正芬婚禮，而且又用了顧正秋與爸的照片，風暴終於來臨。第二天十一日，爸就被保安司令部以涉及叛亂罪的「知匪不報罪」，「請」進去了。……民國四十七年一月十三日爸獲假釋，離開看守所。……獲釋的那天，時任考選部長的姨公陳雪屏去看守所辦理交保手續，並陪爸回到我們永康街的家，姨公臨別提醒爸，他是假釋出獄，說話行事都須特別小心。在獲得假釋的同時，爸不得不接受一個不可思議的附加條件——不得在公共場合露面，也不能在臺北市做生意。[37]

承上述，1950 年代、60 年代，國家正處風雨飄搖的階段，余英時岳父陳雪屏、任顯群與當代「兩蔣」關係的政治發展，何況又涉及私人的複雜與耐人尋味的情感之事。這段屬於近、現代史也正如周著《余英時傳》〈前言〉指出：

從余英時出生的二十世紀三〇年代開始，恰好是中國波譎雲詭的歷史時期，余英時及其身後的潛山余氏家族的百年變遷，恰恰是中國近代史劇烈變動的縮影，二十世紀上半葉，潛山家族的分化，折射出國共政爭中近代史的戲劇性，而余英時本身成長的歷程，經歷了自抗戰之後中國近代史中若干重要轉捩點，余英時都和這些轉捩點有著千絲萬縷的聯繫，曾有人說透過寫一個人寫近代史，唯獨通過梁啟超的傳記才有可能，而透過一個人寫一部當代史，尤其是當代

[37] 任治平口述，汪士淳、陳穎撰文，《這一生：我的父親任顯群》，（臺北：2011 年 6 月，寶瓶文化），頁 227-235。

的學術史和思想史，唯獨通過余英時的傳記才有可能。[38]

周書《余英時傳》的在最後〈附錄〉有：〈楊聯陞日記中的余英時〉、〈余英時先生最後十年的點滴追憶〉、〈前哲身影〉，和由馬子木、周言合輯的〈余英時先生著述繫年要目〉。

這篇〈余英時先生著述繫年要目〉，包括「引用諸書版本」所臚列余英時自 1950-2014 年發表的論文目錄，這從 481 頁起至 536 頁的長達 45 頁的目錄表，是提供了研究「余英時思想」的最佳工具書。

2012 年，聯經出版《我走過的路：余英時訪談錄》，是本陳致訪談余英時的求學、治學經過。全書分成：余英時親撰「我走過的路」；陳致訪談「直入塔中 上尋相輪」、「宗教、哲學、國學與東西方知識系統」、「治學門徑與東西方學術」、「為了文化與社會的重建（劉夢溪訪談）」；陳致寫的「後記」；車行健整理「余英時教授著作目錄」等四大部分。

書的第一大部分是余英時寫〈我走過的路〉一文，該文最初發表於 1995 年《關西大學中國文學會紀要》。主要從他童年的記憶開始，一直講到讀完研究所為止。大致分成三個階段：1937-1946 年，鄉村生活；1946-1955 年，大變動中的流浪；1955-1962 年，美國學院中的進修。

首先，余英時提到，他從七、八歲到十二、三歲時，曾在家鄉的河邊和山上度過無數的下午和黃昏。有時候躺在濃綠覆罩下的後山草地之上，聽鳥語蟬鳴，渾然忘我，和天地萬物打成一片。這大概便是古人所說的「天人合一」的一種境界吧！

余英時寫到鄉居的另一種教育可以稱之為社會教育，談到現代社會家形容都市生活是「孤獨的人群」（lonely crowd），其實古代的都市又何嘗不然？余英時引蘇東坡詩「萬人如海一身藏」，正是說在都市的人海之中，每一個人都是孤獨的。

---

[38] 周言，〈前言〉，《余英時傳》，（臺北：INK，2021 年 10 月），頁 15。

蘇東坡的〈病中聞子由得告不赴商州〉詩：「病中聞汝免來商，旅雁何時更著行。遠別不知官爵好，思歸苦覺歲年長。著書多暇真良計，從宦無功謾去鄉。惟有王城最堪隱，萬人如海一身藏。」

余英時在書中的記述他少年鄉居的記憶，和引蘇東坡詩的「萬人如海一身藏」的孤獨生活。真能道出我有幸在與他同年紀時期的臺南府城下茄苳堡鄉居記憶，和當今我在臺北蟾蜍山居的閱讀書寫生活。

其次，余英時提到，1946 年，他先到南京，再經過北平，然後去了瀋陽。1947 年考取東北中正大學歷史系，治學道路也就此決定了。大一上學期就遇到瀋陽陷入共軍包圍之中，他們一家人回到北平。1948 年 11 月，流亡到上海。1949 年秋天，考進北平燕京大學歷史系。1950 年元月，到香港探望父母，進入新亞書院，跟隨老師錢穆做學問。

最後，余英時提到，1955 年到了哈佛大學，有機會和有系統地讀西方書籍。從 1955 年秋季到 1962 年 1 月，一共有六年半的時間在哈佛大學安心讀書，並接受楊聯陞（蓮生）教授的指導。余英時特別提到他以往（1937-1955）的自由散漫、隨興所至的讀書作風，縱然能博覽群書，終免不了氾濫無歸的大毛病。因為，楊先生特別富於批評的能力，又以考證謹嚴著稱於世，這和錢穆先生的氣魄宏大和擅長總合不同。余英時受益於這是兩種相反而又相成的學者典型。

書的第二大部分是陳致與劉夢溪的分別訪談余英時。首先，陳致訪談的〈直入塔中　上尋相輪〉，分述：〈克魯格獎〉，〈政治、黨爭與宋明理學〉，〈清代考據學：內在理路與外部歷史條件〉，〈最後一位風雅之士：錢鍾書先生〉、〈以通馭專，由博返約：錢賓四先生〉，〈國學與現代學術〉，〈學問與性情，考據與義理〉，〈「直入塔中」與「史無定法」〉，〈「哲學的突破」與巫的傳統〉，〈「內向超越」〉，〈胡適的學位與自由之精神〉，〈民族主義與共產主義〉，〈人文邊緣化與社會擔當〉，〈西方漢學與中國學〉等 14 篇。

其次，陳致訪談〈宗教、哲學、國學與東西方知識系統〉，分述：〈儒家思想的宗教性與東西方學術分類〉，〈國學、「國學者」與《國學季刊》〉，〈哲學與思想：東西方知識系統〉，〈哲學與抽象的問題〉，〈文化熱與政治運動〉，〈知識人：專業與業餘〉等 6 篇。

第三，陳致訪談〈治學門徑與東西方學術〉，分述：〈哈佛讀書經驗〉，〈早歲啓蒙與文史基礎〉，〈先立其大，則小者不能奪〉，〈洪煨蓮（業）與楊聯陞〉，〈俞平伯與錢鍾書〉，〈學術與愛國主義〉，〈取法乎上〉，〈西方漢學與疑古問題〉等 8 篇。

最後，劉夢溪訪談〈為了文化與社會的重建〉，分述：〈關於錢穆與新儒家〉，〈學術不允許有特權〉，〈學術紀律不能違反〉，〈「天人合一」的局限〉，〈怎樣看「文化中國」的「三個意義世界」〉，〈學術立足和知識分子的文化承擔〉，〈「經世致用」的負面影響〉，〈中國學術的道德傳統和知性傳統〉，〈中國傳統社會的「公領域」和「私領域」〉，〈中國歷史上的商人地位和商人精神〉，〈如何看待歷史上的清朝〉，〈東西方史學觀念和研究方法的異同〉，〈最要不得的是影射史學〉，〈文化的問題在社會〉，〈社會的問題在民間〉等 15 篇。

書的第三大部分是陳致寫的〈後記〉，談到他第一次見到「余英時」的名字，和談到他前前後後，與余英時就訪談的事，通話不知多少次，承余英時不憚其煩，一再接受他的訪問，又仔細認真地改定文稿。

書的第四大部分是車行健整理的〈余英時教授著作目錄〉，分：一、中文之部，A. 專書有 71 本，B.單篇論著有 492 篇，C.訪談錄、對談錄有 39 篇；二、外文之部，A.Books 有 10 本，B. Articles 有 43 篇；C.日文文獻有 11 篇。余英時的著作盡收眼裡，是研究余英時學術思想最佳參考書目的工具書。

2012 年，聯經出版陳致訪談《我走過的路：余英時訪談錄》，現在市面上有增訂新版。有志於學術研究的讀者，這書提供了一代學人余英時先生的寶貴治學經驗，很值得我們詳加閱讀的一本優質讀物，和兼有治學功用的一部工具書。

（五）余英時的為學與處世

《如沐春風：余英時教授的為學與處世——余英時教授九秩壽慶文集》的主編林載爵在該書的出版說明，今（2019）年適逢余先生九十華誕，我們也就藉著這個機會再度出版這本論文集，以祝賀余先生九十壽慶。因此，由其門生故舊各自描述與余先生的互動記憶，內容聚焦余先生的教學與治學為主，間及處世、做人的態度。[39]

這十六位作者、篇名、內容，分別記述如下：

王汎森〈偶思往事立殘陽……當時只道是尋常——向余英時老師問學的日子〉，作者敘述其在普林斯頓大學師從余英時的治學經過。

田浩著；陳曦、徐波譯〈余英時老師與我的宋代思想史研究——兼論宋代思想史研究的若干新思考〉，作者敘述其研究中國歷史的專論，余英時對他研究宋代思想史的影響。

丘慧芬〈承負、詮釋與光大中國知識人傳統的余英時〉，作者除了論述余先生對於中國文明的「內核」是「道」，只有通過理解外部歷史的變遷才能獲得彰顯，傳統政治中充滿張力的君臣關係是「道統」的對抗「正統」等等，有關中國知識人傳統的論述之外，作者還特別敘述當年她博士論文的撰寫經過。

何俊〈溫潤而見筋骨〉，作者回憶其家人與余家的互往過去，亦談及聽陳方正教授講，某次宴聚，徐復觀先生取錢穆先生追求錢夫人的故事，以資笑談。徐先生是余先生的師長，而余先生作為錢先生的弟子，對錢先生的感情更進一層，人人皆知。頃聞師尊被人嘻笑調侃，既不能為之辯，也不能避而不聽，余先生深覺難堪。

河田悌一〈回顧在耶魯和普林斯頓師從余老師的日子〉，作者是日本關

---

[39] 林載爵主編，《如沐春風：余英時教授的為學與處世——余英時教授九秩壽慶文集》，著者有：王汎森、田浩、丘慧芬、何俊、河田悌一、林富士、周質平、陳玨、陳弱水、彭國翔、葛兆光、鄭培凱、冀小斌、謝政諭、羅志田、陶德民等 16 人，（臺北：聯經，2019 年 1 月）。

西大學前校長，敘述其在耶魯大學和普林斯頓大學進修期間的接受余先生指導，以及 1994 年作者接待余先生夫婦為期一個月的日本之行，並附錄了余先生〈我走過的路〉與〈中日文化交涉史的初步觀察〉的兩篇講演文章。

林富士〈普林斯頓的陽光——敬賀余英時老師九十大壽〉，作者敘述他在普林斯頓大學攻讀博士學位和巫覡研究的經過，文內提到胡適如何樹立中國近代思想史上的「新典範」，並引領新一波的思想、文化革命，這才是胡適不斷引發注目與議論的緣由。

周質平〈自由主義的薪傳——從胡適到余英時〉，作者特別指出胡適與余英時都是「學院菁英」而兼為「公共知識分子」，他們都有各自學術上的專業研究，但也有「忍不住的」社會關懷。

陳玨〈余英時先生的「歷史世界」——《余英時回憶錄》讀後〉，作者認為余英時這部回憶錄，是一部顛覆了通常回憶錄約定成俗寫法的回憶錄。

陳弱水〈有關余英時老師的回憶〉，作者寫他在臺大歷史系閱讀余英時著作，和他在耶魯大學師從余英時，以及敘述老師常說對政治只有「遙遠的興趣」，和不為民族主義所輕惑。

彭國翔〈攬才禮士憑身教，浮海招魂以人文——余英時先生九十壽慶志感〉，作者寫大學時閱讀余英時《士與中國文化》開始，經過二十多年來的互動，令作者感受余先生和師母對他的信任、關愛和支持，以及余先生的「中國情懷」和「淑世平生志」。

葛兆光〈幾回林下話滄桑——我們認識的余英時先生〉，作者寫 2007 年在日本大阪關西大學初見余先生，2009 年又在普林斯頓大學見面，文中頗多論及他對於楊聯陞與余先生之間的師生關係。

鄭培凱〈英時我師九秩嵩壽別序〉，作者寫老師對其左翼思想的容忍，是否希望他在辯論中看清自己思想的我執，才會不厭其煩跟他探討人道主義理想可以有不同的取向，而社會實踐的具體歷史展現，才是歷史家不能或忘的根本。

冀小斌〈有教無類的老師〉，作者寫余先生的一直是「不立門戶」，其意涵就是讓大家按自己的性情、志向走自己的路。

謝政諭〈余英時先生論學的築基功夫、方法與視野芻議〉，作者以方法論探討余先生的論學，論學二種築基功夫的養成，論學的八種方法與二種視野的特點。

羅志田〈追隨余師英時讀書的日子〉，作者敘述當年與林富士同年進普林斯頓大學，作者對老師的印象，老師對研究對象和研究者自身的主體性都非常重視。不論研究甚麼，一定要明確自己真正想要做的是甚麼。

陶德民〈余師的新世紀扶桑演講之旅——甲申丁亥兩度金秋的圖像記憶〉，作者現任日本關西大學教授，該文以附錄照片敘述余先生的 2004 年與 2007 年的兩次日本之行，和參加多場次的研討會。

檢視上述這十六名作者當今都已是著名的學人，其等對老師的九秩壽慶文字記述，正如書名《如沐春風：余英時教授的為學與處世——余英時教授九秩壽慶文集》。

我認為現在閱讀這本書的最大效用，正是可以作為目前因《余英時回憶錄》，其內容只記述到余英時的完成博士學位階段，至於其教學和退休之後的部分，在下冊的尚未能出版時，本書當可補其缺憾之處。

余先生過世後的一年，2022 年 11 月，同是由林載爵主編，蒐羅名儕後生對余先生的追思悼念文，彙集成《心有思慕：余英時教授紀念集》一書。[40]以下我簡述各篇的主題：

唐端正〈悼念余英時兄〉，選錄詩作，以見余英時的平生意趣。

金耀基〈有緣有幸同半世——追念一代史學大家余英時大兄〉，敘述余英時意識形象栩栩如生，師從錢穆的史學之路，論述胡適、殷海光、余英時，和他與余英時的翰墨之緣。

---

[40] 林載爵主編，《心有思慕：余英時教授紀念集》一書。這次撰稿者包括：唐端正、金耀基、張先玲、陳方正、李歐梵、孫康宜、田浩、江青、周質平、鄭培凱、蘇曉康、張鳳、葛兆光、丘慧芬、林載爵、梁其姿、邵東方、陳國棟、陳弱水、容世誠、王汎森、賴大衛、何俊、陳致、陳懷宇、周保松、柴宇瀚等 27 位，（臺北：聯經，2022 年 11 月）。

張先玲〈在北京包餃子的期望——憶英時表哥二、三事〉，敘述余英時母親是有主見的才女，初見表哥來到桐城，再見面已是改革開放，和最後一次的聚首。

陳方正〈時間凝固的一刻——驚聞余英時兄仙逝〉、〈相遇於命運的樞紐——談余英時、新亞書院與中文大學〉、〈緬懷余英時兼論他的兩個世界〉等三篇。他們二人曾共事於新亞書院與中文大學。文中兼論余英時歷史研究的世界，與當代中國批判的世界。

李歐梵〈悼念余英時先生〉，記述余英時晚年最關心的兩大課題，和一代偉人的逍遙自在。

孫康宜〈同事五年 友誼長存：悼念英時〉，敘述余英時離開耶魯出於偶然，非常有耐心解答難題。

田浩〈我與指導教授余英時相處的個人回憶〉，這篇是田浩繼《如沐春風：余英時教授的為學與處世——余英時教授九秩壽慶文集》〈余英時老師與我的宋代思想史研究——兼論宋代思想史研究的若干新思考〉寫成，敘述他與指導教授余英時相處情形。

江青〈余思余念——悼余先生英時〉，這位 1967 年獲金馬獎最佳女主角，她描述余英時以天下為己任，古道熱腸，若愚大智，把人情看得很重，跟歷史上的人物接通心靈。

周質平〈敬悼余英時先生〉，這篇是周質平繼《如沐春風：余英時教授的為學與處世——余英時教授九秩壽慶文集》〈自由主義的薪傳——從胡適到余英時〉之後寫成的評論，他認為余英時的學術成就，影響由海外傳海內，能以學術研究影響到現世政治，回港接受「真切活潑的刺激」，「以爭取自由為己任」。

鄭培凱〈我們都是文化遺民〉，這篇是鄭培凱繼《如沐春風：余英時教授的為學與處世——余英時教授九秩壽慶文集》〈英時我師九秩嵩壽別序〉之後寫成的文字。他特別提到余英時說「我真的沒想到能夠活到九十歲」，題寫〈重過聖女祠〉的心境。

蘇曉康〈當余英時說「我在哪裡，哪裡就是中國」，該文指出余英時的名言「我在哪裡，哪裡就是中國」，已經響遍華文世界。

張鳳〈余英時先生在哈佛學習的獨到之處〉，指出余英時的寫讀和娛樂是結合的，不需要在人前證明自己的存在，沒寂寞感。

葛兆光〈學術史和思想史的傳薪者——敬悼余英時先生〉，這篇是葛兆光繼《如沐春風：余英時教授的為學與處世——余英時教授九秩壽慶文集》〈幾回林下話滄桑——我們認識的余英時先生〉寫成的文字，讀來可令人感受到余英時對他的特別親近與知心。葛兆光認為余先生身處時代，實際上比胡適的時代更嚴峻，胡適還能政治歸政治，學術歸學術，在左手發表時論的同時，右手卻在做著與政治不相干的《水經注》研究、禪宗史研究、小說考證。但余先生的時代，往往使他不得不在學術研究中，時時投入自己的問題和關懷。葛兆光還特別提到余英時曾經這樣說胡適，「作為一個學人，胡適的自由主義重心也偏向學術和思想，與實際政治不免有一間之隔」。

丘慧芬〈「為追求人生基本價值而付出努力」的典範知識人——敬悼余英時先生〉。這篇是她繼《如沐春風：余英時教授的為學與處世——余英時教授九秩壽慶文集》〈承負、詮釋與光大中國知識人傳統的余英時〉寫的文字。

林載爵〈辭長不殺，真非得已——由短序變專書：余英時先生與聯經的因緣〉，記述余英時重要著作在聯經的出版經過。

梁其姿〈余英時先生的古人精神世界〉，敘述余英時在中研院的演講，與研討會的精采情節。

邵東方〈涓滴教誨見真情——懷念余英時先生〉，敘述其透過老師與錢穆的學述淵源，有幸結交余英時的情形。

陳國棟〈余英時老師——早年的回憶與永久的懷念〉，敘述他在耶魯大學與余英時一起研究的三年時光。文章的最後，陳國棟特別指出余英時是歷史家，熱愛人生，也愛同胞，也愛世人。

陳弱水〈我生命歷程中的余英時老師〉，是陳弱水繼《如沐春風：余英時教授的為學與處世——余英時教授九秩壽慶文集》〈有關余英時老師的回憶〉的文字，更完整地回顧他生命歷程中的余老師。

容世誠〈何敢自矜醫國手，藥方只販古時丹——在 Jones Hall 讀歷史〉，敘述了余英時在普大的教學與研究情形。

王汎森〈「商量舊學，涵養新知」——余英時先生的讀書與著述生活〉、〈自由主義的傳統基礎——余英時先生的若干治學理路〉、〈「新亞之寶」余英時〉等三篇。王汎森之前在《如沐春風：余英時教授的為學與處世——余英時教授九秩壽慶文集》已發表〈偶思往事立殘陽……當時只道是尋常——向余英時老師問學的日子〉，敘述他在普林斯頓大學師從余英時的治學經過。

賴大衛〈回憶先師余英時教授〉，敘述他在余英時教授的研究生課堂上做過一次有關林爽文的報告，而他似乎並不介意。

何俊〈最後的再見〉，特別提到他最後見到余英時，余先生講，人老了，甚麼理論、學術都不重要了，最珍惜的便是人世間的溫情了。

陳致〈「士不可以不弘毅」——懷念余英時先生〉，提到初識余先生與「內向超越」，談論錢鍾書與余英時，「以仁為己任」。

陳懷宇〈接過余英時先生所傳慧炬，讓自由之光永耀宇內〉，先略憶余先生二三事，再詳論其在自由之光照耀下走學術之路。

周保松〈拔劍四顧心茫然——敬悼余英時先生〉，敘述余英時的香港情懷。

柴宇瀚〈史學星沉——憶記余英時先生在香港往事〉，敘述余英時在香港自由出版社與「小錢穆」之稱，友聯出版社與《中國學生周報》，以及余先生離開友聯的原因。

我讀林載爵主編《心有思慕：余英時教授紀念集》一書，讓我聯想起 1962 年 3 月，學生出版社的印行《胡適之先生紀念集》。這兩書一起對照閱讀，更能了解胡適、余英時這兩位學人的治學與學術傳承。

最後，我樂意從一位圖書館學出身和從事通識教育者的角度，特別引介聯經出版公司從余英時過世後，新編的【余英時文集】16 種，再加上其公司原本出版的 12 種作品，總共 28 種（29 冊）、總字數超過 450 萬。該套書涵蓋了余英時的治學經驗、政論與時局評論，及呈現其生活交遊的詩選、序文等作品。全套 29 冊精裝版可供讀者閱讀與典藏。

四、結論

胡適之先生人生的最後階段，在臺灣擔任中央研究院院長，並因心臟病死於任內，而且葬於南港中央研究院。余英時雖長居美國，但擔任中央研究院院士，經常撰寫評論，關心兩岸政治與學術發展，現長眠於美國普林斯頓大學校園。

我們應善用他們所遺留的豐富文化資產，創新轉化成可以發揚光大其文化風華。目前只有胡適在中央研究院園區蓋有胡適紀念館，典藏胡適的文物與著作，余英時透過聯經出版公司設置文化基金來獎勵後學，這是我們還需繼續努力的軟實力。

胡適與余英時兩位學人留下在臺灣的文化資產，乃至於林語堂、張大千等藝術大家，我們都可以選為建構文化資源創新轉化與再生的平台，從比較庶民生活的角度，讓文創產業的發展可以開出一條新的路徑來。這是從事於文創產業教學、工作與強調地方觀光休閒文化特色可以凸顯的焦點。

二戰前後臺灣社會雙源匯流文學意識
——以蘇新、楊逵、葉石濤為例

一、前言

2015 年 11 月，我為中央警察大學通識教育中心舉辦的研討會，撰寫〈戰後初期治安與文學關係之探討——以 1945～1949 吳新榮為例〉一文的時候，我就注意到蘇新與臺灣左翼思想的背景，特別是其日治臺灣時期在日本求學的經過，乃至於後來回到臺灣之後的積極參與政治文化活動。同時，我也開始的對照閱讀蘇新與吳新榮的相關作品。[1]

像我這世代在戰後才出生的臺灣人而言，不僅是對於國共內戰的歷史，和戰後國民黨實施動員戡亂體制的歷史感到生疏，對於同樣受到思想箝制的日本統治臺灣時期的左翼思想更是陌生。這是我們 1950 年代以後出生和接受教育的人，必須要去面對這時期左翼思想和運動的歷史，這是無法逃避的責任與必須加以深入探討的原因。

二、日治時期臺灣殖民地文學概述

日治時期臺灣的新文學運動，基本上一方面是受到 1919 年五四運動以來中國新文化運動；與另一方面也受到 1918 年第一次世界大戰之後國際的

[1] 陳添壽，〈戰後初期治安與文學關係之探討——以 1945-1949 吳新榮為例〉一文，經審修改稱〈戰後初期吳新榮的政治參與語文學創作〉，收錄《臺灣政治經濟思想史論叢》（卷一），（臺北：元華文創，2017 年 1 月），頁 287-306。

民族主義運動的雙重影響。尤其是 1920 年代開始，日本也積極引進和學習西方民主國家的推動政黨政治，美名稱之為「大正民主」時期。臺灣在日本殖民統治之下，也受其影響的出現所謂「議會設置的請願運動」，和成立「臺灣文化協會」等團體的推動文藝性活動。[2]

黃得時〈臺灣新文學運動概說〉提到，新文學運動本來是新文化運動的一部分，而臺灣的新文化運動，是開始於 1920 年（大正 9 年）7 月，在東京的臺灣留學生組織了《臺灣青年》雜誌社，創辦了《臺灣青年》的刊物，表面上雖然是提倡臺灣青年的覺醒，新文化的全面建設，但其目的在提高民族意識，鼓吹民族運動，反對臺灣總督府的殖民專制統治。[3]

《臺灣青年》雜誌，為了配合臺灣的文化啟蒙運動及民族運動的發展，1922 年 4 月 10 日，改稱為《臺灣》雜誌，此中最值得注目的是黃呈聰〈論普及白話文的新使命〉（第四年第一號），及黃朝琴〈漢文改革論〉（第四年第一、二號）的兩篇論文。這兩文所提出的問題，雖然只是提倡白話文，但它本身顯然是受了中國大陸五四運動的影響，所以也可以視為臺灣新文學運動的先聲。

此後，追風的〈彼女お何處へ〉（第三年第四、五、六號），無知的〈神秘的自制島〉（第四年第三號）及柳裳君（即謝星樓）的〈犬羊禍〉（第四年第七・八號）等三篇創作小說，以臺灣新文學上來說也是值得紀念的作品。這一時期有關文學的評論、介紹，及小說、詩、翻譯已經漸漸地多起來，顯示對文學的關心。[4]

這時候，由東京的臺灣留學生發動的民族運動已擴展到臺灣來。《臺灣

---

[2] 本文有關「日治時期臺灣的殖民地文學概述」的這段文字，諸多引用和受益於尹雪曼總編纂，《中華民國文藝史》，和黃得時，〈臺灣新文學運動概說〉，特此說明和致謝。

[3] 黃得時，〈臺灣新文學運動概說〉，李南衡主編《日據下臺灣新文學・明集 5 文獻資料選集》，（臺北：明潭出版社，1979 年 3 月），頁 269。

[4] 中華民國文藝史編纂委員會，尹雪曼總編纂，《中華民國文藝史》，（臺北：正中書局，1975 年 6 月），頁九九五。黃得時，〈臺灣新文學運動概說〉，李南衡主編《日據下台灣新文學・明集 5 文獻資料選集》，（臺北：明潭出版社，1979 年 3 月），頁 275。

雜誌》為適應這種情勢，當時重要的主其事者如黃呈聰擔任發行人、林呈祿擔任編輯人等人決定將其增刊半月刊《臺灣民報》。黃得時指出，該報的誕生，對於臺灣今後的政治運動和文化建設，比過去的任何雜誌，貢獻特別多。[5]

《臺灣民報》的深受當時胡適提倡白話文影響，以及「文學研究會」和「創造社」亦先後成立，改編後的《小說月報》和《創造月刊》的衝擊，這在當時的臺灣確是一種革命性的措施，而對於文藝則闢有專欄，經常刊載文藝論文和作品。諸如刊載胡適的喜劇〈終身大事〉、〈李超傳〉和翻譯都德原作〈最後一刻〉，也介紹胡適的〈新式標點符號的種類和用法〉、〈文學改革芻議〉和陳獨秀的〈文學革命論〉等，以及張我軍〈新文學運動的意義〉、〈文藝上的諸主義〉，和劉夢葦〈中國詩底昨今明〉等人的介紹中國文學革命的文字。該報可以算是新文學作品的搖籃，或溫床。[6]

1925 年 12 月，楊雲萍發行《人人》雜誌，這是最早的中文文藝雜誌，可惜只出了兩期便停刊了。1927 年 7 月，《臺灣民報》遷回臺灣發行，篇幅擴大，新文學作品得到了更大的鼓勵。《臺灣民報》刊載的新文藝文字，除了轉載中國大陸出版的《民鐘》、《國聞週刊》、《現代評論》、《泰東月刊》等所刊載的作品外，純粹由臺灣作家寫的作品，主要有懶雲、守愚、一村、郭秋生、虛谷等人，並有法國留學生李萬居翻譯的法國作品。

這一時期作品的主題和內容，主要是描寫日本警察橫暴壓迫民眾的痛苦，臺灣社會受到舊禮教束縛，以及地主和資本家剝削佃農和工人的生活黑暗面。特別是賴和連續發表〈鬪鬧熱〉、〈一桿「秤仔」〉之後，奠立了他在臺灣文學的地位。還有蔣渭水發表〈入獄日記〉描述獄中生活的報導文

[5] 黃得時，〈臺灣新文學運動概說〉，李南衡主編《日據下台灣新文學・明集 5 文獻資料選集》，（臺北：明潭出版社，1979 年 3 月），頁 276。

[6] 中華民國文藝史編纂委員會，尹雪曼總編纂，《中華民國文藝史》，（臺北：正中書局，1975 年 6 月），頁九九六；黃得時，〈臺灣新文學運動概說〉，李南衡主編《日據下台灣新文學・明集 5 文獻資料選集》，（臺北：明潭出版社，1979 年 3 月），頁 276-279。

學。[7]

日治殖民體制主要可以分為：初期（1895.5～1920.8）軍事性警察與中央集權體制、日治中期（1920.8～1937.7）政治性警察與地方分權體制，和日治末期（1937.7～1945.10）經濟性警察與戰時動員體制等三個時期。

日治中期從 1919 年 6 月同化政策，將警察本署改為警務局，隸屬民政部，總督只能在認為須保持安寧秩序時，得以請求在其管轄區域內的陸軍司令官使用兵力維持秩序，亦即隨著臺灣軍司令官制度的建立，軍事指揮權已從總督轉移到軍司令官。10 月，臺灣總督更改派文人田健治郎出任。[8]

從軍事性警察與中央集權體制的轉型政治性警察與地方分權體制，臺灣文藝在殖民體制下的發展，在經過《臺灣民報》的鼓動風潮之後，到了 1931 年 4 月，《臺灣民報》改發行日刊報紙的《臺灣新民報》。

《臺灣新民報》初期的作者與作品，主要有林輝焜〈争へお運命〉、賴慶〈女性の悲曲〉、陳鏡波〈台灣デカメロン〉與〈落城哀艷錄〉、陳君玉〈工場行進曲〉、山竹〈突出水平線上的戀愛〉、林於水〈王子新〉、林履信〈蕭伯納研究〉、徐坤泉（阿 Q 之弟）的〈靈肉之道〉和〈可愛的仇人〉、黃得時〈中國國民性和文學特殊性〉等。這一時期，相繼發行的刊物，諸如《現代生活》、《赤道》、《曉鐘》、《伍人報》、《明日》、《洪水報》、《大眾時報》等雖然是屬於綜合性的雜誌，可是對於刊載的文藝作品與發展，亦有推波助瀾的效果。[9]

1931 年秋，臺北和臺中的部分文人共同組織了「南音社」，隔年 1 月 1

7 中華民國文藝史編纂委員會，尹雪曼總編纂，《中華民國文藝史》，（臺北：正中書局，1975 年 6 月），頁九九七~八；黃得時，〈臺灣新文學運動概說〉，李南衡主編《日據下台灣新文學・明集 5 文獻資料選集》，（臺北：明潭出版社，1979 年 3 月），頁 286-7。

8 陳添壽，《臺灣政治經濟思想史論叢（卷五）：臺灣治安史略》，（臺北：元華文創，2020 年 7 月），頁 207-249。

9 中華民國文藝史編纂委員會，尹雪曼總編纂，《中華民國文藝史》，（臺北：正中書局，1975 年 6 月），頁一 000；黃得時，〈臺灣新文學運動概說〉，李南衡主編《日據下台灣新文學・明集 5 文獻資料選集》，（臺北：明潭出版社，1979 年 3 月），頁 300-1。

日創刊文藝雜誌《南音》半月刊。這個雜誌創刊號至第六期是在臺北發行，發行人黃春成。第七期至第十二期改在臺中發行，發行人改為張星建。共出十二期，內有三期被禁止發行。除了郭秋生、黃純青等人臺灣話文的詩論外，小說有懶雲〈惹事〉和〈歸家〉、一吼〈老成黨〉、赤字〈擦鞋匠〉等篇，其餘都是隨筆和新詩居多。[10]

1931 年 6 月，由日人平山勳、藤原泉三郎等設立「臺灣文藝作家協會」；9 月，創刊《臺灣文學》，可是連續被日當局禁止發行，僅出三號即告停刊。第二年，這個帶有左傾色彩的團體內部分裂而結束。

1932 年 7 月 15 日，旅日臺籍學生組織「臺灣藝術研究會」，並發行文藝雜誌《フオルモサ》（福爾摩沙）創刊號。這一雜誌只發行三期就和《臺灣文藝》合流，「臺灣藝術研究會」也改為「臺灣文藝聯盟」東京支部，可是它對臺灣文學的影響很大。同仁中王白淵、張文環、吳天賞、蘇維熊、巫永福、吳坤煌、施學習、劉捷等，後日都是臺灣文學活躍的作家。[11]

同年 10 月，臺北作家以自由主義為會的存在精神，組織「臺灣文藝協會」，並於1933年7月發行《先發部隊》創刊號。這一期文章全部是中文，並有《臺灣新文學出路的探究特輯》，顯示著年青的臺灣新文學已意識地在尋求他們的發展途徑，以因應時代的要求。

翌年 1 月，該雜誌因受日當局的干涉，改題為《第一線》，卷頭言是〈民間文學的認識〉，並收錄臺灣民間故事 15 篇，表示他們對民族文化遺產的關心。這一期由於日當局的干涉，刊有少數的日文作品。關於民間文學，後來該會出版李獻璋編《臺灣民間文學集》。該會主要人物有郭秋生、陳君玉、廖毓文、吳逸生、蔡德音、青萍、王錦江、林克夫等人。[12]

---

[10] 黃得時，〈臺灣新文學運動概說〉，李南衡主編《日據下台灣新文學·明集 5 文獻資料選集》，（臺北：明潭出版社，1979 年 3 月），頁 303-4。

[11] 中華民國文藝史編纂委員會，尹雪曼總編纂，《中華民國文藝史》，（臺北：正中書局，1975 年 6 月），頁一〇〇一~二；黃得時，〈臺灣新文學運動概說〉，李南衡主編《日據下台灣新文學·明集 5 文獻資料選集》，（臺北：明潭出版社，1979 年 3 月），頁 304-5。

[12] 中華民國文藝史編纂委員會，尹雪曼總編纂，《中華民國文藝史》，（臺北：正中書局，1975 年 6

臺灣新文學發展在受到「臺灣藝術研究會」和「臺灣文藝作家協會」成立的影響。1934 年 5 月 6 日，張深切、何集璧、張星建等決定召開全臺性的文藝大會，大會標榜「推翻腐敗舊文學，實現文藝大眾化」、「擁護言論自由，擁護文藝大會」精神，和其組織宗旨「聯絡臺灣文藝家，互相圖謀親睦，以振興臺灣文藝」。大會通過「臺灣文藝聯盟組織案」、「臺灣文藝雜誌發刊」兩案，和分別選出北、中、南部的委員。之後，嘉義、埔里、佳里、臺北等地也相繼成立了支部的組織。[13]

1934 年 11 月，《臺灣文藝》雜誌發行創刊號。這雜誌是中日文併用的月刊，參與這雜誌的作家很多，評論方面有張深切、曾石火、張星建、夢湘、吳天賞、謝萬安、HT 生等。小說方面有懶雲、張深切、林越峯、楊華、王錦江、蔡德音、廖毓文、繪聲、謝萬安、吳希聖、張文環、翁鬧、郭水潭等人。劇作、詩作方面有楊華、陳遜仁、楊啓東、郭水潭、浪石、垂映、陳君玉、楊小民、翁鬧、史民、林精繆、張慶堂等。[14]

這時期作品已逐漸脫離初期明顯的政治色彩，比較能站在文學立場去觀察與描述。這雜誌最大特色還時常刊載洪耀勳、陳紹馨、蘇維熊、郭明昆等學術性文章。《臺灣文藝》一直發行到了 1936 年 8 月，全部出刊了 15 期，由臺灣人創辦的文藝雜誌之中，算是壽命最長，登場的作家最多，幾乎網羅全臺的作家，在臺灣文學史上具有舉足輕重的歷史地位。[15]

《臺灣文藝》出刊期間，楊逵、葉陶等人還於 1935 年 12 月，另創辦了《臺灣新文學》雜誌。《臺灣新文學》雜誌自創刊至 1937 年 6 月，共發行

月），頁一 00 二；黃得時，〈臺灣新文學運動概說〉，李南衡主編《日據下台灣新文學．明集 5 文獻資料選集》，（臺北：明潭出版社，1979 年 3 月），頁 309。

[13] 黃得時，〈臺灣新文學運動概說〉，李南衡主編《日據下台灣新文學．明集 5 文獻資料選集》，（臺北：明潭出版社，1979 年 3 月），頁 313-4。

[14] 中華民國文藝史編纂委員會，尹雪曼總編纂，《中華民國文藝史》，（臺北：正中書局，1975 年 6 月），頁一 00 三~四。

[15] 黃得時，〈臺灣新文學運動概說〉，李南衡主編《日據下台灣新文學．明集 5 文獻資料選集》，（臺北：明潭出版社，1979 年 3 月），頁 316。

14 期，同時也發行有《新文學月報》兩期。《臺灣文藝》與《臺灣新文學》在內容上不論小說、詩歌、戲劇、評論的作品，其作者群的重疊性頗高。

《中華民國文藝史》指出：

> 民國二十五年（1936 年）底，創造社同仁郁達夫曾以福建省參議的資格來臺訪問。他的旅臺期間很短，和臺灣作家接觸也不多，但對於當時幾乎和祖國完全在隔絕狀態下的臺灣與祖國的文化交流卻不無刺激。在這一時期，臺灣作家已漸進出日本文壇，或當選日本第一流雜誌懸賞創作，如張文環的「父の顏」（中央公論），龍瑛宗的「パパイヤのある街」（改造）；楊逵的「新聞配達夫」（文學評論）等作就是其最顯著的例子。此外王白淵的詩集「荊棘の道」，也曾獲日本詩壇的重視。在這一時期活動的作家除了上面所舉之外，如林存本、賴玄影、朱鋒、莊遂性、江燦琳、吳濁流、林快青、施維堯等人也應該特別提起的。[16]

回溯 1921 年 10 月，「臺灣文化協會」的成立，乃至於到了臺灣新文學的末期，正值 1937 年日本發動大東亞戰爭和爆發「蘆溝橋事變」之前的關鍵時刻，臺灣面對的日本殖民政府在臺灣積極推動皇民化政策，鼓勵「國語化（日本語）家庭」，其重要措施除於 6 月的繼報紙廢除「漢文欄」之外，也特別對《臺灣新文學》下令禁止刊載中文作品，導致使用白話文書寫的文學作品，完全沒有發表的園地，完全扼殺了文藝創作的空間與能量。[17]

---

16 中華民國文藝史編纂委員會，尹雪曼總編纂，《中華民國文藝史》，（臺北：正中書局，1975 年 6 月），頁一 00 五。黃得時，〈臺灣新文學運動概說〉，李南衡主編《日據下台灣新文學．明集 5 文獻資料選集》，（臺北：明潭出版社，1979 年 3 月），頁 323。

17 陳添壽，《臺灣政治經濟思想史論叢（卷一）：資本主義與市場篇》，〈日治中期臺灣設置議會與新文化運動〉，（臺北：元華文創，2017 年 1 月），頁 207-227。

相對地，這時期在臺日本人的文學活動倒是頗為熱烈，主要發行的刊物包括：1933 年 9 月創刊，上清哉、新原保夫、藤原泉三郎等編的《南海文學》，1934 年 10 月創刊，西川滿、失野峯人、島田謹二等參與的詩雜誌《媽祖》，1936 年 1 月創刊，安藤正次、矢野禾積編的臺北帝大文學科研究機關雜誌《臺大文學》等刊物。

1937 年之後的日本殖民體制末期（1937.7～1945.10），受到「大東亞戰爭」的需要與影響，在體制上已轉向以強調經濟性戰時動員體制為主，文藝政策也遭遇更嚴厲的思想管制，形塑了「特高警察」在控制文藝發展的特色。

1940 年 1 月，旅日臺日籍文藝工作者成立「第一期臺灣文藝家協會」，作品主要發表於《臺灣日日新報》和《臺灣新民報》兩社的學藝部。1941 年 2 月，《文藝臺灣》創刊，編輯人西川滿。這是以評論、詩、小說為主的綜合文藝雜誌。編輯委員列著赤松孝彥、池田敏雄、黃得時、中村哲、中山侑、濱田隼雄、龍瑛宗等人。[18]

1941 年 5 月，張文環、黃得時、中山侑等人組織「啓文社」，創刊《臺灣文學》季刊。《臺灣文學》和《文藝臺灣》為戰時中臺灣文藝界的兩支柱，形成著兩個對立的陣營。《文藝臺灣》主要作者有張文環、吳新榮、吳天賞、張冬芳、中山侑、中村哲、名和榮一、坂口䙥子、淡谷精一等人；雙方的文藝思想和文藝意識似乎不大相同，但多不大明顯，只在民族感情上對立，而中山侑等則較為同情親近臺籍人士方面。張文環曾提到，他是《文藝臺灣》的同人之一，每次開編輯會議，他都覺得非常頭痛，或許這是他後來離開《文藝臺灣》的參與《臺灣文學》有關。

《中華民國文藝史》概述：《文藝臺灣》本是以藝術至上主義，到了太平洋戰爭爆發的翌年，即 1942 年 2 月，才改以重宣傳的色彩，如刊載「皇

[18] 中華民國文藝史編纂委員會，尹雪曼總編纂，《中華民國文藝史》，（臺北：正中書局，1975 年 6 月），頁一 00 六。

民奉公會」的「島民劇」。未幾，張文環、陳逢源也被該會推為新幹部，龍瑛宗、張文環、西川滿、濱田隼雄等四人被派赴日本東京參加所謂「第一回大東亞文學者大會」；返臺後，「臺灣文藝家協會」於是年 12 月分別在臺北公會堂、高雄、臺南、嘉義、臺中、彰化、新竹等各地舉辦「大東亞文藝講演會」。

1942 年 2 月 11 日，舉行「第一回臺灣文學賞」，受獎人是《南方移民村》的濱田隼雄、《赤崁記》的西川滿、《夜猿》的張文環。這「賞」是「皇民奉公會」新設的文化賞之一種，共分為文學、音樂、演劇等三部門，文學部門是專對小說授獎的。[19]

這臺灣文學賞頒獎一兩個月後，「臺灣文藝家協會」鑒於時局日形嚴重，乃自行宣布解散，並以其全部的構成分子組織「皇民奉公會」所屬的文學團體「臺灣文學奉公會」；這時候「日本文學報國會」臺灣支部也已成立，於是這兩個團體互為表裏，互相提攜起來，從事樹立「臺灣皇民文學」。兩者可以說是異身同體，支部長以上的幹部是相同的。[20]

「日本文學報國會」支部的主要任務，是為謀所屬會員之親睦，透過「臺灣文學奉公會」，以實現本會之目的，努力宣揚皇國文化。「第二回大東亞文學者大會」臺灣代表的人選是由這日本文學報國會臺灣支部主持，被選定的代表是日人長崎浩、齊藤勇，臺人楊雲萍、周金波等四人。[21]

1943 年 11 月 13 日，「臺灣文學奉公會」在臺北公會堂舉行「臺灣決戰文學會議」，中心議題是「確立本島文學決戰態勢，文學者的戰爭協力」。文藝配合戰爭需要，進入戰鬥配置。臺灣的文藝雜誌在權力的要求下合併起來，改為「臺灣文學奉公會」的機關雜誌《臺灣文藝》。西川滿《文藝臺

---

19 中華民國文藝史編纂委員會，尹雪曼總編纂，《中華民國文藝史》，（臺北：正中書局，1975 年 6 月），頁一00七。

20 中華民國文藝史編纂委員會，尹雪曼總編纂，《中華民國文藝史》，（臺北：正中書局，1975 年 6 月），頁一00八。

21 同上註。

灣》和張文環《臺灣文學》都同時停刊。配合戰爭需要，1944 年春，「臺灣文學奉公會」發行機關報《臺灣文藝》。6 月，臺日作家被派赴臺中州謝慶農場、臺南州斗六國民道場、高雄海兵團、石底炭礦、金瓜石礦山等地參觀，並以其見聞體驗寫成小說，《臺灣決戰小說集》一書，就是其成果。[22]

1941 年 7 月 10 日，《民俗臺灣》創刊，這刊物主要是受「臺灣文藝家協會」機關刊物《文藝臺灣》的影響。《民俗臺灣》是臺灣第一份探討臺灣民俗與民俗學的專門刊物，1945 年 2 月 1 日停刊，共 44 期，主要參與者金關丈夫、中村哲、國分直一、立石鐵臣、池田敏雄等人。[23]

戰後臺灣擺脫了殖民體制的枷鎖，臺灣文藝發展受到《民俗臺灣》影響最深的《臺灣風物》，在風格上逐漸轉而強調以臺灣地方性鄉土人情文物為主。特別是從《臺灣青年》、《臺灣民報》、《臺灣新民報》，到戰後《臺灣新報》的改組《臺灣新生報》，由李萬居出任社長，和陳奇祿的主編《臺灣風物》版。

我們檢視日治時期殖民體制下文學的發展，臺灣社會由於長時間的受到日本殖民統治的影響，認為警察只是在維護政權，而未能深切體認警察角色發揮的服務性功能。

諸如：1926（昭和 1）年 2 月 4 日、21 日，和 1928 年 1 月 1 日，賴和分別發表於《臺灣民報》〈一桿「秤仔」〉和〈不如意的過年〉等文學作品，在其內容上多處描述惡警察的形態。[24]吳濁流從 1943（昭和 18）年，開始撰寫《亞細亞的孤兒》（先以〈胡太明〉，後以《亞細亞的孤兒》為名在日本印行）這部小說，一直到 1945 年的二戰結束，他在該書的〈自序〉中特別提到，他家前面就是警察署的官舍，那裏有熟悉的特高思想警察監控，

[22] 中華民國文藝史編纂委員會，尹雪曼總編纂，《中華民國文藝史》，（臺北：正中書局，1975 年 6 月），頁一 00 八~九。

[23] 陳艷紅，《民俗臺灣和日本人》，（臺北：致良出版社，2006 年 4 月），〈序論〉頁 14。

[24] 鍾肇政、葉石濤主編，〔臺灣文學叢書〕，賴和，《一桿秤仔》，（臺北：遠景，1997 年 7 月），頁 57-79。

他為防萬一，每次寫滿幾張稿紙後，就將它暗藏置於炭籠底下，趁機再將稿子疏散到鄉下老家的不安情境。

賴和和吳濁流兩位文學家作品代表的，是日治殖民統治下的臺灣人和臺灣文學苦境。他們的文學作品中，除了流露著這段不幸歷史的沉重痛訴之外，亦遂其筆鋒對部分警察不良行徑的描述，往往又加深社會對「政治警察」的刻板印象，形塑了國人的歷史共同記憶，導致今日我們更要以嚴謹態度來面對日本殖民統治下，臺灣人身處時代空間與走過的生命歷程。

以下我特別選擇蘇新、楊逵、葉石濤等人為例，敘述二戰前後臺灣社會在日治殖民體制文學與國府戒嚴體制文學的雙源匯流文學意識。

三、蘇新的社會文學意識

在日治時期文學意識的歷史洪流中，特別是蘇新與吳新榮二人，我發現他們不但同是 1907 年 11 月的同年同月生，而且還是臺南的小同鄉；更難得的他們曾同是遭遇歷經日本的殖民統治，與都曾先後赴日本唸書，二人具有相同生活的成長背景。

1907 年 11 月，蘇新出生於臺南廳蕭壠堡（今臺南市佳里區）人。1924 年（大正 13 年），被臺南師範學校退學，後進入日本東京私立大成中學就讀，之後轉入東京外語學校。1907 年 11 月，吳新榮則於出生於臺南將軍鄉（今臺南市將軍區）人，是在 1925 年（大正 13 年）負笈日本，進入岡山金川中學就讀，1928 年考入東京醫學專門學校。

蘇新與吳新榮在日本求學期間，二人都曾經加入過臺灣留學生在東京所成立的「臺灣青年會」，也多少都受到文學意識與左翼思想的影響。儘管左翼思想與運動在臺灣發展的時間不長，但對於臺灣社會在當時殖民統治下的影響卻是廣大而深遠。

戰後國共內戰，以及 1947 年「二二八事件」之後，乃至於蘇新的從香港內渡大陸，與吳新榮在臺灣的後來加入中國國民黨，致使二人後來選擇發展的方向有異，一位在中國大陸，一位留在臺灣，他們各經歷了不同的際遇，乃至於分道揚鑣。

日治時期臺灣社會的文學意識，尤其左翼思想的形成始於 1920 年代初期，主要受到日本和國際共產主義思潮的影響。1920 年，列寧（Vladimir Lenin, 1870-1924）在共產國際第二次代表大會的談話之後，1921 年中國共產黨、1922 年日本共產黨、1925 年朝鮮共產黨等先後在其國家組成，1928 年臺灣共產黨也完成建黨工作。

1927 年（昭和 2 年），蘇新加入東京「臺灣青年會」附設之「社會科學研究部」，就是左翼臺灣留學生聚會的場所，也是日本共產黨的外圍組織。1928 年 4 月，臺灣共產黨成立時，這個「社會科學研究部」後來就轉為臺灣共產黨東京特別支部的組織。

1928 年，蘇新在日本加入日本共產黨，並在參與東京《臺灣大眾時報》編輯工作之後的 3 個月，將其黨籍轉入臺灣共產黨的東京特別支部，並參與該單位的組織活動。1929 年 2 月，蘇新回到臺灣。1929 年（昭和 4 年），吳新榮則是以擔任「臺灣青年會委員」身分，受到日本共產黨第二次被檢舉的所謂「四一六事件」牽連，被拘禁於淀橋警察署近 1 個月。1932 年，學校畢業後，即進入山本宣治紀念醫院服務，9 月回到臺灣。

對照臺灣左翼運動的歷史，基本上可分為三個階段。第一階段的萌芽期，始於 1927 年臺灣文化協會的左右分裂，與 1928 年臺灣共產黨的成立，凸顯了臺灣反殖民運動已經注入共產主義階級運動的色彩，也正是把左翼運動帶進組織化的階段，臺灣革命與臺灣獨立的主張也至此浮現。

第二階段的發展期，是從 1929 年臺灣文化協會第二次分裂，以及與臺灣農民組合的領導中心，次第落入臺共的掌握之中，左翼運動終於達到高峰時期，1930 年臺共內部出現「改革同盟」，預告了左翼運動的內鬨與分裂。

第三階段的潰敗期，是從 1931 年日本政府開始對外展開侵略，對於殖民地臺灣的政治運動進行徹底的鎮壓，臺灣共產黨成員一一遭到逮捕，左翼運動最後被迫宣告淪亡。[25]

1902 年至 1904 年，魯迅在日本弘文學院就讀，後來演變魯迅（周樹人）與許壽裳的國民性議論，在思想上對於臺灣左翼運動第一階段的萌芽期，起了推波助瀾的作用。

1928 年 4 月 15 日，臺灣共產黨在於上海召開建黨大會，通過黨的〈政治大綱〉。1929 年 2 月，蘇新回到臺灣以後，在宜蘭太平山當伐木工人，編有《礦山工人》，鼓動工人運動。1930 年 10 月，在臺灣共產黨的松山會議上成立「臺灣赤色工會」。臺灣共產黨的重要性，不僅在於它能夠支配其他團體的政治活動，而且也在於它提出的「臺灣民族」、「臺灣革命」、「臺灣獨立」概念的政治主張，是最前進的比較能夠貼近於當時社會氛圍。

1931 年，臺灣共產黨分裂。蘇新成立「改革同盟」，出任臺灣共產黨宣傳部長，成為臺灣共產黨的領導人之一。5 月 31 日，在臺灣共產黨第二次臨時大會中，蘇新強力主張必須開除謝雪紅；6 月，日警展開大搜捕；9 月，蘇新被捕入獄，判刑 12 年。1943 年 9 月，蘇新出獄回到佳里結婚後，一度曾進入吳新榮的油脂工業會社任專務。1946 年以後，蘇新離開臺南佳里的故鄉，到臺北開拓新生活。

1932 年 9 月，吳新榮回到臺灣以後，在佳里鎮叔父開設的佳里醫院工作，並從事文學創作，發起成立「佳里青風會」。1935 年，參與「臺灣文藝聯盟佳里支部」，被推為「臺灣文藝聯盟第一次大會」選舉委員及宣言起草委員。1936 年，加入「南州俱樂部」。1939 年，當選佳里街協議會員。1941 年，擔任保證責任蕭壠信用購買販賣利用組合監事。1942 年，參加臺灣奉公醫師團臺南支部、及擔任臺灣文藝家協會臺南州地方理事、應張文環之邀加入《臺灣文學》。 1943 年 1 月，與蘇新赴彰化探視重病的賴和。1944 年 7 月，吳新榮四子吳夏雄拜蘇新夫婦為「契父母」。

---

[25] 陳芳明，《殖民地臺灣——左翼政治運動史論》，（臺北：麥田，2006 年 1 月），頁 191-194。

1945 年 8 月 15 日，日本無條件投降；9 月 18 日，吳新榮起草里門青年同志會會則，此會旨在建設佳里及北門地區的新文化，為政治團體的外圍組織；21 日，蘇新自北返，謂已會見奉命籌組三民主義青年團臺灣區團的張士德上校。[26]

這段期間，蘇新曾參與《政經報》、《人民導報》、《臺灣文化》等刊物編輯任務，並加入三民主義青年團臺灣分部。1945 年 9 月 23 日，吳新榮與蘇新、楊榮山等人赴臺南，一同拜訪韓石泉，求其協助發展「三青團」，吳新榮並與蘇新赴基督教會向臺南學生聯盟說明組織「三青團」的重要性。11 月 3 日，吳新榮偕蘇新訪張士德，談「三青團」的組織問題；12 月 1 日，吳新榮與諸同志赴臺南參加「三青團」的入團；23 日，「三青團」編組為中央直屬臺灣區團部籌備處臺南分團北門郡青年服務隊。

1946 年 4 月 4 日，吳新榮致函蘇新，表示決心競選省參議會議員；20 日，吳新榮加入中國國民黨。6 月 16 日，國民黨為收攬在日治時期「臺灣文化協會」、「臺灣民眾黨」、「臺灣共產黨」的重要成員，策畫成立「臺灣文化協進會」，由游彌堅出任理事長，蘇新出任理事，還身兼宣傳組主任，嗣後更接掌《臺灣文化》的編務，並推出《魯迅逝世十周年特輯》，似乎意含其傾向左翼思想語文學的批評國民黨政權。

1947 年 1 月，吳新榮北上，赴「臺灣文化協進會」拜訪蘇新。1947 年 2 月 28 日，臺灣不幸爆發「二二八事件」；3 月，吳新榮擔任「臺南縣二二八事件處理委員會」總務組副組長；卻發生在 3 月 14 日開始逃亡的情事；4 月 26 日，吳新榮向臺南市警察局辦理自新手續；6 月，獲釋。

「二二八事件」爆發後，蘇新在赴香港之後，與謝雪紅、楊克煌等人在當地共同創立「臺灣民主自治同盟」，並主編創盟刊物《新臺灣叢刊》。蘇新自謂其曾受蕭來福（筆名蕭友山）的領導，再上層領導為蕭瑞發，更上層領導則為臺灣最高負責人蔡孝乾。蘇新則負責指導王添灯及林日高。蘇新曾

[26] 施懿琳，《吳新榮傳》，（南投：臺灣省文獻委員會，1999 年 6 月），頁 243。

經以筆名「莊嘉農」出版《憤怒的臺灣》一書，記述臺灣爆發「二二八事件」的始末。

1949 年 3 月，蘇新從香港啟程前往北京，先後在中共中央統戰部、中共中央華東局、中央人民廣播電台工作，特別是負責對臺廣播的部分。1977 年，中共文化大革命時期蘇新遭下放，1978 年獲平反，之後曾擔任全國政協委員、臺灣民主自治同盟常務理事、中華全國臺灣同胞聯誼會理事等職。1981 年病逝於北京。

陳若曦出版的小說《老人》，其中所描述的臺灣知識分子，指的也就是蘇新，其與年輕時期充滿理想的激進改革者蘇新是完全不同的境遇。蘇新女兒蘇慶黎曾於 1970 年代參與《夏潮》的編務，並於 1980 年代先後與主張社會主義統一運動的林書揚等人，參與工黨與勞動黨的組建工作。

林書揚與蘇新、吳新榮都是臺南同鄉，而林書揚的臺南麻豆人背景，捲入 1950 年因麻豆農會理事長謝瑞仁以匪諜案遭逮捕，林書揚受牽連被判無期徒刑，直至 1984 年才獲釋在外。

1986 年，林書揚發起成立「臺灣地區政治受難人互助會」、創辦黨外運動刊物《前方》、創建工黨；1989 年，創建勞動黨，擔任副主席、榮譽主席。2012 年 10 月，林書揚病逝於北京，享年 86 歲，結束其一生左翼理論思想的研究與實踐。

吳新榮指出，當時「鹽分地帶」只是自然發生的小團體，這團體本身除相互間的友情之外，並無嚴密的組織或規約。「鹽分地帶」文學一直要等到 1935 年 6 月 1 日，成立了「臺灣文藝聯盟佳里支部」之後，特別是與楊逵、葉陶夫婦主導「臺灣文藝聯盟」、「臺灣新文學社」的互動之後，才被納入整個臺灣的文化運動系統。[27]

「右翼勢力」文學的抬頭，指的是國民黨在臺灣推動黨國化的反共反蘇文化運動。1950 年 4 月，在國民黨主導下成立「中華文藝獎金委員會」與

---

[27] 吳新榮，《吳新榮選集 2》，（臺南：臺南縣文化局，1997 年 3 月），頁 123。

「中國文藝協會」。

特別是中國文藝協會的成立，是以團結全國文藝界人士，研究文藝理論，從事文藝創作，展開文藝運動，發展文藝事業，實踐三民主義文化建設，完成反共抗俄復國建國任務，促進世界和平為宗旨，並發行《文藝創作》。檢視這個組織的權力結構，以國民黨員為核心，以外省作家為主要成員。工作的推動先由黨內核心組織下達決策，然後由民間團體配合，落實到社會各階層。

檢討戰後臺灣初期的復員工作，陳儀政府接收過程所出現貪腐及權力的分配不公，確實讓臺灣人感到極度失望。吳濁流目睹當時許多接收官員是「剃刀」（理髮師）、「菜刀」（廚師）、「剪刀」（裁縫師）的所謂「三刀」份子也混雜其間。

其中也有部分不肖官員拚命想「發國難財」，要的是：第一金子、第二房子、第三女子、第四車子、第五面子的金、房、女、車接收下來，保存面子來快樂地生活。吳濁流甚至於痛責要臺灣的公務員和各級民意代表應該到南京中山陵去請向國父孫中山悔過，如果他們還是滿口三民主義而壞事做盡，就算老百姓緘口忍受，國父在天之靈還是不會原諒他們。[28]

吳三連也針對臺灣發生「二二八事件」之前的社會情況，表示他當時的內心感受。1946 年，他從天津返回臺灣的所到之處，耳朵所聽到的都是對接收人員舉措不滿，真是令人無比失望。剛剛才為光復而歡欣鼓舞的同胞，貪污的敗行令人無法想像。所以，在吳三連在返回天津之後，他告訴同鄉，臺灣的情形好比一個火藥庫，只要一根火柴，全臺就會引爆。果不其然，過了沒多久，悲慘的「二二八事件」就發生了。[29]

1947 年 1 月 1 日，中華民國開始實施《憲法》，儘管就已將「國民政

---

28 吳濁流，《無花果》，（臺北：草根出版社，1995 年 7 月），頁 151-152。

29 1946 年吳三連的這次返臺之前，家眷已先行返臺，臺灣省諮議會，《吳三連先生史料彙編》，（南投：臺灣省諮議會，2001 年 12 月），頁 8；吳三連口述，吳豐山撰記，《吳三連回憶錄》，（臺北：自立報系，1991 年），頁 107-108。

府」改稱「中華民國政府」，或俗稱「國民黨政府」。然而，檢視戰後臺灣共產黨（臺共）的組織系統，亦已由日共、中共等之多線領導而變為中共的單線領導。他們利用政府初接收臺灣，趁當時政經社會尚未進入正軌的機會，大肆活躍。

臺共一方面策動其外圍組織，成立謝雪紅系統下的「臺灣人民協會」，一方面更獲得中共的支助與策動，加強其對於臺省黨政各部門的滲透；特別是針對當時三民主義青年團，和文教機關的發展組織工作，並且也很快地滲透了臺省各重要的民眾團體，以及一部分的新聞與出版事業。

郭乾輝指出，在 1945 年中共由延安指派舊臺共中央派蔡孝乾返臺，開展工作，並由中共華南局調派幹部林英傑、洪幼樵、張志忠等三人來臺協助，工作逐漸開展。[30]

中共在臺灣計畫性的發展組織工作，歷經 1945 年 8 月中共中央派蔡孝乾為「臺灣省工作委員會」（簡稱臺工委）書記，張志忠任委員兼武工部長；1946 年 1 月謝雪紅、楊克煌等成立「中國共產黨臺灣省委員會籌備會」，4 月張志忠、7 月蔡孝乾等先後潛回臺灣；1947 年 11 月，謝雪紅與蘇新等人在香港成立「臺灣民主自治同盟」，以及到了 1950 年底的「重整後臺共省委」等共產黨組織，即已在臺灣進行一連串的破壞治安行動。亦如藍博洲所指出，抗日戰爭結束，日本殖民地臺灣回歸中國以後，中共在臺灣的地下黨的組織、活動與潰敗，恰恰是從張志忠抵達臺灣而展開。[31]

當時受「二二八事件」牽連的文化人還有楊逵、呂赫若、張深切、張星建、蘇新、張文環、王白淵、林茂生，和王天燈等人。[32]另外，大陸來臺的

---

[30] 郭乾輝，《臺共叛亂史》，（臺北：中國國民黨中央委員會第六組，1954 年 4 月），頁 44-57、72。

[31] 藍博洲，《臺共黨人的悲歌——張志忠、季澐與楊揚》，（臺北：臺灣人民出版社，2012 年 7 月），頁 16、396-415。

[32] 陳添壽，《警察與國家發展——臺灣治安史的結構與變遷》，（臺北：蘭臺，2015 年 10 月），頁 291。

文化人，例如臺靜農、黎烈文等人則留在臺灣大學教書，噤若寒蟬的從此不提魯迅的左翼文學。

甚至於曾任陳儀臺灣行政長官的編譯館館長，於其任內負有編輯各種教科書，致力於使臺灣同胞了解祖國的文化、主義、國策、政令等知識任務的許壽裳，當時擔任臺大中文系系主任，亦於「二二八事件」將滿一周年的前夕，在臺北青田街六號住所遇害。

四、楊逵的社會文學意識

1906 年，楊逵出生於日治臺灣時期臺南新化。1924 年，前往日本求學，在日期間曾參加左翼組織發起的社會運動，例如工人運動、學生運動。1927 年，他返回臺灣，先後加入臺灣農民組合、臺灣文化協會、臺灣文藝聯盟等團體。日治時期，楊逵因投入社會運動，曾被日警逮捕入獄十次。

1947 年，臺灣爆發「二二八事件」，楊逵在《壓不扁的玫瑰》指出，這不幸的事件造成了很大的傷亡。當年 4 月，楊逵和其夫人葉陶，被捕入獄；8 月，才放了出來。出來以後，楊逵看到本省籍的人和外省籍的人之間，時常發生摩擦。

楊逵認為文化界人士對國家與社會的前途都很關心，也會守信，誠懇。以本省籍和外省籍文化界人士的合作，很可能可以打消人們的怨恨。因此，楊逵向臺中軍管區的參謀長，提起這個問題，他也贊成楊逵的意見。所以，楊逵馬上起草，油印寄出去，請大家提出意見，以便修正完善。[33]

「二二八事件」後所展開綏靖與清鄉的軍事鎮壓行動，政府強調綏靖唯一目的就是除暴安民，謀長治久安。政府採取分區綏靖的清鄉工作，如查戶口、辦理聯保連坐切結、收繳武器公務、檢舉奸匪惡徒等必要措施，凸顯政府透過「以軍領警」的治安方式，不但造成日後省籍之間的嚴重裂痕，同時

[33] 楊逵，《楊逵全集 2——壓不扁的玫瑰》，（臺北：前衛，1985 年 3 月），頁 211。

致使臺灣社會的文化傳承產生嚴重的斷層，導致外省作家與本省作家，處在不同政治文化背景下引發的「臺灣文學論戰」，臺灣社會再度陷入受到日本殖民的臺灣人，與來自祖國中國新文學的文化差異爭論。

發生繼「二二八事件」之後的重大治安事件，諸如 1949 年 3 月 19 日晚上，發生於臺大和師院兩名學生與警員衝突，引發學生 4 月 6 日以「結束內戰和平救國、爭取生存權、反飢餓反迫害」所引發罷課學潮的「四六事件」。

「四六事件」當天中午楊逵、葉陶夫婦和五歲么女兒的被捕，係因 1949 年 1 月 21 日，在上海《大公報》發表了那一份上述的〈和平宣言〉，呼籲國共內戰不要席捲到臺灣，要求當局應該實施地方自治，主張島上的文化工作者不分省籍團結起來，使臺灣保持一塊淨土的言論；加上楊逵的組織一個平民出版社、出版中國文藝叢書，以及主編《力行報》副刊等原因，導致楊逵後來因為此案被判刑 12 年。[34]

1979 年，《美麗島》雜誌創刊，楊逵擔任社務委員，積極參與於黨外運動。1983 年，獲頒吳三連文藝獎和臺美基金會人文科學獎。1985 年 3 月 12 日，楊逵心臟病發驟逝。

五、葉石濤的社會文學意識

葉石濤先祖為臺南縣龍崎鄉移居臺南府城。1925 年，他出生臺南市白金町（打銀街）。葉石濤橫跨日治與戰後兩個世代，小學前曾接受兩年漢文私塾教育，畢業於臺南州立第二中學校（今臺南一中），初為日治時代作家西川滿主持之《文藝台灣》的助理編輯。1944 年 6 月，辭去助理編輯，回臺南後另謀職至寶公學校（今立人國小）任助教。

1945 年，他初任國小教師，1947 年任臺南工學院（今成功大學）總務

[34] 楊逵，《楊逵全集 2——壓不扁的玫瑰》，（臺北：前衛，1985 年 3 月），頁 211-212。

處科員 2 年餘，後再回任國小教職，旋於 1951 年 9 月，白色恐怖時期葉石濤因與左派人士互有來往，被以「知匪不報」罪名逮捕，判刑 5 年，嗣因蔣介石連任總統減刑，才得以服刑 3 年出獄。

出獄後，再考取國小教師。1965 年，一度辭教職，進入省立臺南師範專科學校特別師範科就讀 1 年。復出文壇的葉石濤，在《文星》發表了〈臺灣的鄉土文學〉一文，該文提出從理論解釋「鄉土文學」，是提出所謂「臺灣文學主體論」概念的開風氣的文學作家。1977 年 5 月，葉石濤在《夏潮》又撰寫〈臺灣鄉土文學史導論〉，從鄉土中衍生出「臺灣人意識」的問題。

從社會意識發展角度，葉石濤將「臺灣人意識」推演到「臺灣的文化民族主義」，雖然認同臺灣人在民族學上是漢民族，但在長期變遷下，早已發展了和中國分離，屬於臺灣自己的「文化的民族主義」。如果陳映真作品中提出的觀點是「馬克思主義右派」，那葉石濤可謂「馬克思主義左派」，但我寧願認為葉石濤的思想和其作品，部分是受到「本土化」因素與政策的影響。

1982 年 1 月，葉石濤糾合鄭炯明、曾貴海、陳坤崙、施明元等人於高雄創辦了《文學界》雜誌，強調臺灣文學離自主性道路尚有一段路要走，希望臺灣作家作品，要勇敢的去反映臺灣這塊美麗土地的真實形象。

葉石濤在《葉石濤全集》〈自序〉指出：

> 臺灣文學反應了臺灣的土地和人民的真實生活，從日治時代以來，臺灣作家始終堅持與人民站在一起，覓取更佳的民主、自由的生活。我這一輩子立志要為為建立臺灣文學而奮鬥，這種堅定的信念，使得我脫離了名利之爭，只寫我願意寫的東西。[35]

葉石濤的自傳小說，以人物臺灣男子簡阿淘，用小說技巧描寫戰後初期

---

[35] 葉石濤，〈自序〉，《葉石濤全集》，（高雄：文學臺灣基金會，2008 年 4 月）。

爆發「二二八事件」時，簡阿淘曾參與夜襲行動失敗，也因閱讀共產書籍被關的親歷經驗。1991 年 2 月，葉石濤於甲圍國小退休，前後國小教職 39 年。2000 年 9 月，政黨輪替，出任中華文化復興運動總會副會長。2004 年 5 月，獲聘民進黨陳水扁執政總統府國策顧問。2008 年 12 月 11 日，病逝於高雄榮總，享壽 83 歲。

2018 年 12 月 7 日，促進轉型正義委員會促轉三字第 1075300145A 號函文，有關葉石濤明知為匪諜而不告密檢舉之有罪判決暨其刑之宣告正式撤銷。檢視出生於日治臺灣中期的葉石濤，在青少年的他擔任日本皇民文學西川滿的助理編輯。戰後，他的文學主張偏向於中國文學的臺灣文學。1980 年代之後，則轉而傾向於主張「臺灣文學主體論」。

六、結論

我們可以回溯檢視日治時期歷史與文學的發展，諸如：賴和於 1926 年（昭和 1 年）2 月 4 日、21 日發表在《臺灣民報》〈一桿「秤仔」〉文學作品的描述惡警察形態。

吳濁流從 1943 年（昭和 18 年）開始撰寫《亞細亞的孤兒》這部小說，一直到 1945 年的二戰結束，他在該書的〈自序〉中特別提到，他家前面就是警察署的官舍，那裏有熟悉的特高的思想警察監視，他為防萬一，每次寫滿幾張稿紙後，就將它暗藏置於炭籠底下，趁機再將稿子疏散到鄉下老家的不安情境。

「鹽分地帶文學」的奠基者吳新榮，他於 1929 年（昭和 4 年），因為涉及日本「四一六事件」，而被日警拘留淀橋警察署 29 天，父親吳萱草則於 1947 年以涉嫌「二二八事件」，和他自己又於「白色恐怖」時期受「李鹿事件」之累，造成父子先後入獄的悲慘境遇。

鍾理和在〈祖國歸來〉一文指出，在壓迫與威脅之下，於是臺灣人就不能不離開住慣了的祖國，回到臺灣……難道臺灣人五十一年奴才之苦，還不夠嗎？難道臺灣人個個都犯著瀰天大罪，應該株及九族的嗎？這是鍾理和戰後回歸祖國，卻強烈感受到祖國政府和人民對臺灣人不友善，由於對祖國幻滅，鍾理和才會改變當初原本已經誓言不重返家鄉的想法。或許這也影響了後來鍾理和同父異母的弟弟鍾浩東的涉入基隆中學案遭槍決的事件。

賴和和吳濁流兩位文學家作品代表的，是日治殖民統治下的臺灣人和臺灣文學苦境；吳新榮父子遭遇彰顯的，是不光在日本被警察逮捕，更感觸於國民政府在光復臺灣之後所發生的政治事件；另外，鍾理和的歸鄉情節和其弟鍾浩東遭槍決事件，皆因社會瀰漫「白色恐怖」陰影的治安意識所造成。

檢視他們的文學作品中，除了流露著這段不幸歷史的沉重痛訴之外，亦遂其筆鋒對部分警察不良行徑的描述，往往又加深社會對警察的刻板印象，形塑了國人的歷史共同記憶，導致今日我們更要以嚴謹態度來面對日本殖民統治，以及戒嚴威權政體下，臺灣人身處的時代空間與走過的生命歷程。

我們檢視二戰前後臺灣社會的文學意識，感受到如何來釐清這時期警察扮演的角色，及其背後隱藏歷史文學的獨特背景與社會的深層意涵就顯得格外重要。

文末，從國家與社會發展的角度，我要再次強調治安與文學關係的建構「治安文學」概念，如果這一觀點可以成立的話，那臺灣在接受各不同歷史階段的「歷史警學」之外，似還可再從庶民文化主體性的角度，為臺灣反壓制、反侵略、反殖民的「治安文學」研究，開闢出一條新的途徑來，並且有助於釐清社會對警察單一維護政權的工具化錯誤看法，和儘速建立對警察依法行政的專業服務認知。

我的所謂「治安文學」（policing literature）主要係指針對探討與治安有關的歷史、檔案、文獻、人物、思想，乃至文學作品，其足以影響警察與國家發展關係為主題的研究。

「治安文學」與「監獄文學」或「流亡文學」的主要區別，在於「治安文學」是從政府的國家（state）立場，論述統治者維持治安角度；「監獄文學」或「流亡文學」是民間的社會立場，論述被統治者的維護人權角度，但是上述兩類研究途徑皆可以分別與文學觀點的關係來加以論述。

現階段臺灣「治安文學」的研究，可考慮以成立「臺灣治安文學研究學會」的方式，來蒐集與出版有關臺灣治安史的史料，包括文字、圖片，和數位檔，俾豐富《臺灣治安史》的內容。構思中的「臺灣治安文學研究學會」也可採取與「中華檔案暨微縮資訊管理學會」等民間學術單位，以及透過與國家發展委員會所屬國家檔案局的合作，共同推動有關臺灣治安文學史料的蒐集、整理與出版。

臺灣戒嚴時期文藝政策的發展與變遷——從「再中國化」到「本土化」的文化衍變

一、前言

中華民國歷史主要可以分為1912年至1949年的中華民國大陸時期，與1950年迄今的中華民國臺灣時期。也有另一種說法，稱1912年至1996年總統直選之前為中華民國第一共和，與稱 1996 年之後迄今為中華民國第二共和，但這種分法並未獲得社會或學術上的接受。

本文所稱的戒嚴時期是聚焦 1949 年 5 月，中華民國政府在臺灣的宣布戒嚴，直到 1987 年 7 月解嚴的這一段期間。這期間的文藝政策，可以分為戒嚴時期前階段蔣介石主政「再中國化」文藝政策，與戒嚴時期後階段蔣經國主政「本土化」文藝政策的衍變歷程。

1975 年 5 月，谷鳳翔在中華民國文藝史編纂委員會出版的《中華民國文藝史》的〈序〉中指出，中華民國的文藝發展可分為四個時期[1]：

中華民國的文藝發展，如以她第一個花甲的前六十年為一段落，大

[1] 本篇文字諸多引自中華民國文藝史編纂委員會，尹雪曼總編纂，《中華民國文藝史》，（臺北：正中書局，1975 年 6 月）。檢視該書自出版至今已歷近半世紀之久，書的保存不易，市面該書的流通很少，承蒙文藝獎得主周伯乃先生贈予參考，特此致謝。基於參考方便和保存文獻的心切，容我引用的文字較長的儘量保存原文，並此聲明。

致可分為四個時期。第一個時期，在時間上是開國前後；在思想上，以民族主義為文藝思潮的主流。如革命黨人鄒容所著的《革命軍》，陳天華所著的《警世鐘》、《猛回頭》，可說都是當時的代表作品；而對全國國民，特別是年輕中一代的知識分子，發生了極大的影響和作用；於是促成了辛亥革命的成功，與亞洲第一個民主共和國——中華民國的誕生。總統在對全國文藝會談的訓詞中，曾特別讚揚此一史實；認為革命先烈們的文藝作品，「充份發揮了中華文化所內蘊的革命精神，喚醒了我們的中華民族魂。」

第二個時期，在時間上是民國十年前後的十年間；亦即自民國六年胡適之發表〈文學改良芻議〉，到民國十五年國民革命軍北伐，因俄帝的唆使以致發生了所謂的「普羅文學」運動。這一個時期的文藝思潮，以自由主義為主流；無論當時的《新青年》雜誌，以及後來的文學研究會、創造社、新月社諸人的作品，都以闡揚民主與科學思想為主；而其大原則係民主主義。

第三個時期，在時間上是民國二十六年前後的十數年，亦就是自「九一八」事變發生，到對日抗戰勝利。在這一個時期中，由於日本帝國主義對我國的侵略；文藝界於是重新點燃民族主義的火把，使民族主義再度成為文藝思潮主流。而成為這一運動前奏曲的，是民國十九年南京中國文藝社諸人所發表的「中國民族文藝運動宣言」。由於這一宣言早一年發表，等到九一八事變一起，於是就變得更為壯大。此後到民國二十七年全國文藝界抗敵協會在漢口成立，所有的作家，都在民族主義的旗幟下團結起來，一致為抵抗日本軍閥而奮鬥；於是成為民族主義文藝思想的再現。

第四個時期，在時間上是從民國三十八年迄今。如果我們把這一時期從民國三十八年算到民國六十年，那麼，這一時期在時間上可說是最長、最久，共有二十三年。而在此二十三年中，我國的文藝思潮，進入了一個嶄新的新人文主義時期。

> 只是這一時期的新人文主義，不同於原有的人文主義。當前的新人文主義，第一是反奴役，第二是頌揚仁愛，第三是科學精神的發揚。前二者，不用解說，人人可以瞭解。至於科學精神發揚，最具體最顯明的表現，一是從執政黨中央到政府主管部門，從文藝社團到作家、藝術家、音樂家個人，都不再空喊口號；代之而起的，是有步驟、有計劃的具體行動；如文藝會談的舉行、文藝政策的釐訂，對文藝作品獎助的積極與擴大，文藝基金的籌募與文藝基金會的成立。二是大部分的文藝創作，都一致的頌揚仁愛、歌唱人性，顯露出極強烈的民族復興與文化復興的契機與成果。[2]

谷鳳翔又指出：

> 當然，在這四個時期的先後發展期中，亦曾發生過不少的逆流，遭受到不少的挫折。而最大的一次挫折，就是所謂「三十年代」毛幫文人所掀起的黑潮。從民國十五年創造社的變質提倡所謂「普羅文學」，到民國十九年所謂的「左翼作家聯盟」成立，形成了中華民國文藝發展初期的一股逆流；使中華民國的青年，受到很深的毒害。這不僅是毛共份子的一大罪惡，也是俄帝陰謀殘害我國的一大明證。所幸這一股逆流，很快的便為對日抗戰後的民族主義文藝思潮所淹沒；但其餘毒，卻不料竟一直漫延到對日抗戰勝利後，突然爆發，致使大陸沉淪，迄今未復。
>
> 前事不忘，後事之師；我們受了這個教訓，又想到中華民國的創建，許多革命先烈都是以筆代槍，向腐敗無能的滿清政府射擊；終使愛新覺羅王朝為之崩潰！今天為了消滅殘民以逞的毛共份子，劇

[2] 中華民國文藝史編纂委員會，尹雪曼總編纂，《中華民國文藝史》，（臺北：正中書局，1975 年 6 月），〈序〉頁一~二。

> 除大陸上的偽組織，我們的作家更應提起如椽之筆，用文藝的力量，向大陸進軍；以期毛共偽朝的早日煙消灰滅！[3]

谷鳳翔最後指出：

> 為了達成此一目的，檢討過去，展望將來，自然十分必要。民國六十年二月，中央文藝工作研討會決定編印《中華民國文藝史》；並請文復會邀請文藝界人士座談，策劃進行，用以表示對中華民國花甲大慶的祝賀之意。更何況總統蔣公有言：「文藝是文化的花果，文化是文藝的根幹。」我們如要顯示中華文化的光輝燦爛，文藝工作自是相當重要的一種表現。尤其是從開國到現在，我國的文藝創作，無論是在民族主義思想為主流的領導下，或人文主義思想為主流領導下，所有的表現，都與倫理、民主、科學精神的闡揚有關；譬如開國前後與抗戰前後的民族主義思想，是民主精神的闡揚；民國三十八年以後的人文主義思想，是科學精神的闡揚；脈絡顯明，一望可知，所以特別值得我們的重視。因而即日成立編纂委員會，著手進行，參加編纂工作的文藝理論家、作家，共有四十二人；由文復會文藝研究促進會執行秘書尹雪曼先生總其成。惟以部分資料收集困難，且牽涉問題甚多；經一再研議修正，歷時四年，方告完成。此後，決定每五年修訂一次，以期其內容得以不斷充實與更新。惟以本會人力財力有限，此一工作雖經中國國民黨文化工作會全力支援，疏漏仍所難免；尚望邦人君子，不吝指教是幸。[4]

3 中華民國文藝史編纂委員會，尹雪曼總編纂，《中華民國文藝史》，（臺北：正中書局，1975 年 6 月），〈序〉頁二~三。

4 中華民國文藝史編纂委員會，尹雪曼總編纂，《中華民國文藝史》，（臺北：正中書局，1975 年 6 月），〈序〉頁三~四。

《中華民國文藝史》實際撰寫者尹雪曼總編纂在〈導論〉一文中指出：

> 中華民國文藝的發展，也像其他事務的發展一樣，六十年來輝煌閃灼，如旭日東昇。從民國六、七年的新文學運動，到民國六十年前後現代文學的滋生與滋長，中間雖有不少文藝思潮的起伏，就像早晨天邊的浮雲；無論這些浮雲的薄厚，也無論每一片浮雲飄浮時間的久暫；它們無法遮掩光輝萬丈、亙古不變的旭日，是明顯的。
>
> 這個旭日，就是脈絡一貫的中華文化傳統精神；亦即民族主義與人文主義。我們統觀六十年來中華民國文藝的發展，一個時期為民族主義所領導；另一個時期，為人文主義思想所領導。而在這兩種思想的交替引領下，中華民國的文藝發展，雖然波瀾壯闊，變幻無窮；但始終有民族主義和人文主義作主流；因而，才有今日輝煌的成就。[5]
>
> 大致說來，中華民國的文藝，開國前後和對日抗戰前後，是以民族主義思想為砥柱。民國十年前後到民國二十年前後，是自由主義思想流行的時期。從民國四十年前後到民國六十年的這個時期，是以人文主義思想為砥柱。
>
> 其間雖有種種的變化、種種的流派，像民國十年前後胡適之倡導的「國語文學」，陳獨秀倡導的「寫實的社會文學」，沈雁冰、周作人倡導的「平民文學」，創造社等人倡導的「革命文學」；以及近十幾年來風行的「現代文學」；都沒有跳出自由主義和人文主義思想的範疇。
>
> 至於所謂「三十年代」文藝，則不過是中華民國文藝發展史中的一個小小的浪花。當時間的巨輪向前邁進，千百年後，再看這股小小

5 中華民國文藝史編纂委員會，尹雪曼總編纂，《中華民國文藝史》，（臺北：正中書局，1975 年 6 月），〈第一章導論〉頁一。

> 的浪花，只覺它是一滴泡沫而已。其不值得重視，是很顯然的。
>
> 但是，如從整個的中國文藝史來看，中華民國的文藝發展，卻有十分值得大書特書的特徵。一般人在談到中國文藝史時，對於漢朝的賦、唐朝的詩、宋朝的詞、元朝的曲、明、清兩朝的小說，都特別推崇。這是說，我國歷史上每一個朝代，或者說每一個時期，在文藝創作上，都有它輝煌的一面。中華民國的歷史雖然正像旭日初昇，但是六十年來，在文學創作方面，卻已獲得一項空前輝煌的成就。此一輝煌成就，便是白話文學的勃起；或說是新文學的勃興。只是這兒所說的「新文學」的「新」，是對文學創作內容重新估定價值的「新」，不是以時間前後為準，所謂「新」「舊」的「新」。
>
> 我們認為在過去二千年的文藝創作中，有許多作品都可以列入我們今天所說的新文藝範疇之內；像文學部門的詩經、楚辭、唐詩、宋詞、元曲、明清小說。這些作品，雖不是篇篇珠玉、部部卓越，但大部分的作品，都可以列入世界傑作之林。另外，像歷朝歷代的音樂、舞蹈，特別是美術（書法、繪畫、雕塑等等）、戲劇，也都有非常輝煌的成就。並且直到今天，還是我國文藝方面值得誇耀、值得繼續發揚光大，一點也不陳舊的新東西。[6]

本文戒嚴時期中華民國文藝政策所稱的「戒嚴時期」，即是根據谷鳳翔在〈序〉所指出「中華民國文藝政策第四個時期」的時間區段很相近，但本文係指選擇聚焦在 1949 年 5 月 20 日，中華民國政府宣布戒嚴開始，直到 1987 年 7 月 15 日，中華民國政府宣布解嚴為止來加以敘述。這一所謂的「戒嚴時期」共持續 38 年 56 天。

檢視這期間的文藝政策，從政治經濟學上所稱的政經體制分類，依其政

---

6 中華民國文藝史編纂委員會，尹雪曼總編纂，《中華民國文藝史》，（臺北：正中書局，1975 年 6 月），〈第一章導論〉頁一~二。

治光譜將可分為蔣介石主政的硬式威權主義（hard authoritarianism）體制的文藝政策，與蔣經國主政的軟式威權主義（soft authoritarianism）體制的文藝政策。本文採取社會上習慣使用的政府體制，將其分為蔣介石主政時期文藝政策，與蔣經國主政時期文藝政策的兩個階段。並從中檢視各該時期文藝政策的形成背景與衍變情形。

二、戒嚴時期前階段蔣介石主政「再中國化」文藝政策

1945 年 8 月 15 日，日本投降。9 月 2 日，日本在投降書上簽字，二戰結束。10 月 25 日，臺灣光復。但直到 1949 年初，國之大事仍然是處在紛爭不停的危急局面。根據《李宗仁回憶錄》的敘述：

> 一月二十一日上午十時許，蔣〔介石〕召集在京黨政軍高級人員百餘人，在其官邸舉行緊急會議。與會人員黯然無聲，空氣極為沉重。蔣先生首先發言，將目前的局面做詳細的分析。最後結論說，軍事、政治、財政、外交皆瀕於絕境。我有意息兵言和，無奈中共一意孤行到底。在目前情況下，我個人非引退不可。讓德鄰〔宗仁〕兄依法執行總統職權，與中共進行和談。我於五年之內絕不干預政治，但願從旁協助。希望各位同志以後同心合力支持德鄰兄，挽救黨國危機。……一月二十四日星期一，國府舉行總理紀念週。由居正擔任監誓，我便在紀念週上舉行一個簡單的儀式，就任代總統。[7]

1949 年 1 月 21 日，蔣介石下野，代理總統李宗仁企圖守住半壁江山不成。11 月 19 日，李宗仁發電致行政院長閻錫山，囑以責任內閣立場全權處

7 李宗仁口述、唐德剛撰，《李宗仁回憶錄》，（香港：南粵出版社，1986 年 3 月），頁 601-602、606。

理國政，並以身染重病，須出國治療，一朝痊癒便立刻返國。12 月 8 日，李宗仁由香港飛抵紐約。

是年底，大陸沉淪，國府被迫遷往臺灣。閻錫山以行政院長身分代理領導政府，直到 1950 年 3 月 1 日，蔣介石在臺灣宣布視事，復行總統職權。李宗仁在回憶錄中提到，蔣介石希望他以副總統的身分做他的專使，在友邦爭取外援云云。

《李宗仁回憶錄》特別提到：

> 蔣先生的「復職」並未使我驚異，因為事實上他早已是臺灣的獨裁者了。不過站在國家法統的立場上，我不能不通電斥其荒謬。按憲法第四十九條規定，總統缺位時由副總統繼任，正副總統均缺位時由行政院長代行職權，並由立法院長於三個月內召集國民大會，補選總統。今蔣先生復任總統是根據哪一條憲法呢？本來，與蔣先生往還，還有甚麼法統可談？不過我的職位既受之於憲法，並非與蔣介石私相授受而來，蔣先生的「復職」，在法統上說便是「篡僭」。我至少亦應做誅鋤叛逆的表示，以為國家法統留一絲尊嚴。[8]

復行視事的蔣總統在深刻檢討會失掉大陸的諸多原因之中，有一項就是過去在大陸時期未能真正的重視文藝工作。1950 年 3 月，中國國民黨中央改造委員會在確立「以黨領政」的黨國體制之後，即在政綱中列入文藝工作一項。

1950 年 5 月 4 日，「中國文藝協會」在臺北市召開第一次會員大會時，即通過了該會會章二十五條，同時對全國發表宣言。宣言中說：

> 今天的臺灣，是西太平洋一個最雄偉最堅強的堡壘，不僅維繫著全

8 李宗仁口述、唐德剛撰，《李宗仁回憶錄》，（香港：南粵出版社，1986 年 3 月），頁 671-672。

中國人民的希望，實在是指引全人類求自由幸福的燈塔。我們幸運地做了這座燈塔的守護者，要為它燃起永不熄滅的火炬，照亮世界上每一個黑暗的角落。這是我們義無旁貸的天職，也是我們在艱苦的反共抗俄戰爭中神聖的任務。

1953 年，蔣中正總統更在《民生主義育樂兩篇補述》中，提示「民生主義社會文藝政策」的重點與方向，為後來制定的文藝政策，吹起了帶頭主導的方針。1956 年 1 月，中國國民黨中央遵照總統兼黨總裁的蔣中正指示，正式揭櫫了「戰鬥文藝」運動，並由國民黨中常會通過了「展開反共文藝戰鬥工作實施方案」，也形塑了由國民黨以黨領導的文藝政策。

從 1950 年到 1956 年，是反共戰鬥文藝最澎湃的時期。張道藩在《文藝創作》第一期的〈發刊詞〉（民國四十年五月四日）中說：

兩年來自由中國的文藝運動，隨著反共抗俄的高潮，呈獻了空前的蓬勃。無數忠於民族國家的文藝作家，各各發揮其高度的智慧與技巧，創作了許多有血有肉可歌可泣的作品，貢獻給戰鬥中的軍民同胞，使我們驚喜於中國文藝復興將隨著中國民族的復興而開拓了無限燦爛的遠景。[9]

在這一期的文章裡，除了張道藩的發刊詞外，還有陳紀瀅、趙友培等人的論評文章。特別是趙友培對我國「五四」運動以來的新文學作了一個嚴厲的批判。他呼籲要把我們這一代「青年革命力量和文藝力量堅強地結合起來。」要發揚「五四」精神，把青年一代的愛國運動與文藝革新運動結合起來。

9 中華民國文藝史編纂委員會，尹雪曼總編纂，《中華民國文藝史》，（臺北：正中書局，1975 年 6 月），頁八0。

張道藩在《文藝創作》第一期〈發刊詞〉文中，還特別指出：

> 本會深感文藝作品不能大量發表，不僅埋沒了作家的心血，減少思想戰精神戰的力量，且將低抑了作家們寫作的情緒，阻滯了整個文藝運動的發展。且報紙副刊，對五千字以上的作品即感無法容納，各出版機構，對於銷路較窄的作品，因成本不易回收又多不接受。本會深感很多份量較重的長篇巨著無處發表的苦悶，思維再四，決定在經濟條件極端拮据之下，自本（1951）年本月份起發行本刊，為「自由中國」的文藝作家們開創一廣大園地，為忠貞的軍民讀者，提供大批精神食糧。[10]

蔣介石執政時期的推動文藝工作，張道藩是國民黨文藝政策的策劃與執行者。回溯 1937 年 11 月，國民政府移駐重慶，並舉行「中華全國文藝界抗敵協會」第一屆大會，這時以郭沫若為首左翼作家已控制該會。1940 年 9 月，政治部改組，下設有「文化工作委員會」，仍以郭沫若為主任，中央宣傳部有鑑於此，乃由張道藩於 12 月成立「中央文化運動委員會」，張道藩任主任委員，潘公展、洪蘭友兩位任副主任委員。1942 年，創辦了《文化先鋒》與《文藝先鋒》，皆由張道藩任發行人。[11]

1948 年，張道藩當選立法委員。1949 年來臺之後，並繼續擔任中國國民黨中央委員會中央組織部秘書等重要黨職。1951 年，與陳紀瀅、王藍、趙友培等人發起、成立「中國文藝協會」。1955 年春，蔣總統以「戰鬥文藝」之號召，昭示全國軍民，以成為我國文藝界最有力的主流。我們可以說，從 1950 年到 1956 年，是高舉反共戰鬥文藝最澎湃的時期。[12]

---

10 張道藩，《酸甜苦辣的回味》，（臺北：傳記文學，1981 年 6 月），頁 96。

11 趙友培，《文壇先進張道藩》，（臺北：重光，1975 年），頁 157。

12 陳添壽，《筆記與對話：臺灣百年雙源匯流文學的淒美絢麗》，（臺北：方集出版社，2023 年 6 月），頁 90。

1964 年 11 月，國民黨中央召開「新聞工作會議」中，復通過了一項「加強新聞文藝工作合作，以擴大文藝戰鬥功能，促進反攻大業案」。1965 年 4 月，蔣總統在國軍文藝大會中，對國軍文藝工作，提出了十二項指示，為戰鬥文藝的內容與目標，指出了明確的要領與方針。而黨為再進一步的輔導和推動文藝工作，復於 1966 年 3 月，在九屆三中全會中，通過「加強戰鬥文藝之領導，以為三民主義思想作戰之前鋒案」，更具體的提出了「強化戰鬥文藝領導方案」。[13]

1966 年 11 月 12 日，為中華民國國父孫中山先生一百晉一誕辰，蔣總統在「國父一百晉一誕辰中山樓中華文化堂落成紀念文」中，點燃起復興中華文化的聖火。12 月，九屆四中全會通過了「中華文化復興運動推行綱要」，將「繼續倡導戰鬥文藝，輔導各種文藝運動」，列入推行要項中。在此之後，中華文化復興運動推行委員會及教育部文化局遂相繼成立。1967 年 11 月，黨在九屆五中全會中，通過了「當前文藝政策」，使全國文藝工作者所期望已久的文藝政策與文藝機構，次第實現。

1968 年，國民黨為了策進「當前文藝政策」的有效推行，乃於 5 月下旬，舉行「文藝會談」。蔣總統在「文藝會談」中，更為此後的文藝運動，提出了大家應一致努力的方向與目標。蔣總統說：

> 今天我們在推行中華文化復興運動的目標之下，大家應如何更積極的去開創三民主義的新文藝運動，乃是一個極其主要的課題。……我們民族固有文化的精義，就是一個「仁」字；也就是以忠孝仁愛為本的民族主義，以平等自由為本的民權主義，以和平樂利為本的民生主義，此乃我中華文化的結晶；而國父手創的三民主義，實為其具體的表現。……我們實行三民主義，就是要在中華文化傳統基

[13] 中華民國文藝史編纂委員會，尹雪曼總編纂，《中華民國文藝史》，（臺北：正中書局，1975 年 6 月），頁九七八。

礎之上，建立一個倫理、民主、科學的現代化的社會和國家。[14]

戒嚴時期軍中文藝工作，由於中國國民黨及政府對文藝工作的日漸重視，以及「當前文藝政策」的頒訂施行，最早起而推行文藝運動的，是國防部總政治作戰部。1965 年，國防部在臺北市北投復興崗上召開了「第一屆國軍文藝大會」，總統蔣公曾親臨訓示，以親書文藝工作十二信條，勉勵與會會員。

此文藝大會，除了研討三項重要的中心議題，就文藝評論、小說、新詩、散文、影劇、美術、音樂、民俗藝術、廣播、文宣分別議決了十項專業議案，和二十項一般提案外，並對於軍中文藝工作，作了通盤檢討，制定了爾後的工作方向、路線、與具體可行的辦法，發表大會宣言，發起劃時代的「國軍新文藝運動」，以結合全國力量，有組織有計劃地透過文藝創作，積極從事文化建設，在文藝與武藝結合下，達成文藝先期登陸的要求。[15]

依據第一次文藝大會宣言與決議案，訂定的國軍新文藝運動推行綱要，其重點計有：

一、目標：（一）發揚論理觀念，表現真摯的民族情感，發揮民族主義精神，以開拓人類自由平等博愛的新天地。（二）培育民主思想，表現良善的法治制度，闡揚民權主義要旨，以引導人類走向互助合作的新社會。（三）倡導科學精神，表現美滿的人生境界，實踐民生主義理想，以建設人類安全均富幸福的新世界。

二、準則：（一）文藝本質與三民主義思想結合起來。（二）文藝路線與反共復國運動結合起來。（三）文藝題材與現實生活結合起來。（四）文藝創作與民族情感結合起來。

---

[14] 中華民國文藝史編纂委員會，尹雪曼總編纂，《中華民國文藝史》，（臺北：正中書局，1975 年 6 月），頁九七九。

[15] 中華民國文藝史編纂委員會，尹雪曼總編纂，《中華民國文藝史》，（臺北：正中書局，1975 年 6 月），頁九八三~九八五。

三、要求：（一）使官兵都能為愛主義、愛領袖而創作，主動的為仇匪滅匪而創作；從個人創作而群體，從操場創作到職場。（二）使官兵的作品和演出，主題正確，感情豐富，有內容，不但使人被動的欣賞，而且要使人主動的爭著欣賞。（三）使軍中與社會的文藝工作者，結成堅強的文藝陣線，對準敵人——萬惡的共匪，展開文藝大進軍。（四）使各階段的創作任務，能與建軍運動和復國運動密切呼應，不斷發揮「革新」、「動員」、「戰鬥」的主導作用。掀起革命高潮，完成復國任務。

茲誌〈國軍第一屆文藝大會宣言〉的重要部分內容，特摘錄如下：

> 我們當前的時代，一面是科學飛躍進步、人類被帶進了太空的時代；但另一面在集體經濟奴役下，做了比中世紀奴隸還不如的奴隸。一面在民主自由制度下，不但充分享有人權的自由，而且還充分享有社會的互助；但另一面在極權專制鎮壓下，過著血腥鬥爭的生活，遭遇到過去人類從未遭遇過的有屠殺劫運，人民沒有政治、生活、思想的自由，也沒有不說話的自由。[16]
>
> ……文藝不但是偉大時代的反映，而且是偉大時代的號角。……觀察近代的文藝思潮，任誰也得承認，在愛走極端的西方文化土壤上產生出來的近代文藝作品，大家都有偏頗的傾向。……我們思想航行的舵師，早已為我們指出到達安全幸福彼岸的正確航行的目標。這位舵師就是全世界共同崇敬的偉大國父孫中山先生。這個正確的目標，就是孫中山先生所手創的三民主義。
>
> ……我們從國父手創的三民主義中，即可以體認出國父對融會中西文化之所長的正確原則，乃來自於中國儒家「同則相親，異則相敬」的中和精神。循此正確原則，對自己傳統文化，既不是魯莽滅

[16] 中華民國文藝史編纂委員會，尹雪曼總編纂，《中華民國文藝史》，（臺北：正中書局，1975 年 6 月），頁九八六。

> 裂的全般否定，也不是頑固保守的全般肯定。……依據此一正確的方針，檢討過去痛苦的血淚教訓，基於我們對國家的天職與對文藝的熱愛，並為擴大毋忘在莒運動，特提出新文藝運動，作為我們今後努力的方針。我們所主張的新文藝，是以倫理、民主、科學為內容，以民族的風格，革命的意識，戰鬥的精神融鑄而成的三民主義的新文藝。
>
> ……蔣總統說：「歷史是人的旅程，宇宙是人的舞台。」人是一切的根本。新文藝運動的目的，就在提高人性的尊嚴，謀求人群的幸福。這一崇高真善美的文藝理想如果用現代的語彙來說，稱之為「人文主義」也未嘗不可。
>
> ……我們敢以愛國家、愛民族、愛大陸同胞的愛心，籲請海內外及大陸決心反共熱愛文藝的先進們，籲請正向文藝進軍的青年朋友們，對於我們這個主張，給予指正、給予同情、給予支持、給予合作。讓我們手攜手，來共同向誨淫誨盜的黃色文藝，殘忍血腥的赤色文藝宣戰，來共同完成蔣總統所指示的「重建一個永遠不再有奴役、不再有飢餓、不再有侵略恐怖的三民主義的光明的更新的時代！」。[17]

政府實施戒嚴初期的階段，由於社會文藝工作者的不斷進入軍中服役，透過參加各項座談、舉行講演、主辦演出、展覽等方式的協助軍中文藝工作的推進，更是培育了許許多多的軍中文藝工作者，達成「以黨領軍」要求武藝與文藝結合，陶冶國軍官兵性情的目標。

回溯在 1951 年 5 月《文藝創作》創刊之前，自由中國有幾份極有份量的綜合性刊物，如：1950 年 2 月創刊的《暢流》、1950 年 5 月創刊的《自

[17] 中華民國文藝史編纂委員會，尹雪曼總編纂，《中華民國文藝史》，（臺北：正中書局，1975 年 6 月），頁九八六~九九一。

由青年》與《中國一周》、1951年2月創刊的《中國文藝》等刊物都經常、甚至每期都固定有一、二篇文藝評論。之後，臺灣各文藝刊物和報紙副刊，都陸續刊出文藝批評與文藝理論，以及相關專著的出版。如葛賢寧《現代小說》、虞君質《天才與人力》、趙友培《文藝書簡》，以及王集叢《三民主義文學論》等等。[18]

《中華民國文藝史》概述：在1951年到1956年間，也是自由中國新文學教育最普通、最蓬勃的年代。首先是李辰冬和趙友培等人，在張道藩的資助下，於1951年3月12日，在「中國文藝協會」創辦了小說研究組，給一批愛好文藝的青年們，灌輸了豐富的創作方法。後來，李辰冬又創辦了中華文藝函授學校，以文藝理論與習作同時並重，數年來受益的青年不知其數。而李辰冬同時為其中華文藝函授學校學生撰寫《文學與生活》一書。這部講義和覃子豪寫的《詩的解剖》，都非常受讀者的歡迎。

1953年5月1日，《文藝創作》出版了戰鬥文藝論評專號，其中包括：張道藩〈論文藝作戰與反攻〉、齊如山〈論平劇的特質及其戰鬥力〉、虞君質〈論文學與戰鬥〉、梁宗之〈論小說的戰鬥性〉、王聿均〈論詩歌的戰鬥性〉、施翠峯〈論繪畫的戰鬥性〉、李中和〈論音樂的戰鬥性〉等等。張道藩開宗明義地說：

> 戰鬥的時代，帶給文藝以戰鬥的任務。自有人類史以來，從未有如今日反共戰鬥的繁重與艱鉅者；自有文藝史以來，亦從未有如今日的時代所帶給文藝的戰鬥任務之繁重與艱鉅者。……過去各個不同戰鬥時代，因為各民族及全人類的生存與發展的要求之殊異，而帶給文藝以各種不同的戰鬥任務。……今日為民族自衛的反共的戰鬥的文藝，敵人並不完全在國境之外；國境之內有著更多的敵人——中

[18] 中華民國文藝史編纂委員會，尹雪曼總編纂，《中華民國文藝史》，（臺北：正中書局，1975年6月），頁八一。

共匪徒；敵人不僅是軍事上的武力，而且在廣大國民的思想與意識裡，也佔有了據點。我們要喚醒國民，集中力量，驅除了所有的外部和內部的敵人，是非常艱鉅的。

戰鬥文藝成為自由中國的一大文學主流，有關戰鬥文藝的理論和創作，蔚成一大風尚。各報副刊和文藝刊物，都競相發表此類文稿，使自由中國的文學與藝術，真正地成為戰鬥的巨流；也無形中促使了我國文藝邁向了積極的戰鬥性，並且發揮了高度的戰鬥意義。這不但影響了當時的社會風氣，也同時影響到全民的團結意志，和堅定的反共決心。[19]

1954 年 9 月間，中央文物供應社首次推出了司徒衞的《書評集》。在這個集子的前面有一篇代序〈文藝理論與批評的建立問題〉指出，我們要求自由中國純正的文藝工作者和有志於研習文藝理論及批評者的互助合作。作家不一定能發揮理論或擅長批評，可是，創作的甘苦與心得，卻正式建立理論與批評的最寶貴的資料和養分。……出色的創作、正確的理論與批評，尤其是在現階段，是在這樣交互影響，相互激勵之中才有可能產生的。我們希望從時代與現實生活中，有優美的創作出現；而在優秀的作品中，正確的理論與批評又於焉逐漸形成而臻完善。[20]

1954 年 8 月 9 日，文教界針對社會文藝作品中還普遍出現「赤色的毒」、「黃色的害」、「黑色的罪」，作了一次嚴厲的撻伐，並且特別發表了一篇〈自由中國各界為推行文化清潔運動厲行除三害宣言〉。1955 年春，蔣總統以「戰鬥文藝」之號召，昭示全國軍民，以成為我國文藝界最有

[19] 張道藩，《酸甜苦辣的回味》，（臺北：傳記文學，1981 年 6 月），頁 95-97。中華民國文藝史編纂委員會，尹雪曼總編纂，《中華民國文藝史》，（臺北：正中書局，1975 年 6 月），頁八六~八七。

[20] 中華民國文藝史編纂委員會，尹雪曼總編纂，《中華民國文藝史》，（臺北：正中書局，1975 年 6 月），頁八三~八四。

力的主流。1959 年 8 月，政府特別修訂了〈著作權法施行細則〉，以確實貫徹戰鬥文藝的精神與目標。

1965 年，國防部總政戰部召開第一屆國軍文藝大會，發起國軍新文藝運動，更重要的是成立「國軍新文藝運動輔導委員會」。在該委員會之下，設有文藝理論、小說、詩歌、散文、美術、音樂、廣播、民俗、影劇、國劇等十個戰鬥文藝工作隊，將現役官兵及備役官兵中之優秀文藝工作者，全部納入編組。另在各總部之下，依軍中特性及實際情況，設輔導分會、軍種文藝工作大隊、地區文藝工作者聯誼會。

1967 年，復有中華文化復興運動推行委員會及教育部文化局兩個與文藝工作有關的機構成立。根據尹雪曼總編纂，《中華民國文藝史》概述[21]：

> 中華文化復興運動推行委員會於 1967 年 7 月成立；下設四個委員會，其中之一為文藝研究促進委員會，負責策劃、聯繫、協調、推動各項文藝工作。原則上，由於文復會只是一個策劃、協調、推動、聯繫的機構；因此，該會所需的文藝研究促進委員會，也不負責執行工作。但因若干工作缺乏任何公私機構執行，該會所屬的文藝研究促進委員會亦曾直接致力並完成一些工作；如本書《中華民國文藝史》之編纂，及每年就各報刊所發表之優良文藝創作編選之《文藝選粹》之出版；以及在該會二樓圖書資料室創設之「作家專櫃」，將有成就之作家所有作品，予以收集陳列，以供研究。

此外，該會文藝研究會並自 1971 年起，聯繫各著名文藝雜誌（包括若干綜合性雜誌）及報紙副刊主編，創設「中華民國文藝期刊聯誼會」；設立金筆獎，獎勵各文藝雜誌及各報副刊所刊優良文藝創作；另設編輯獎，獎勵

21 中華民國文藝史編纂委員會，尹雪曼總編纂，《中華民國文藝史》，（臺北：正中書局，1975 年 6 月），頁九八一~九八二。

各優良文藝雜誌及各報副刊主編；均屬極具意義、極富價值的工作。因文復會只是一個社運機構，既乏經費預算，又無充足人員編制；該會大半工作人員，均係各有關機構有關工作人員兼任，有此成績至屬難能可貴。

教育部文化局於 1967 年 11 月成立，內分四個處；第一處主管一般文化工作，第二處主管文藝工作，第三處主管廣播電視工作，第四處主管電影工作。由於該局係一政府機構，大半時間用以應付日常行政事務，因而除成立初期曾舉辦若干音樂、戲劇活動，如提倡「音樂年」，設置「中華樂府」，完成改進祭孔禮樂，舉辦國劇觀摩演出外，其他率皆例行工作；因是至 1973 年，宣告撤銷；所有業務，分別移交教育部及行政院新聞局辦理。

中國國民黨為了檢討「文藝政策」的施行情形，並配合紀念建國六十週年，乃於 1971 年 2 月，召開「中央文藝工作研討會」，參加者有全國文教機關、文藝團體及各級黨部主管文藝工作人員，針對當時文藝工作所存在的若干問題提出檢討，大會並通過「中央文藝工作研討會總決議文」（文長摘錄如下）：

> 本黨中央遵照總裁歷年來對文藝工作之訓示，及貫徹黨的文藝政策的實施，特召開中央暨所屬各種黨部文藝工作研討會，全體與會同志聚精會神深切研商，除對過去工作通盤檢討外，並對未來之工作，提供若干準則與方向。
>
> 1.繼續貫徹戰鬥文藝運動，使文藝充份發揮作為思想作戰前鋒的功能。今後一切文藝事業與文藝創作，應以闡揚反共國策，……發揚中華文化所內蘊的傳統精神，鼓勵具有強烈民族大義與愛國情操的血淚之作，立懦廉頑，喚醒國魂，使文藝與革命事業相結合。
>
> 2.建立三民主義的文藝理論體系與創作路線，以倫理道德為中心思想，以民族風格為表現方式，在技巧方法上順應潮流，在精神思想上發揚傳統，使文藝在民族的根幹上開花結實，以抵禦外來文化的逆流，並進而影響外來文化。……使文藝與時代精神相結合。

3.發揮以「仁」為極致的中國文化精義，宏揚民族的正氣，照耀人性的光輝，創造以忠孝仁愛為本的民族主義文藝，以平等自由為本的民權主義文藝，以和平樂利為本的民生主義文藝，……導向三民主義以仁為本的思想主流，使文藝與文化復興運動相結合。

欣逢建國六十大慶，本黨文藝工作同志益感革命任務的艱鉅。在此次會議中，對如何加強各類黨部文藝工作，配合建國六十年各項文藝活動，如何加強各種黨部文藝活動與大眾傳播的配合，……在總裁對文藝工作的召示下，在「當前文藝政策」的規範下，團結努力，達成文藝配合革命事業，時代精神及文化復興運動的時代任務。[22]

1950 年代至 1970 年代的戒嚴體制時期，國民黨在自由中國制訂「當前文藝政策」，然後召開「文藝會談」，不斷加以檢討、修訂，有其強烈的政治現實性意義。這種旨在政策性指導下集群智群力，以強力尋求來達成國家意志的集體目標，其貫徹黨的文藝政策與實施，絕不可忽視係受到張道藩先生的影響。[23]

戒嚴時期的前階段，政府在推動文藝政策上，還遭遇到一個臺灣獨有的特色，就是 1895 年至 1945 年，臺灣是生活在日本的殖民統治之下。殖民政府對臺灣文藝政策，與國民黨政府在 1949 年 5 月 20 日零時起，開始在臺灣實施的戒嚴統治是有很大不同的。因而也凸顯百年來臺灣文學發展的特色，是處在日本殖民政府與國府戒嚴體制的環境下，其雙源匯流所形塑文學面貌的淒美絢麗。

回溯 1945 年 8 月 15 日，日本戰敗投降。臺灣人開始忙於從疏散地回到

22 中華民國文藝史編纂委員會，尹雪曼總編纂，《中華民國文藝史》，（臺北：正中書局，1975 年 6 月），頁九八 0~九八一。

23 陳添壽，《臺灣政治經濟思想史論叢（卷六）：人文主義與文化篇》，（臺北：元華文創，2020 年 11 月），頁 119-195。

原住居地，社會尚處在一片混亂中。1946 年，臺灣社會逐漸從廢墟中重整起來。臺灣人也開始重拾舊筆發表作品，當時臺灣作家發表作品的園地，要以國民黨經營的《中華日報》文藝版為主，該版係由著名日文作家龍瑛宗主編。作家有龍瑛宗、江肖梅、楊逵、賴傳鑑、葉石濤、黃昆彬、鄭世璠、詹冰、郭啓賢、孫土池、黃鉞、邱媽寅、謝哲智等人。

惟當時臺灣有部分作家作品，受到報紙日文版取消的影響，通常在經過翻譯後始獲得發表。如楊逵、王錦江（王的詩朗）、廖毓文（廖漢臣）等，但假以時日，這些臺灣作家的苦讀苦練之後，終能克服語言文字的重重障礙，在戰後的文藝界逐漸大放光芒，也在國民政府接收臺灣的初期時刻，完全地爆發出了文學對社會的影響力。

客籍作家鍾理和在〈祖國歸來〉一文指出，在壓迫與威脅之下，於是臺灣人就不能不離開住慣了的祖國，回到臺灣……難道臺灣人五十一年奴才之苦，還不夠嗎？難道臺灣人個個都犯著瀰天大罪，應該株及九族的嗎？這是鍾理和戰後回歸祖國卻強烈感受到祖國政府和人民對臺灣人不友善，由於對祖國幻滅，鍾理和才會改變當初原本已經誓言不重返家鄉的想法。

或許這也部分因素影響了後來發生於 1949 年 5 月，當國民政府在臺灣地區宣布戒嚴之後，鍾理和同父異母的弟弟鍾浩東的涉入「基隆中學案」遭槍決的事件。

「鹽分地帶文學」的奠基者吳新榮，他於 1929 年（昭和 4 年），涉及日本「四一六事件」被日警拘留淀橋警察署 29 天，父親吳萱草則於 1947 年，以涉嫌「二二八事件」，和他自己在戒嚴時期受到「李鹿事件」的連累，造成父子先後入獄的悲慘境遇。

吳新榮父子遭遇彰顯的，是不光在日本被警察逮捕，更感觸於國民政府在光復臺灣之後，其實施戒嚴體制所發生的政治事件。

二戰結束後的 4 年間，國事紛亂，戰爭紛傳。1949 年 5 月 20 日，國民政府宣布戒嚴。是年底，國民政府遷臺，許多大陸文藝工作者隨著政府的渡海而來。多家報紙亦遷臺發行，並在副刊的園地登載文藝性作品。許多的綜合性、純文學性定期刊物也陸續復刊和創刊。這時臺灣文藝作品展現的是，受中國文化的大陸人士來臺，與受日本文化的臺籍作家的交互影響，形塑了這股雙源匯流文化的獨有特色。

《中華民國文藝史》指出：

> 綜觀光復後第一代臺省作家的作品，有如下幾項特色：一、文字技巧樸實：他們每篇作品，均經過上述階段寫成，初期文學技巧較差，語彙貧乏，乃係當然。但演進結果，形成不尚華麗、不事堆砌的樸實文體；兼且而嘗試台省方言的運用，在質樸之中，並能流露出一股清新之氣。二、鄉土味濃厚：自日據時期起，台省作家的作品即以鄉土色彩見稱。光復後第一代作家承受此一傳統，筆下人物，多為鄉土角色，所寫亦以鄉民的形形色色為主；形成了鄉土文學主流，在我國文壇上獨樹一幟，使台省文學進入一嶄新時代。[24]

檢視 1950 至 1970 年代，本省籍主要作家與作品的成果。《中華民國文藝史》特別指出文藝界有兩事，值得一記：

> 一、慶祝臺省光復二十周年兩大叢書的出版：此兩大叢書均在民國五十四年問世，由鍾肇政獨立編輯。其一為《本省籍作家作品選集》，共十巨冊，文壇社出版；包括小說集九冊，新詩集一冊，網羅台省籍小說家、詩人共一百六十八位的作品。另一為《臺灣青年文學叢書》，共十冊，由幼獅書店出版，均為個人小說集；收十位作家的短篇小說，計有鄭清文《簸箕谷》、鄭煥《長崗嶺的怪石》、鍾鐵民《石罅中的小花》、李喬《飄然曠野》、陳天嵐《滄

[24] 中華民國文藝史編纂委員會，尹雪曼總編纂，《中華民國文藝史》，（臺北：正中書局，1975 年 6 月），頁一0一三。

波天外天》、黃娟《小貝殼》、劉慕沙《春心》、魏畹枝《永恒的祝福》、呂梅黛《不是鳳凰》、劉靜娟《追尋》。

二、臺灣文學獎及吳濁流文學獎：臺灣文學獎係附設於臺灣文藝書刊，自民國五十四年起頒發，首兩屆未有得獎人，僅頒發佳作獎。第三、四兩屆，分別由李喬、鄭清文獲得。五十八年起，由吳濁流捐十萬元，成立吳濁流文學獎基金會，授與吳濁流文學獎。得獎者如後：第一屆（民國五十八年）黃靈芝：民國十七年生，著有日文小說集《黃靈芝作品集 1》，以〈蟹〉得獎。沈萌華：民國三十六年生，本名沈明進，著有短篇集《怒潮》，以〈鬼井〉得獎。第二屆（民國五十九年）黃文相：民國三十二年生，以〈笑容〉得獎。[25]

臺灣在這代表中國文化與日本文化匯流下的本省籍作家中，客籍作家龍瑛宗是受到語言文字轉折與衝擊的其中一位。檢視龍瑛宗 1946 年擔任《中華日報》日文版主編，1947 年擔任臺灣省長官公署民政廳《山光旬刊》主編，一直要到 1976 年從合作金庫退休的近 30 年中，也正是他文學生涯的蒼白期。1976 年的屆齡退休，才重新創作，並旅遊世界各地。[26]

儘管在 1964 年，《臺灣文藝》創刊，吳濁流任社長雖曾邀請龍瑛宗擔任編輯委員；1965 年，他受聘為《今日之中國社》編輯委員會主筆，這正凸顯在那年代許多本省籍作家，他們必須去面對克服語言表達與文字書寫上的困擾，這也相當程度的說明了當時他們處在臺灣戒嚴體制下，導致部分作家其反對政府所實行的所謂「綏靖」與「白色恐怖」措施。

我們前述，臺灣戒嚴體制時期文藝政策的兩個階段，戒嚴時期前階段指的是蔣介石主政，從 1949 年 5 月 20 日，國府宣布戒嚴，到 1971 年，國府

---

[25] 中華民國文藝史編纂委員會，尹雪曼總編纂，《中華民國文藝史》，（臺北：正中書局，1975 年 6 月），頁一〇一三~四。

[26] 龍瑛宗，〈龍瑛宗自訂年譜〉，《夜流》，（臺北：地球出版社，1993 年 5 月），頁 295-297。

喪失聯合國的中國代表權的文藝政策階段（1949-1971），與戒嚴時期後階段指的是蔣經國主政，從1972年接任行政院長，到1987年7月，宣布解嚴的文藝政策階段（1972-1987）。

在戒嚴時期前階段文藝政策實施之前的1945年至1949年間，臺灣作家好不容易才剛從日治時期殖民體制中的追求思想解放出來。國府鑒於戰爭社會的混亂現象，和為推動「去日本化」的實施「再中國化」。

溯自1946年1月，臺灣省行政長官陳儀政府開始實施〈臺灣省漢奸總檢舉規則〉；4月，國語普及委員會正式成立；6月，更成立「臺灣文化協進會」，其成立宗旨是要聯合文化教育之同志及團體，協助政府宣揚三民主義，傳播民主思想，改造臺灣文化，推行國語國文。

「臺灣文化協進會」的主要工作，便是官方能夠透過一個民間機構，使中國化的文化政策推行到廣大的知識分子之中，藉由發行《臺灣文化》刊物，也不定期舉辦文化講座、座談會、音樂會、展覽會與國語推行，並加強臺籍作家與外省作家合作，以便突破大陸與臺灣之間語言和文化的隔閡，建設民主的臺灣新文化和科學的新臺灣。

陳儀政府為實施「去日本化」的「再中國化」政策，以肅清日治臺灣殖民體制所留下來「同化主義」、「皇民化」等文化思想的遺毒，特別實施〈取締違禁圖書辦法八條〉：（一）讚揚「皇軍」事蹟；（二）鼓勵人民參加「大東亞」戰爭者；（三）報導佔領我國土地情形，以炫耀日本武功者；（四）宣揚「皇民化」奉公隊之運動者；（五）詆譭總理、總裁及我國國策者；（六）曲解「三民主義」者；（七）損害我國權益者；（八）宣傳犯罪方法妨礙治安者。來進行言論控制。

在這場「去日本化」、「再中國化」政策的國家認同與文化認同運動中，引發入獄的文化人除了楊逵（1906-1985）入獄百日之外，還包括捲入「鹿窟武裝基地事件」的呂赫若；曾經領導「臺灣文藝聯盟」的張深切（1904-1965）與張星建（1905-1949）在「二二八事件」後長期亡命；《臺灣文化》編輯蘇新，則偷渡逃亡到香港；小說家張文環逃至山中躲藏；王白淵則被指控知情不報，判刑入獄兩年；鹽分地帶詩人吳新榮遭到通緝，在自首之後受到監獄、審判，經過三個月後才獲釋；《民報》發行人林茂生，和《人民導報》發行人王天燈都在事件中遭殺害。

另外，大陸來臺的作家臺靜農、黎烈文、梁實秋等作家也因為受到戒嚴體制文藝政策的影響，大部分傾向留在學校教書，尤其不想再發表有關於左翼思想的文字。這其中還包括曾任行政長官公署編譯館館長的許壽裳，他雖於其任內負有編輯各種教科書，致力於使臺灣同胞了解祖國的文化、主義、國策、政令等知識任務，但不幸亦於 1948 年 2 月在擔任臺大中文系系主任任內受害，真正原因仍有待進一步查證。還有編譯組主任李霽野，他選擇於 1949 年 6 月離開臺灣，轉赴大陸南開大學外文系任教。

「二二八事件」後，又緊接著實施綏靖與清鄉的軍事鎮壓，民間社團被解散、報紙刊物又被查封，致使知識分子沉默下來，不但造成省籍之間的裂痕，繼而又使臺灣社會的文化傳承發生嚴重的斷層，縱使 1948 年至 1949 年曾經發生在外省作家與本省作家，處在不同政治文化背景下引發的「臺灣文學論戰」，臺灣社會再度陷入受到日本殖民的臺灣人與來自祖國新文學的文化認同爭論。[27]

1949 年 4 月，臺灣在爆發「四六事件」前，亦已有許多新文藝活動，如新生報「橋」副刊主編歌雷、作家楊逵等人的討論過方言文學問題；還有麥浪歌詠隊隊員臺靜農之女臺純懿、楊逵之子楊資崩當時都是小學生、藝術教授黃榮燦等人，以「祖國大合唱」、「黃河大合唱」為招牌曲目。

「四六事件」當天的楊逵被逮捕，係因 1949 年 1 月 21 日，在上海《大公報》發表了一份「和平宣言」，呼籲國共內戰不要席捲到臺灣，要求當局應該實施地方自治，主張島上的文化工作者不分省籍團結起來，使臺灣保持一塊淨土。楊逵後來因為此案被牽連判刑 12 年。

---

27 陳添壽，《臺灣政治經濟思想史論叢（卷六）：人文主義與文化篇》，（臺北：元華文創，2020 年，11 月），頁 270-276。

1951 年 8 月，因為政府保安司令部干涉《自由中國》的言論自由，以及聶華苓主持《自由中國》文藝版的表現自由主義文學觀，最後導致胡適不滿政府作為的辭去發行人名義。1958 年 5 月 4 日「文藝節」，胡適接受「中國文藝協會」的邀請，以〈中國文藝復興、人的文學、自由的文學〉為題做公開演講，胡適更嚴厲批判戒嚴時期政府成立的文藝機構與實行的文藝政策，強調文藝創作不應該受到任何權力干涉。

加上，當時 1950 年代在香港的所謂「第三勢力」，包括左舜生、謝澄平的《自由陣線》，王雲五、成舍我、陶百川的《自由人》等偏政治文化的評論文字。[28]

我們檢視 1953 年至 1965 年間，臺灣受到美國軍事與經濟援助的牽制影響，成為冷戰軍事圍堵共產主義下的一員。到了 1960 年代中期以後，臺灣社會反共文學的強調戰鬥文藝氛圍已呈現疲態，特別是早在 1956 年 9 月，已出現由臺大教授夏濟安主編的《文學雜誌》。這是本純文學的雜誌，有創作、翻譯、文學理論和有關現代主義的論著。

《文學雜誌》在當時臺灣社會是一份「為藝術而藝術」的屬於現代主義性質的刊物，是有別於 1964 年 4 月，由吳濁流創辦的《臺灣文藝》。該雜誌從名稱上是要凸顯其承續日治時期臺灣文藝聯盟未竟的歷史使命，也要強調臺灣文學是「為人生而藝術」的屬於鄉土文學特性。

1965 年，復出文壇的葉石濤，在《文星》發表了〈臺灣的鄉土文學〉一文，該文提出從理論解釋「鄉土文學」，是提出所謂「臺灣文學主體論」概念的開風氣的文學作家。1977 年 5 月，葉石濤在《夏潮》又撰寫〈台灣鄉土文學史導論〉，從鄉土中衍生出「臺灣人意識」的問題。

特別是尉天驄主編《文學季刊》，在其內容上凸顯現實主義文學觀的逐漸滲入鄉土文學作家的作品當中，而匯集成足以和當時《文學雜誌》所主張

---

[28] 陳正茂，《異議的聲音——民國在野期刊雜誌述評》，（臺北：元華文創，2022 年 12 月），頁 133-157、160-181。

的「現代主義」文學分庭抗禮。鄉土文學的重要作家像是陳映真、黃春明、王禎和、王拓、楊青矗等人，都逐漸在文壇上漸露頭角。[29]

檢討臺灣文學從 1930 年代的「臺灣語文運動」、經 1956 年開始的「說國語運動」，一直到 1970 年中期的「臺灣鄉土文學運動」，無非是在凸顯臺灣社會文化的受制於殖民體制與戒嚴體制的強勢文化桎梏，臺灣的語言、記憶與歷史都刻意遭到邊緣化。

三、戒嚴時期後階段蔣經國「本土化」文藝政策

「臺灣鄉土文學運動」的出現，相當程度地說明了受到 1972 年，蔣經國接任行政院長之後，由他所主導戒嚴時期後階段的文藝政策，是他透過積極推動「本土化」政策，重視臺灣地方文化發展所造成的衝擊與導致的結果。

1977 年，特別是國民黨為鄉土文化論戰所召開的第二次文藝會談。當時總統嚴家淦在開幕致詞中，特別呼籲作家「堅持反共文學立場」；翌年，在「國軍文藝大會」上，國民黨文工會主任楚崧秋和總政治部主任王昇更提出「要發揚民族文化，也要團結鄉土，認為鄉土之愛、就是國家之愛、民族之愛」，才停止了戒嚴政府官方的對鄉土文學批判，也讓鄉土文學論戰畫下句點。

1970 年代初期，開始的「臺灣鄉土文學論戰」是一場關於臺灣文學本質上應否反映臺灣現實社會路線的論戰，特別是在 1977 年 4 月至 1978 年 1 月之間，關於這個議題的討論，更是達到了前所未有的高潮。

1971 年，國際局勢詭譎多變，中華民國與美國外交更面臨嚴厲考驗。中華民國被聯合國排斥在外，失去中國代表權的聯合國地位，導致國內政情動蕩與社會民情沸騰。1972 年 5 月，接任行政院長的蔣經國積極推動「革

[29] 陳添壽，《臺灣政治經濟思想史論叢（卷六）：人文主義與文化篇》，（臺北：元華文創，2020 年 11 月），頁 284-285。

新保臺」，逐漸將蔣介石「再中國化」文藝政策，調整為重視地方基層的「本土化」政策。從 1972 年 5 月至 1987 年 7 月解嚴，我將該期間稱為「戒嚴時期後階段文藝政策」。

1975 年，蔣經國接任蔣介石逝世後的國民黨主席；1978 年 5 月，接任中華民國第六任總統。11 月，蔣經國主政通過《縣市文化中心計畫大綱》，及 12 月《文化活動強化方案》中的具體化政策，由於這些縣市設置的文化中心，逐漸能凸顯出臺灣地方文化的特性。

1981 年，蔣經國重用臺南出身，留學日本、美國的學者陳奇祿擔任行政院文化建設委員會主任委員。面對當時臺灣逐漸鬆綁的政經環境，尤其在延續 1962 年 2 月，李敖在《文星》雜誌以〈給談中西文化的人看看病〉一文掀起的「中西文化論戰」之後，正如火如荼展開的「鄉土文學論戰」。

1966 年至 1975 年的 10 年間，李敖在「文星書店」出版的著作就有：《傳統下的獨白》、《歷史與人像》、《胡適研究》、《胡適評傳》（第一冊）、《為中國思想趨向求答案》、《文化論戰丹火錄》、《教育與臉譜》、《孫逸仙與中國西化醫學》、《孫逸仙與中國西化醫學》、《上下古今談》等等，有大部分在一出版即被當時負責檢查思想文化的警備總部所查禁。[30]

上述李敖作品，其中《胡適研究》書中的一篇〈播種者胡適〉，也是當時引發國內熱烈的討論與回應，其他在《文星雜誌》發表的一系列文字，再度成為馬五、葉青、鄭學稼，和王洪鈞等人對該文的回應與評論。

對於李敖文章的獨特書寫風格，和他多產的著作等身。在此，我特別還要提到當 1980 年代當臺灣尚處在戒嚴的期間，李敖的自由思想與其所發表的評論性文字，在【桂冠版李敖千秋評論叢書】，和【天元版萬歲評論叢書】的發行一系列著作中更充分展露無遺。

---

[30] 陳添壽，《臺灣政治經濟思想史論叢（卷六）：人文主義與文化篇》，（臺北：元華文創，2020 年 12 月），頁 184-192。

【李敖千秋評論叢書】是從 1981 年 9 月 1 日起的出版第一冊《千秋．冤獄．黨》，到 1985 年 4 月 25 日止的第四十三冊《五十．五十．易》（上下冊）；另外，還有分別於 1983 年 8 月 25 日、11 月 20 日、30 日、1984 年 4 月 15 日出版的【李敖千秋評論號外】四冊。【萬歲評論叢書】是從 1984 年 1 月 23 日起的出版第一冊《萬歲．萬歲．萬萬歲》，到 1985 年 3 月 31 日止的第十七冊《大便．小便．大小便》。

1960 年代中期，柏楊的著作《倚夢閒話》及《西窗隨筆》系列的出版。1968 年 3 月，柏楊在未因翻譯《大力水手》漫畫，而被以叛亂案入獄之前，他就曾以筆名「鄧克保」，於 1961 年在《自立晚報》發表〈血戰異域十一年〉的連載小說。

1968 年，柏楊因以參加「匪偽叛亂組織」的罪名遭判刑 12 年，1977 年才被釋放。12 月，柏楊出版《中國歷史年表》、《中國帝王皇后親王公主世系錄》，和 1979 年 1 月《中國人史綱》等三部歷史研究的從書之外，最引人注目的是從 1983 年 9 月起出版【柏楊版】《資治通鑑》，1993 年全書 72 冊，之後陸續還出版《柏楊曰》6 冊、《柏楊全集》28 冊等著作。

「鄉土文學論戰」在表面形式的「現代主義」對上「鄉土文學」、「現實主義」，但是深究其思想根源，係來自於兩造分別持有代表中央「官方意識型態」，對上代表地方「反官方意識型態」的立場。造成這種現象的最基本原因，是受到戒嚴後期當時政經環境的影響，特別是所謂「黨外人士」的透過體制外運動，在政治場域上的爭取民主自由。

1983 年 4 月，葉石濤出版《文學回憶錄》、吳瀛濤主持《笠》詩社，和出版《臺灣民俗》、《臺灣諺語》等作品，最具臺灣文學的代表性，最後演變成「臺灣意識論戰」。

戒嚴時期後階段的文藝政策，從 1972 年蔣經國接任行政院長主政以來，在國際政治受到的重大挫折與衝擊，就是 1978 年 12 月，美國與北京政府簽署聯合公報；宣布自 1979 年 1 月 1 日起，正式與我國斷絕外交關係的重大轉折與衝擊，致使當時我國內正進行的立法委員選舉活動，不得不被迫暫時宣告停止。之後雖然恢復了該次的選舉，卻不幸爆發以《美麗島》雜誌為主體的黨外人士，在政治上挑戰戒嚴體制的「美麗島事件」。[31]

政府面對此一重大國內外情勢的劇變，尤其是中共採取的和平統一攻勢，政府則以「不妥協、不接觸、不談判」的「三不政策」來因應，並加速國內的政民主化與經濟自由化改革。亦即蔣經國主政以來推動的「本土化」政策。

政經體制鬆綁的從「硬式威權體制」轉型「軟式威權體制」，其影響所及文藝政策，就是 1981 年任命陳奇祿擔任行政院文化建設委員會的首任主任委員。陳奇祿的出身與專業是符合當時蔣經國所需要推動《縣市文化中心計畫大綱》、《文化活動強化方案》，以及修訂《文化資產保存法》、推動臺灣本土民俗技藝等有關文化建設的最適當人才，乃至於後來接任陳奇祿擔任文建會主任委員的郭為藩先生，他也是出身臺南，而郭為藩又與前執行蔣介石文藝政策的張道藩有相同的留學法國背景。

1980 年初至 1987 年 7 月解嚴的臺灣文藝政策與發展，其逐漸加重「本土化」的臺灣特色文化。江燦騰、陳正茂從解嚴之後臺灣文學史論述的統獨大戰切入，其文概述：文學臺獨的論戰，始於 1983 年〈龍的傳人〉侯德健赴北京，《前進週刊》刊登楊祖珺〈巨龍、巨龍，你瞎了眼〉，對侯德健作了批判。陳映真以〈向著更寬廣的歷史視野〉回應，並對〈龍的傳人〉這首歌的心中緣於「中國情結」。陳映真文章被冠上是無可救藥的「中國結」與「中國民族主義」者。[32]

論爭首先是陳樹鴻〈臺灣意識——黨外民主運動的基石〉，將「中國意識」等同於不民主，主張為了民主就必須排除「中國意識」。陳映真透過與戴國煇的對談，批判「臺灣結」是「恐共」、反共的表現，是臺灣島內分離

[31] 若林正丈，《戰後臺灣政治史：中華民國臺灣化的歷程》，（臺北：臺大出版中心，2014 年 3 月），頁 174-175。

[32] 江燦騰、陳正茂〈解嚴以來臺灣文學史論述的統獨大戰：陳芳明 VS.陳映真（上）〉，《北臺灣科技學院學報》（第三期），（臺北：北臺灣科技學院，2007 年 5 月），頁 25-42。

主義的「臺獨」勢力。陳芳明發表〈現階段臺灣文學本土化的問題〉，對陳映真等人的主張，進行了攻擊。《夏潮論壇》的〈臺灣的大體解剖〉專輯，即是因陳芳明此長文而起。《臺灣年代》則推出〈臺灣人不要「中國意識」〉專輯，發表林濁水〈《夏潮論壇》反「臺灣人意識」論的崩解〉來痛斥《夏潮》的「中國意識」與「中國情結」。《80 年代》也抨擊《夏潮》，在美國的《美麗島週報》也加入論戰。這場以「臺灣結」與「中國結」；「臺灣意識」和「中國意識」為切入口的大辯駁，一直延續到「解嚴」之後，才又進入另一階段。[33]

承上述，在 1972 年至 1987 年，蔣經國主政的戒嚴時期後階段文藝政策，除了《前進》、《夏潮》、《臺灣年代》、《美麗島週報》、《臺灣政論》、《八十年代》等雜誌之外，我們也可以從《大學》雜誌，它自 1970 年代以來，在繼《自由中國》、《民主評論》等雜誌，經《文星》、《中華》等雜誌之後，其所在政治文化批判上扮演的「革新保臺」角色。

四、結論

1987 年 7 月 15 日，政府宣布解嚴。1988 年 1 月，蔣經國過世，也正式宣告蔣介石、蔣經國父子在臺灣實施戒嚴體制時期的結束，亦是所謂「兩蔣時代」威權統治的終止，進入了李登輝總統主政的階段。

1990 年代，開啟了李登輝時代，特別是在提出「特殊國與國關係」的「兩國論」之後，更是加速了臺灣「本土化」政策的發展與深化，並從「兩蔣」時代戒嚴體制時期倡導的「反共文藝」，和「戰鬥文學」政策，轉而實施曾任文化建設委員會主任委員陳其南所提出的「社區總體營造」方案，更加凸顯了強調「臺灣意識」的地方性思維。

1991 年 10 月，當號稱臺灣第一個本土政黨的「民主進步黨」，即在通

---

33 江燦騰、陳正茂〈解嚴以來臺灣文學史論述的統獨大戰：陳芳明 VS.陳映真（上）〉，《北臺灣科技學院學報》（第三期），（臺北：北臺灣科技學院，2007 年 5 月），頁 25-42。

過的黨綱中明確寫入「建立主權獨立自主的臺灣共和國暨制定新憲法，應交由臺灣人以公民投票方式選擇決定」的「臺灣前途決議文」。2000年5月，民進黨的取得執政權之後，更積極主張「臺灣主體性」的文化意識形態思維，以取代國民黨執政之前所實施的「再中國化」與「本土化」的文藝政策時代。[34]

回溯百年來，臺灣文學從日治時期殖民體制，和戰後國府戒嚴體制的管制下，歷經艱辛的過程，到了 1987 年解嚴之後的解放出來，臺灣文學除了表現在「人權文學」、「環保公害文學」、「女性文學」之外，也凸顯在如宋澤萊在其大作《臺灣文學三百年》中的指出：

> 從八〇年代、九〇年代一直延續到二十一世紀，政治和社會的譴責文學的風氣非常高張，產生了多不勝數的作家。……如果再把七〇年代專寫教育界、漁業黑暗面的王拓及描寫工廠工人遭到剝削實況的楊青矗也包括進來的話，隊伍就更加龐大，他們的作品形成了一個鋪天蓋地的巨網，籠罩半個文壇，作家群涵蓋了北京語和台語的陣營，大半都是戰後出生。[35]

從政經體制的蔣介石硬式威權體制「再中國化」，到蔣經國軟式威權體制「本土化」，建構起戰後戒嚴體制文化政策的「再中國化」到「本土化」，亦影響迄今。

---

[34] 陳添壽，《筆記與對話：臺灣百年雙源匯流文學的淒美絢麗》，（臺北：方集出版社，2023 年 6 月），〈自序〉，頁 ii。

[35] 宋澤萊，《臺灣文學三百年》，（臺北：前衛，2018 年 3 月），頁 400。

第三部分

法政生活篇

近代臺灣政經體制與警察關係的演變之探討

一、前言

2004 年，我在中央警察大學通識教育中心舉辦的學術研討會發表了〈臺灣殖民化經濟的警察角色變遷之研究〉引起了一些迴響，接著 2005、2007、2008 年，我又分別在通識中心的研討會上發表了〈經濟倫理之意含：兼論警察在自由市場中的角色〉、〈近代經濟思潮與臺灣產業發展之探討——兼論政府與警察角色的變遷〉，和〈臺灣傳統治安與產業發展的歷史變遷之研究（1624-1895）〉等三篇論文。

檢視這四篇論文，我幾乎把近代臺灣政經發展與警察角色的關係，做了一系列的論述[1]。但是特別針對政經體制和警察之間互動關係的整合性觀點似嫌較弱。因此，我覺得有必要透過臺灣政經體制與警察之間權力關係的變遷做更深入探討。尤其是近代在臺灣統治政權的更迭頻繁，其不同政經體制如何透過警察力來維護政權的研究，有其特別意義。[2]

2000 年 5 月，臺灣在民進黨取代國民黨執政，等於是宣告國民黨結束自 1945 年以來的臺灣統治權。2008 年 3 月 22 日，臺灣人民又以民主選舉方式，決定國民黨統治權的合法性。換言之，也就是國民黨在臺灣獲得第二次

---

1 本文的內容，主要綜合作者從 2004 年至 2008 年在中央警察大學通識教育中心所舉辦的學術研討會上，分別發表的上列四篇論文，加以修改而成。謝謝當時分別擔任各篇論文評論人：中央警察大學楊永年、葉毓蘭、章光明等教授的指正。

2 本文發表於臺灣省諮議會 97 年度（2008）研究論文的成果會，謝謝主辦單位。

執政的機會。

檢視 1945 年起至 2000 年的這段過半百年歷史，國民黨為何會在 2000 年的大選中失去政權，其政經體制和警察關係是如何？而如今重新再拿回政權，對臺灣政經體制和警察之間的關係又將會有怎樣的變化，在民主政經體制的結構上，是否將會有新的調整，再再值得關注。尤其與人民生活關係密切的警察又將應該如何扮演角色？而與近代臺灣發展歷程的政權體制有何關聯性？這都是引發本文研究的主要動機與目的。

二、政治經濟學的研究途徑與本文結構說明

政治經濟學是一個相當多樣化的研究領域，吉爾平（Robert Gilpin）指出，政治經濟學的出現，是源自於政府（state）和市場（market）二者得同時存在，及二者之間存在互動關係所致[3]。因此，政治經濟學在內容上所呈現的重要特徵是：第一、它同時涵蓋規範（normative）與經驗（empirical）的層面，第二、它的研究是以政策為取向（policy-oriented），但並非僅是政策分析的一支，第三、透過它可以嘗試在歷史的脈絡中來了解現在，第四、它的研究結合了結構與行為的分析層次（structureal and behavioral level of analysis），第五、它非常強調國際政治與經濟的互動[4]。

如何界定政治經濟學，有人批評它還不是一門嚴謹的學科，只是一個將社會生活加以概念化的循環表現方式，但在不同時代，其研究範圍會隨著其意識形態與思考方式的變化而擴張或縮減[5]。

依據庫恩（Thomas Kuhn, 1922-1996）的典範（paradigms）概念指出，

---

3 Robert Gilpin, *The Political Economy of International Relations*(N. J. : Princeton University Press,1987).

4 周育仁、鄭又平，《政治經濟學》，（蘆洲：國立空大，1998 年 9 月），頁 25-28。

5 陳添壽，〈戰前臺灣企業發展與政治經濟學之研究〉，《商學商報》第 9 期，（蘆洲：國立空大，2001 年 6 月），頁 109-144。

典範是科學社群所共有的範例，它包含理論、研究方法、研究工具等等的學科本質，能夠界定具有挑戰性的研究問題，提供解決問題的線索，並且保證只要研究者有足夠的理解，能夠全力以赴，必然能獲得答案。而思想信仰是一種根深柢固的東西，很少能為邏輯或相反的事實所動搖，這是由於這些思想信仰均宣稱，它們提供了世界如何發展的科學描述，以及世界應當如何發展的正確主張[6]。

因此，社會科學的研究領域雖然很難精確或「通則化」（generalization）[7]，但通則化仍不失為社會科學的研究方法之一[8]。因此，吉爾平（Robert Gilpin, 1930-2018）將許多不同的政治經濟學研究途徑（political economy approach）命題於三大典範之下，分別是經濟民族主義（economic nationalism）、經濟自由主義（economic liberalism）及馬克思主義（Marxism）。

根據上述，本文嘗試歸納將吉爾平的三大政治經濟學的研究途徑，以政府中心（state-centered）為經濟民族主義理論、以社會中心（social-centered）為馬克思主義理論，和以市場中心（market-centered）為經濟自由主義理論來加以論述。

以政府中心（state-centered）理論的受到重視，起自斯科奇波特（Theda Skocpol , 1947-）與伊文斯（Peter Evans）等主張「找回政府機關」（bringing the state back in）[9]。政府中心理論有意與馬克思主義的「社會中心理論」，和資本主義的「市場中心理論」作出區隔。政府因對社會與市場

---

6 Thomas S. Kuhn, *The Structure of Scientific Revolutions* (Chicago: Chicago University Press, 1962).

7 Anthony Giddens, *The New Rules of the Sociological Method* (London: Hutchinson,1976),p.13.

8 Thomas Herzog, *Research Methods and Data Analysis in the Social Science* (New York: Addison Wesley Longman, 1996), p.20.

9 Theda Skocpol, *States and Social Revolutions* (Cambridge, Mass.:Cambridge University Press,1979); Peter Evans, Dietrich Rueschemeyer and Theda Skocpol, *Bringing the State Back in* (Cambridge: Cambridge University Press, 1985) ; Peter Evans, *Embedded Autonomy: States and Industrial Transformation* (Princeton:Princeton University Press, 1995).

具有強大影響力，應視政府為一自主的制度和組織，亦即將政府視為較接近韋伯（M. Weber, 1864-1920）的定義：在一個領域內，具有壟斷合法暴力的一套行政、立法、司法、國防和警察的組織和制度[10]。

熊彼得（J. A. Schumpeter, 1883-1950）指出，所有與個別廠商行為的分析有關的事實與工具，不管過去和現在，都屬於經濟學範圍之內，正像與政府治理有關的事實與工具也屬於這個範圍一樣，因此必須加之於過去狹義政治經濟學的內容[11]。

以政府中心理論是由近代政治家的社會實踐發展而來，主張市場要服從國家利益，並由政治因素確定經濟關係。此觀點特別強調實力原則在市場中的作用，及國際經濟因素的對立本質，而經濟的互賴關係必有其政治基礎，從而為國際衝突開闢了另一戰場，並形成一個國家利用和控制另一個國家的機制[12]。

換言之，政府在政治過程中的地位，必須積極追求國家民族的利益，並以其所處的世界權力體系，衡量自身所擁有的力量，做為計算國家民族利益的標準。這種強調國家民族利益的生存法則，經由獨裁政體及計劃性經濟的運用，建立起連結國內外政經的網絡。但過於強調國家民族利益的結果是，國防軍事力量成為所有政治德行的基礎，警察為維持秩序而犧牲了人民的權利與自由，而司法重視法律的作用，無非為聽訟與決獄[13]。

---

10 Max Weber, *Economy and Society:An Outline of Interpretive Sociology*. 2 vols. ed. Guenther Roth and Claus Wittich (Berkeley：University of California,1978).

11 Joseph A. Schumpeter, 朱泱等譯，《經濟分析史》（卷一），（臺北：左岸，2001 年 11 月），頁 21；王振寰，《誰統治臺灣？轉型中的國家機器與權力結構》，（臺北：巨流，1996 年 9 月），頁 23；及〈臺灣新政商關係的形成與政治轉型〉，徐正光、蕭新煌編，《臺灣的國家與社會》，（臺北：東大，1996 年 1 月），頁 74。

12 Robert Glipin, *The Political Economy of International Relations* (N. J. : Princeton University Press, 1987), pp.13-26.

13 鄒文海（1908-1970）指出，以國家目的為分類標準，有人將國家分為警察的（police state）、司法的（judicial state），以及文化的國家（culture state），參閱：鄒文海，《政治學》，（臺北：三民書局，1972 年 8 月），頁 58。

市場必須遷就國家民族利益，政府治理因素確定經濟發展的市場關係，正是經濟民族主義所謂國家建設最基本的信條。就如同近代歷史的演進，以政府中心理論反映了 16、17 及 18 世紀政治、經濟和軍事的發展，及往後的反動。這些在長期競爭中崛起的民族國家，起先致力於商業市場，爾後越來越致力於製造業中產階級的興起。同時，由於發現美洲大陸和歐洲自身的產業結構變化，也引起市場經濟活動的加速轉變。因此，以政府中心理論遂決定產業發展的順序，制定優先政策，以克服稟賦（endowment）因素的不足。

檢視以政府中心理論的發展，在過去幾百年中經歷了無數變革，從重商主義、帝國主義、保護主義、德國歷史學派到今日的新保護主義，其名稱雖不斷改變，但基本主張的內容卻十分相近，且所導致的政府失靈（government failure）現象更常受到指摘。

以市場中心理論起源於 18 世紀歐洲啟蒙時代，最早可溯自史密斯（Adam Smith, 1723-1790）古典經濟學派（classical economics school）和馬夏爾（Alfred Marshll,1842-1924）新古典學派（neo- classical economics school）的論述，而現在已和傳統經濟學融為一體，認為政治與經濟分屬不同領域，市場應從效率、發展和消費者選擇的利益出發，不應受到政治干預，除了國防、司法、警察等維護國家安全和維持社會治安等必要介入市場，避免市場失靈（market failure）的發生之外，政府應該退居第二線。

自由經濟學者傅利曼（Milton Freidman, 1912-2006）指出，一般人都相信政治和經濟是天南地北、毫不相干的；人們以為個人自由是政治問題，而物質福利是經濟問題；而且任何政治體制都可和經濟體制相結合。這種思想的體現主要見諸於當前許多人提倡「民主的社會主義」，這些人毫不留情的責難蘇俄的「極權社會主義」對個人自由所加之的限制，但是他們也相信一個國家可以採取蘇俄體制的基本特色，而卻能經由政治方式來保障個人自由，這種看法是錯覺，畢竟經濟和政治之間有非常密切的關係，只有某些政治和經濟體制的結合才是可能的，特別是，如果一個社會實施社會主義的經濟體制，它就不可能保證是個人自由的民主社會[14]。

以市場中心理論強調自由競爭、生產分工及財富累積的正當性，認為市場那隻看不見的手（invisible hand）建立的機制，可以確保所有個體利益及彼此間互動關係的自由表現，群體利益應當是所有個體私有利益的總和。所以，一切皆決定於市場價格機能，強力主張政府與市場之間的關係應該是分離的，也因此忽略了生產與分配過程中弱肉強食的不平等現象。

換言之，以市場中心理論的經濟自由主義並未將政府治理視為自主的、具有決定影響力的機構，而將其視為社會團體競爭或遊說的應變項，而非自變項，其理論可謂「經濟理論」或「市場理論」[15]。

以社會中心的理論出現於 19 世紀中葉，它認為經濟推動政治發展，政治衝突起因於財富分配過程中的階級鬥爭，因此政治衝突將終結於市場及階級的滅亡[16]。儘管所有的馬克思主義者都承認帝國主義階段的資本主義開創了國際市場經濟，但馬克思主義理論對於無產階級的定義，很難適用於財產權（property right）普遍化且價值多元化的現代社會，而工人階級永遠被剝削的觀點也並非百年來資本主義發展的真實現象。

所謂對生產工具的控制，也無法作為階級分類的標準，而強調剝削觀點的勞動價值論，亦隨著勞動在生產過程中所占比率的遞減而被否定。近年來更隨著蘇聯解體、東歐國家及中國大陸轉向市場經濟，馬克思主義所強調的「政府（國家機關）是資產階級的管理委員會」已非國際霸權主義的經濟思想主流[17]。

---

14 Milton Freidman, 藍科正等譯，《資本主義與自由》，（臺北：萬象，1994 年 12 月），頁 5-7。

15 王振寰，《誰統治臺灣？轉型中的國家機器與權力結構》，（臺北：巨流，1996 年 9 月），頁 16。

16 Robert Gilpin, *The Political Economy of International Relations* (N. J. : Princeton University Press, 1987), pp.13-14.

17 Karl Marx and F. Engels, “The Communist Manifesto” in R. Trucker, ed. *Marx-Engels Reader* (N. J. : Princeton University Press, 1978).

根據上述三大政治經濟學的典範理論，不論「以市場中心」為研究途徑理論，主要承襲自經濟自由主義，認為市場的逐步演進，是人們為提高效率和增加財富而作出的反應[18]，是強調市場面的資本主義理論；或是「以社會中心」為研究途徑理論主要受到馬克思主義的影響，認為國際市場不過是資本主義國家在經濟上剝削低度發展國家的一種機制[19]，是強調社會面的資本主義理論；以及「以政府中心」為研究途徑理論的從一個或數個自由強國輪流主宰國際市場的觀點，闡明近、現代政經發展的崛起和運作[20]，是強調政府面的資本主義理論。

因此，對於有關政治經濟體制的分類眾說不一[21]，根據麥克利迪斯（Roy C. Macridis）指出，在 20 世紀 80 年代被列為民主類別的有 39 國，有 18 個國家被列為極權主義國家，有 60 個國家被列為威權主義國家[22]；而蘭尼（Austin Ranney）則以光譜分類（spectrum classification）方式，將民主與專制置於政治光譜的兩端[23]。

---

[18] 希克斯（John Hicks）指出的「二元」（dual）經濟論， John Hicks, *A Theory of Economic History* (Oxford: Oxford University Press, 1969).

[19] 如華勒斯坦（Emmanuel Wallerstein）與佛蘭克（Andre Gunder Frank）所指出的「現代世界體系論」（the theory of the Modern World System, MWS），參閱 Immanuel Wallerstein, 郭方等譯，《近代世界體系（第一卷）——十六世紀的資本主義農業和歐洲世界經濟的起源》、《近代世界體系（第二卷）——重商主義與歐洲世界經濟的鞏固（1600~1750）》、《近代世界體系（第三卷）——資本主義世界經濟大擴張的第二期（1730~1840 年代》，（臺北：桂冠，2000 年 9 月）；以及參閱 Andre Gunder Frank, *Latin America: Underdevelopment or Revolution* (New York: Monthly Review Press,1970).

[20] 如金德爾柏格（Charles P. Kindleberger）所謂的的「霸權穩定論」（the theory of hegemonic stability），參閱 Charles P. Kindleberger, *Power and Money: The Economics of International Politics and the Politics of International Economics* (New York: Basic Books, 1970). 以及參閱 Paul Kennedy, *The Rise and Fall of the Great Power: Economic Change and Military Conflict from1500 to 2000* (N.Y.: Random House, 1987). and Robert O. Keohane, *After Hegemony: Cooperation and Discord in the World Political Economy* (Princeton:Princeton University Press,1984).

[21] 有關政體探討，趙建民，《威權政治》，（臺北：幼獅，1994 年 12 月），頁 57-109。

[22] Roy C. Macridis, *Modern Political Regimes: Patterns and Institutions* (Boston: Little, Brown, 1986), p.280.

[23] Austin Ranney, *Governing: A Brief Introduction to Political Science* (Hinsdale, Ill.:The Dryden Press,

薩孟武（1897-1984）指出，歐洲自文藝復興以後，社會的發展可以分為三個階段。第一階段是重商主義時代，政治的目的在求國家的統一，而其形式則為專制；第二階段是工業革命時代，政治目的在保護人民的自由，而其形式則為民主；第三階段是帝國主義時代，政治目的在於干涉與統制，而其形式則為集權[24]。這是近代政體（regimes）的政治形態（form of government），亦是本文研究途徑所參考使用近代臺灣政經體制與警察關係的演變。

紀登斯（A. Giddens, 1938- ）指出，在傳統國家中，政治中心對暴力手段相對不穩固的掌握，意味著幾乎沒有可能實行現代意義上的警察制度，意味著隱含針對中心的武力挑戰，意味著強盜、劫匪、海盜以及城鄉地區形形色色幫派的廣泛存在[25]。

傳統的警察體系是行政、司法不分，負責治安的警察人員鮮有專職，以現代警察角色論述，「亦法亦警」、「亦兵亦警」的情形普遍存在[26]。同時凸顯西方國家警察的設立偏重解決治安問題，而東方國家警察的任務則在於政治控制。因此，警察權在市場經濟中的行使，仍要保障私人契約中處理有關信用擴張、非個人的管理和合資的服務能力，而這法律的後面即有一個國家的陰影[27]。

對警察功能的定義，根據梅可望列舉我國警察業務有國家安全的保衛、犯罪的預防、犯罪的壓制、公共安寧秩序的維護、交通管制與交通事故的處理、善良風俗的維持、災害的防止與搶救、戶口查察、為民服務，及諸般行

1975), p.212.

24 薩孟武，《政治學》，（臺北：三民書局，1971 年 9 月），頁 160。

25 Anthony Giddens, 胡宗澤等譯，《民族-國家與暴力》，（臺北：左岸，2002 年 3 月），頁 200。

26 曾榮汾，〈傳統治安制度史綱要〉，《警學叢刊》第 26 卷 1 期，收錄《警史論叢》，（臺北：作者自印，2001 年 5 月），頁 47。

27 黃仁宇，《放寬歷史的視界》，（臺北：允晨，2001 年 3 月新世紀增訂版），頁 112。

政的協助與其他行政執行事項等十大項[28]；而楊永年則將其分為：行政、刑事、督察、戶口、保防、民防、保安、訓練等[29]；李湧清是從當代民主社會警察的本質思考認為，警察是秩序維護者，也就是社會秩序的維持；犯罪壓制者，也就是犯罪案件的防制；服務提供者，也就是為民眾提供必要的服務[30]。章光明認為警察具有秩序維護、執法及服務等三項功能[31]。

就警察業務的內容而論，其功能和角色是很難明確強加區分[32]。基於警察業務是政府職能的一部分，而政府對社會經濟是具有汲取性、保護性及生產性的角色[33]。綜合上述，警察業務基本上亦應具備維護政權的汲取性、犯罪打擊的保護性及公共服務的生產性功能。

本文對於警察「功能」一詞的定義與處理則採取與「角色」、「業務」、「型態」相互使用[34]，並將警察功能整合並界定為：重視戰時軍人與國家安全的「維護政權」功能、重視秩序維護與打擊犯罪的「執行法律」功能，及重視福利傳輸與效率追求的「公共服務」功能。

同時，對警察對其三項功能的行使，也都會強調其中一種，甚於其他二種[35]。因此，本文處理近代臺灣警察在政經體制結構的變遷中所扮演的「維

[28] 梅可望，《警察學原理》，（桃園：警大，2000 年 9 月），頁 287。

[29] 楊永年，〈警察行為〉，《警學叢刊》，第 30 卷第 6 期，（桃園：中央警察大學，2000 年 5 月），頁 203-216。

[30] 李湧清，〈論當代民主社會中警察的角色與功能〉，《警學叢刊》，第 30 卷第 6 期，（桃園：中央警察大學，2000 年 5 月），頁 86。

[31] 章光明，〈警察與政治〉，《警學叢刊》第 30 卷第 6 期，（桃園：中央警察大學，2000 年 5 月），頁 178。

[32] 梅可望，《警察學原理》，（桃園：中央警察大學，2000 年 9 月），頁 287。

[33] James E. Alt, and K. Alec Chrystral, *Political Economics* (California: California University Press, 1983), pp.28-29.

[34] 章光明，〈從政治改革論我國警察業務功能之演變〉，《中央警察大學學報》，（桃園：中央警察大學，1999 年 5 月），頁 1-34。

[35] 章光明，〈警察與政治〉，《警學叢刊》，第 30 卷第 6 期，（桃園：中央警察大學，2000 年 5 月），頁 179。

護政權」、「執行法律」與「公共服務」等三種功能，是同時存在於每一階段政經體制中的三項功能，而凸顯在哪階段的政經權力體系較為偏重哪項功能[36]。

承上述，並根據政府中心理論的研究途徑，透過權力機制來分析近代臺灣政治經濟體制與警察關係的演變，尤其是政經權力體系運作是如何影響警察功能。在結構安排上分成三大部分，首先，第一大部分說明了研究動機和目的，並介紹研究途徑；其次，第二大部分，分別敘述荷蘭、西班牙統治臺灣時期（1624-1662）重商政經體制與公司政府警察的關係、東寧統治臺灣時期（1662-1683）冊封政經體制與受封政府警察的關係、大清統治臺灣時期（1683-1895）皇權政經體制與邊陲政府警察的關係、日本統治臺灣時期（1895-1945）帝國政經體制與殖民政府警察的關係、中華民國統治臺灣時期（1945-2000）威權政經體制與黨國政府警察的關係；最後，第三大部分是結論。

三、荷治時期重商體制與公司政府警察（1624-1662）

重商主義（merchantilism）約起源於 15 世紀中期，一直延續到 18 世紀中期工業革命萌芽。重商主義理論強調的是市場上貨幣或貿易均衡的原理，不僅是在於保護關稅或航海條例，而在於更遠大的政府組織改造和民族國家的產業政策[37]。

歐洲許多重商主義國家在前工業階段，不僅在財政上給予資助和推行國的工業化政策，尤其是英國工業發展初期也曾推行嚴厲的保護主義關稅制

[36] 蕭全政，《臺灣地區新重商主義》，（臺北：國家政策研究資料中心，1989 年 4 月），頁 19-20；陳添壽，〈近代經濟思潮與臺灣產業發展之探討：政府和警察角色的變遷〉，《第三屆通識教育教學觀摩資料彙集》，（桃園：中央警察大學，2007 年 12 月），頁 1-37。

[37] Gustav Schmoller, *The Merchantile System and Its History Significance* (New York: Macmillan Co., 1896), p.51-56.

度，所謂重商主義就是民族主義，歸根到底是重金主義（bullionism）[38]。

1600 年至 1750 年，這個時期之所以被稱為重商主義時代，是因為重商主義包括經濟民族主義的產業政策，和圍繞著對商品周轉，不管是以金銀積累為形式，還是對建立貿易的結構為市場中心[39]。而其在市場競爭所獲得成功的原因，首先是標榜產業生產和政府政策執行效率整合的重要性，荷蘭霸權的崛起也就大約在這一時期。

1624 年，在荷蘭未正式統治臺灣之前，大體上，臺灣先民是以原住民時期村社（落）共同體的「有序的無政府狀態」，是有關村社體系可以從衝突中產生秩序的趨向。在這樣原始的無政府狀態，擅長提供保護以獲取報酬的一群人會逐漸形成。保護者基本上擔負了政府（警察）的角色，而政府是透過徵收稅款或貢金制度來提供服務。因此，執行這類活動的群體或政府將獲得合法性或合理性，扮演了更多的功能角色，如提供類如司法的警察、教育、道路和基礎建設，尤其封建領主就是代表最早的政府權力[40]。

而從 1624 年荷蘭人開始統治臺灣到 1636 年止，由於公司政府與各村社首長締結具有領主封臣關係的協約式「領邦會議」（Rijkag）。1636 年之後更以分區召開「地方會議」（Landdag）的方式確認權力關係，地方會議成為荷治臺灣重商體制的封建政體[41]。也就是「領邦會議」著重於確立首長個人對長官人身的封建關係，而「地方會議」則趨向於將這種關係衍生為公司政府和臺灣本島屬民（原住民和漢人）兩個群體相互之間締結的契約。

因此，荷蘭東印度公司透過地方會議的運作，集合各社族長或長老討論

---

38 Fernand Braudel, 施康強等譯，《15 至 18 世紀的物質文明、經濟和資本主義》（卷二），（臺北：貓頭鷹，2000 年 3 月），頁 279。

39 Immanuel Wallerstein, *The Modern World-System,Vol.2: Mecantilism and Consolidation of the European World-Economy,1600-1750* (New York: Academic Press,1980), pp.38-39.

40 陳添壽，〈臺灣傳統治安與產業發展的歷史變遷之研究（1624-1895）〉，《警察通識與專業學術研討會論文集》，（桃園：警大，2008 年 5 月 27 日），頁 29-30。

41 鄭維中，《荷蘭時代的臺灣社會：自然法的難題與文明進化的歷程》，（臺北：前衛，2004 年 7 月），頁 24。

各村社的重要政經情事[42]。公司政府代表荷蘭政府賦予這些長老在自己社內的司法權，並授與奧倫治親王的三色旗、黑絲絨禮袍和鑲有東印度公司銀質徽章的藤杖等信物，作為法律與權力地位的威權表徵[43]。

公司政府的警察制度建立，是根據荷蘭聯邦共和國的制度型態決定了荷蘭東印度公司的制度型態，而荷蘭東印度公司的制度型態又決定了印尼巴達維亞和臺灣的制度型態[44]。早在 1580 年 4 月 1 日頒佈於荷蘭諸邦的「永久詔令」是為整個司法體系運作的準則，而「公司法庭」的設置正是執行「永久詔令」當中有關「治安」（politie）[45]的政治集權傾向，意涵日後的「治安」、「警政」的範圍[46]。這是近代臺灣警察制度最早的緣由，至於具現代意義的警察制度則至 1829 年才出現在英國倫敦，它是代表國家政權實施統治的重要政府機關和一支專業，而平時帶有槍枝的軍人武力。

因此，只要是封建領主認為對整個社會的安寧和福利有益，因而也都屬於警察業務統的範圍，封建領主均可列入「治安權」的範圍裡來加以干涉，包括公司行使治安管理，授權各船上的風紀官執行船上議會的判決。此外，諸如為了護衛屬民的利益可包括經濟生活上：提升公證人地位、反對壟斷生活物資、哄抬物價、反對破產；社會生活上：反對流浪漢、乞丐、醉鬼、鋪張施洗節慶和婚禮、小酒館和小吃店成立所引起的「不平靜」；將乞討者分為流浪者、朝聖者和乞丐，健康或患病等類和窮人分別加以登記；窮人子女教育、和窮人救濟金的安排；禁止小酒館招待未經登記的客人；督促地方官

---

42 翁佳音，〈原鄉：世變下的臺灣早期原住民〉，石守謙主編，《福爾摩沙——十七世紀的臺灣、荷蘭與東亞》，（臺北：故宮，2003 年 1 月），頁 118。

43 Tonio Andrade, 鄭維中譯，《福爾摩沙如何變成臺灣府》，（臺北：遠流，2007 年 4 月），頁 341。

44 程紹剛譯註，《荷蘭人在福爾摩沙(*De VOC en Formosa 1624-1662)*》，（臺北：聯經，2000 年 10 月），頁 ix-xxxvi。

45 警察（police）一詞，源於古希臘文字「城邦管理藝術」或「城邦的靈魂」的"politeia"，後來再演變為與城市或城邦相關詞的"polis"，原意是國家憲法，後引伸到國家的目的和統治作用的意義上。

46 鄭維中，《荷蘭時代的臺灣社會：自然法的難題與文明進化的歷程》，（臺北：前衛，2004 年 7 月），頁 43-44。

廳，透過地方法令盡可能改善窮人處境。還有如法律程序上：毆殺案應呈送，法官不應將酒醉視為刑罰規定中的輕罪；宗教上：以重刑威脅壓制咒罵與瀆神。這是王權或政府試圖以法律為工具，由上而下的試圖插手所有公共事務的擴權活動之一環[47]。

公司政府的警察業務配合重商體制的政經策略，隨著貿易狀況的穩定和大員市鎮的商、漁業發展，與臺灣原住民結盟及內陸農業、狩獵開發，越到統治的晚期，議會就越固定於大員（熱蘭遮）城內。同時，隨著基隆城、淡水城議會之設置，熱蘭遮城議會也漸漸獲得地區性政府的地位。早期的大員長官與議會較具軍事性的機能，晚期則漸漸發展出地區性的立法機能。制度結構的權限劃分係依據與議會之間的權力關係，而不是地理上的範圍[48]。

同時重商體制的權力結構，是部分建立在荷蘭人與臺灣先民漢人的共構殖民（co-colonization）基礎上[49]。而公司政府為了獎勵農業發展而便於管制由大陸招來的農民，特依循中國社會傳統的「結首制」[50]模式，合數十個人為一結，選一人為首，名「小結首」；數十「小結首」選一人，名「大結首」[51]。

而這種「大、小結首制」，即有「地方警察」性質的組織，其淵源是中國歷代的鄰保制度，而鄰保組織編成的戶數原則大概是有定數的。這一制度可以追溯自 11 世紀宋代時期的保甲法和 14 世紀明代的縉紳階級制的演變而成。保甲法是以十家為保，五保為一大保，十大保為一都保。保、大保及都

---

47 鄭維中，《荷蘭時代的臺灣社會：自然法的難題與文明進化的歷程》，（臺北：前衛，2004 年 7 月），頁 45。

48 鄭維中，《荷蘭時代的臺灣社會：自然法的難題與文明進化的歷程》，（臺北：前衛，2004 年 7 月），頁 23-24。

49 Tonio Andrade, 鄭維中譯，《福爾摩沙如何變成臺灣府》，（臺北：遠流，2007 年 4 月），頁 22。

50 「結首制」亦有非荷蘭時代制度的說法，所謂「蘭人結首」的說法，乃是指噶瑪蘭（宜蘭）地方的墾殖型態，參閱：薛化元，《臺灣開發史》，（臺北：三民，2008 年 1 月），頁 35。

51 James W. Davidson, *The Island of Formosa: History, People Resources, and Commerce Prospects* (N. Y.: Paragon Book Gallery, 1903).

保皆有長，選主戶有幹力及眾所信服者充之。家有二丁，選一人充保丁，授以弓弩，教以戰陣。遇戰出征，承平歸田，此為寓兵於農之政策[52]。

縉紳階級制的形成，是「以大戶為糧食，掌其鄉之賦稅，多或至十餘萬石，運糧至京，得朝見天子，洪武中或以人才授官」。所以，「大戶」的社會地位，自高出平民一等，成為縉紳階級。不但令大戶為糧長，同時「令天下州縣，選年高有德，眾所信服者，使勸民為善，鄉閭爭訟，亦使理斷」[53]。

「結首制」的地方警察不僅是擁有兵權，是具有軍事警察的功能，而且授予含司法警察的行政權。這使原本「亦商亦政」的公司政府警察同時兼具有「亦法亦警」、「亦兵亦警」的多重角色，凸顯公司政府授予「大結首」、「小結首」與佃農之間的權力關係，並藉以掌握人口數，尤其配合 1640 年開始徵收的「人頭稅」或稱之為「居留許可稅」，雖然早期的居留許可制度並非真正用以徵收稅款，而是要監控人民的生活[54]。

1644 年及 1645 年，公司政府兩次出兵攻擊大肚王之後，加上臺灣先民漢人抱怨公司政府為徵收人頭稅所實施由士兵負責盤查的「軍事警察」制度，儘管後來修正只有公司官員和人頭稅稽徵員，才有權力進行臨檢，卻導致發生 1652 年發生漢人郭懷一的抗爭事件[55]。此後，公司政府為了加強監控漢人的言論和行動，更是透過「結首制」的社會網絡，並以「甲必沙」（Cabessa）稱呼他們，藉其加強發揮警察維護治安和協助完成課稅的功能[56]。

---

52 中國文化學院編，《中國通史（上）》，（臺北：華岡，1976 年 9 月），頁 304；。陳添壽，〈經濟與生活——近代經濟思潮與台灣產業發展之探討：政府及警察角色的變遷〉，《第三屆通識教育中心教學觀摩會資料彙集》，（桃園：警大，2007 年 12 月 4 日），頁 26。

53 中國文化學院編，《中國通史（下）》，（臺北：華岡，1976 年 9 月），頁 611。

54 Tonio Andrade, 鄭維中譯，《福爾摩沙如何變成臺灣府》，（臺北：遠流，2007 年 4 月），頁 297。

55 荷治時期實施稅制所導致漢人造反事件，參閱 Pol Heyns, 鄭維中譯，《荷蘭時代臺灣的經濟．土地與稅務》，（臺北：播種者，2002 年 5 月），頁 128-186。

56 鄭維中，《荷蘭時代的臺灣社會：自然法的難題與文明進化的歷程》，（臺北：前衛，2004 年 7

檢視荷蘭在臺灣實施的重商體制，當其新獲得的資本並非一概地用於土地投資，同時也不曾設法使自己轉變為封建生活習慣的一部分，以致於失去進行資本主義投資的可能性[57]。最後，導致這原本就只是「小國大業」所建立的荷蘭霸權，已喪失公司政府警察制度解決統治臺灣所發生的問題，並無力對抗來自其他海上的商戰勢力，而在 1662 年不得不將統治權移交給漢人的鄭成功軍團。

四、東寧時期冊封體制與受封政府警察（1662-1683）

1662 年，鄭成功取得統治臺灣的政權，是啟動在中國東南海上有別於大陸上五千年華夏格局的一段新文明，因緣與外來文明，包含中國文化、日本文化，以及西方文化的複合型態，並凸顯融合性匯集成鄭治時期臺灣政經社文「土著化」（indigenization）的歷史意義。同時，也因為鄭成功具有日本血統，日本人認為鄭成功是他們開拓臺灣的始祖，臺灣歸日本領有應屬正當性[58]。所以，日本人對鄭成功的禮遇與高度評價，與日後在 19 世紀其帝國體制殖民政府在臺灣的取得統治權具有相當程度關連性[59]。

費孝通指出，秦始皇建立大一統以來，即是皇權體制的開始。權力完全集中在皇帝一人，「朕即國家」，皇帝是政權的獨占者，官僚體系也只是皇帝的工具，是君臣之間的君主式關係[60]。明帝國在洪武 13 年（1380）殺了宰

月），頁 326；陳添壽，〈臺灣傳統治安與產業發展的歷史變遷之研究（1624-1895）〉，《警察通識與專業學術研討會論文集》，（桃園：警大，2008 年 5 月 27 日），頁 32。

57 Max Weber, *The Protestant Ethic and the Sprit of Capitalism* (N.Y.: Free Press, 1958).

58 鄭芝龍北上降清後，清軍劫掠鄭家，鄭成功的日本母親因遭強暴而上吊自殺，日本人後來感佩田川氏的節烈，說：「不愧為我日東產也。」參閱：殷允芃等，《發現臺灣（1620-1945）上冊》，（臺北：天下，2000 年 7 月），頁 36。

59 高致華，《鄭成功信仰》，（合肥：黃山書社，2006 年 5 月），頁 89。

60 費孝通，〈論紳士〉，《皇權與紳權》，（上海：觀察社，1948 年 12 月），頁 1-2；傅樂成，《中國通史》（上冊），（臺北：大中國，1970 年 5 月），頁 105。

相胡惟庸以後，遂撤銷中書省，不設宰相，皇帝直轄六部。所以，皇帝除了是國家元首之外，又是事實上的行政首長，直接領導並推動庶務，皇權和相權合一，擁有軍隊指揮權，再加上司法權、財政權等等，可謂集大權於一身，又可不對任何個人和團體負責，這種權力是前所未有。

換言之，中國皇帝自命為天子，少數獲得恩寵能夠在他面前出現的人必須對他叩頭；沒有得到恩寵的人也對所有和天子沾上邊的東西叩頭，包括詔書、手諭，天子寫過的紙張、穿過的衣服，碰過的東西都因此而神聖[61]。這種皇權體制結構，從近代政治學的國家分類極相近於所謂的專制國家，一個王朝傾覆之後，往往會有另一個王朝產生，只要文化與社會不生蛻變，專制國家是依然存在的，這與極權國家因獨裁政黨的崩潰，即是極權國家的喪鐘是有所差異的[62]。

而鄭成功既受封「延平郡王」，這種冊封體制顯然與明、清帝國的皇權體制有所不同。曹永和指出，這種以中國為中心的冊封體制，畢竟是由中華帝國強加在東亞國家的國際政治關係之中所呈現的具體形式。因而，這種冊封體制，便隨著中國各朝的鼎革、勢力的盛衰，而有數次分裂、瓦解，乃至於重編的現象；同時也隨著中國與周邊諸國彼我情勢的變化，呈現種種不同的面貌[63]，諸如高麗與明帝國關係（1368-1392），朝鮮與明帝國關係（1392-1636），朝鮮與清帝國關係（1636-1894），在這五百年來的關係，則被稱是典型的「朝貢關係」[64]。

換言之，由民族的客觀特徵轉移的主觀認同，由民族內部轉移到民族邊緣的角度而言，明、清帝國與這些邊緣地區人群的關係，可由所謂「天朝體制」來理解。這個制度各朝代雖有不同，但是大抵是中國要邊緣人群對中國

61 David S. Lander, *The Wealth and Poverty of Nation; Why Some Are So Rich and Some So Poor* (N.Y.:W. W. Norton, 1999).

62 鄒文海，《政治學》，（臺北：1972 年 8 月），頁 70。

63 曹永和，《臺灣早期歷史研究續集》，（臺北：聯經，2000 年 10 月），頁 2。

64 全海宗，《韓中關係史研究》，（漢城：一潮閣，1983 年 9 月），頁 51。

皇帝「稱臣、貢方物」。然後，中國再以超過其貢物價值的物品賞賜他們。因此，中國經常干涉這些國家的內政，諸如對朝鮮、西藏、中南半島北部等地區的政權。爲了維持此一體制，當邊緣人群不順服時，中國也經常耗費大量物資、軍力加以征伐，甚至爲此常使帝國元氣大傷。

鄭治時期的冊封體制有如日本藩鎮制度，是封建政治，崇尚專制政體，主張要對君主盡忠，強調家族主義、國體主義、傳統主義，及型式主義，都形塑當時社會的支配意識[65]。而歐洲中世紀雖稱「封建」，其座主及附庸之間，有合同關係（contractual relationship），這種物質條件，既有歷史成例，不容一方片面更動，更不容以仁義道德的名目，作為更變的張本。兩方如有爭執，勢必請法官及律師裁判，如此才能培養司法獨立的傳統，中國長期受官僚主義的壟斷，可謂未曾經過這個階段[66]。

冊封體制對臺灣而言，卻是漢人血統和中國文化最有計劃與最有規模進入臺灣的一件劃時代大事，亦是鄭氏王國漢人對抗大清滿人的「尊王攘夷」戰爭，不但是為贏得海上經濟利益而戰，並導致其政權走上帝王專制的地方封建之路[67]。也是漢人的典章制度正式移植到臺灣的開始。因此，清初大學者黃宗羲直陳鄭成功「建國東寧」。鄭氏治臺，猶如自成一個王國（monarchy）。可是對臺灣原住民而言，其行動正如英國移民北美洲的「逐走土著人」（removing the natives），以便為不斷增加的移民人口騰出空間。因此，對原住民難免會有「外來政權」的感受，但對隨同來臺的閩粵地區的漢人來說，鄭成功卻有其不可動搖的「開臺聖王」的地位。

鄭氏受封政府首先將荷蘭時期的王田盡收為官田，耕田的人皆為官佃；鄭氏宗黨及文武官與士庶之有力者，則招佃耕墾，自收其租，而納課於官，稱為私田；其餘鎮營士兵，就其駐地，自耕自給，即所謂營盤田[68]。不僅承

---

65 東嘉生，《臺灣經濟史研究》，（東京：東都書籍，1944 年 11 月），頁 60-61。

66 黃仁宇，《放寬歷史的視界》，（臺北：允晨，2001 年 3 月），頁 59。

67 曹永和，《臺灣早期歷史研究續集》，（臺北：聯經，2000 年 10 月），頁 259。

68 陳添壽，〈重商主義的中挫：臺灣荷鄭時期經濟政策與發展〉，《商學學報》第 14 期，（蘆洲：

認先來漢人和已開化原住民對於土地既得權益，先確立了財產權的方式以安撫居民之外，乃實施「軍屯為本、佃屯為輔、寓兵於農、展拓貿易」的「軍兵屯墾」制度[69]。

受封政府頒布屯田政策後，軍隊點狀集團性的開墾，並將基隆附近視為流放政敵和犯人的地區，但規模相當有限[70]。同時，有感於原住民族是影響臺灣內部安定的重要因素。所以，在進行屯田或官紳招民開墾時，也要求不得侵奪原住民的土地。但受封政府基本上仍然將臺灣土地視為其私有人家產，就如同采邑是封臣的私有財產；君主和封臣對司法權的延伸，及軍隊所征服來的土地，都視為有利可圖的冒險事業[71]。

受封政府將臺灣改為東都，並將荷蘭時期的熱蘭遮城改為安平鎮，改普羅文遮城為承天府，同時將臺灣南部已開發的地區分設天興縣和萬年縣，澎湖則設安撫司。到了鄭經統治階段則將天興、萬年兩縣改為州，同時設安撫司於南北路及澎湖，並仿明制設立吏、戶、禮、兵、刑、工六部的中央政府組織型態[72]。

冊封體制是「王即是法律」的封建權力結構。根據連橫指出，鄭經接掌政權，改東都為東寧，分都中為四坊，曰東安、曰西定、曰南寧、曰鎮北。坊置簽首，理民事，制鄙為三十四里，置總理。里有社。十戶為牌，牌有長，十牌為甲，甲有首，十甲為保，保有長。理戶籍之事。凡人民之遷徙、職業、婚嫁、生死，均報於總理。仲春之月，總理彙報於官，考其善惡，信其賞罰，勸農工，禁淫賭，計丁庸，嚴盜賊，而又訓之以詩書，申之以禮

國立空大商學系，2006 年 7 月），頁 47-76。

69 周憲文，《臺灣經濟史》，（臺北：開明，1980 年 5 月），頁 166-167。

70 薛化元，《臺灣開發史》，（臺北：三民，2008 年 1 月），頁 39。

71 Frederic C. Lane, *Force and Enterprise in the Creation of Oceanic Commerce in Venice History* (Baltimore, Maryland: John Hopkins Press, 1966).

72 薛化元，《臺灣開發史》，（臺北：三民，2008 年 1 月），頁 31-32；陳添壽，〈臺灣傳統治安與產業發展的歷史變遷之研究（1624-1895）〉，《警察通識與專業學術研討會論文集》，（桃園：警大，2008 年 5 月 27 日），頁 35。

義，範之以刑法，勵之以忠敬，故民皆有勇知方。此鄭氏鄉治之效也[73]，亦是發揮了地方警察的功能。

因此，檢視受封政府的警察業務，包括在於防範竊盜、海上治安、管制武器、禁賭、禁酒、改建石屋以及限制砍伐鄰近森林以利來往船隻補給，並設衡量所，規定市場內秤量以交易等等[74]。當時的漢人居民可以很容易的視此為當地治理者維護治安的命令而予以遵守，漢人居民不必然將此類措施當成是應由法律保障的「法定權利」，而可能認為這是統治者應當承擔的道義責任[75]。因而凸顯鄭氏軍團的受封政府警察功能不在特別重視法律人權的保障，而是偏重在「亦兵亦警」的維護政權和社會治安角色[76]。

五、清治時期皇權體制與邊陲政府警察（1683-1895）

清皇權體制是由大約四萬名官員組成的、中央集權的、專制的半官僚行政機構的中樞，控制了所有國家及私人資源，它可以用行政命令改變財產的所有權，強迫徵收財務或強迫個人服從，一個縣令可以集民政、司法、財政所有大權於一身，在不違反皇帝獨裁大權的前提下，幾乎可以為所欲為[77]。

清國的皇權體制，重文輕武、中央集權、所有法制全國一律，皇帝向全民抽稅，凡有職能的官位不能遺傳，除了皇位之外，能遺傳之爵位則無實權。至於地方行政事務大致採縣及州府以下的委任給當地的行政機關，尤其

---

73 連橫，《臺灣通史（中）》，（南投：臺灣省文獻委員會，1976 年 5 月），頁 631-632。

74 中村孝志，吳密察、翁佳音合編，《荷蘭時代臺灣史研究（上卷）——概說．產業》，（臺北：稻鄉，1997 年 12 月），頁 302。

75 鄭維中，《荷蘭時代的臺灣社會：自然法的難題與文明進化的歷程》，（臺北：前衛，2004 年 7 月），頁 354。

76 陳添壽，〈經濟與生活——近代經濟思潮與臺灣產業發展之探討：政府及警察角色的變遷〉，《第三屆通識教育中心教學觀摩會資料彙集》，（桃園：警大，2007 年 12 月 4 日），頁 27。

77 Franz Michael, " State and Society in Nineteenth-Century China," in *Modern China,* ed. Albert Feuerwerker (Englewood Cliffs, N. J.: Prentice-Hall, 1964), p.58.

臺灣是邊陲的地方政府當然更不例外。

清帝國時期重視以經濟整合為單位，將中國區分為九個所謂的「宏觀經濟區域」（macroregion），而每一個宏觀區域橫跨數個省份，皆有一個「核心」，由主要城市繁榮的經濟活動、高稠的人口密度、具備運送糧食與商品的細密運輸網絡而定。每個核心地帶環繞著人口密度相對稀疏、較不發達的「邊陲」地區，而將不同宏觀區域的核心地帶予以區隔。九大宏觀區域包括 1 個在東北、2 個在華北、3 個在長江流域、1 個在福建省、1 個在嶺南、1 個在西南。臺灣即是在以福建省為主體的區域[78]。因此，臺灣被視為是大清國的地方邊陲，也是非法宗派或盜匪滋生聚嘯，而朝廷力量鞭長莫及的區域[79]。

由於清國皇權體制的結構是滿漢共治的組合，不僅是蒙古人漢人都編入八旗制，就中央的六部都是採雙首長制，滿漢尚書各一人，地方總督、巡撫也是滿漢並行。常見的情形是，由一位滿人總督兼轄兩省，而兩省總攬民軍政的巡撫為漢人[80]。

臺灣邊陲政府的警察制度，在 1885 年臺灣未建省以前，臺灣隸屬福建巡撫下的「臺廈兵備道」管轄。臺廈兵備道的道台是臺灣地方最高的文官。臺灣道（台）下轄府 （知府，設同知、通判）、直隸州（知州）。臺灣的同知一為知府的佐貳官，一為派出專管地方的同知，通判亦與同知負責相同職務，其主要工作為：一、掌警察事務，如捕盜、緝捕同知；二、掌供給軍糧，如清軍同知；三、掌河海防禦事務，如江防、海防同知；四、掌鎮撫蠻夷事務，如撫民、撫夷同知。臺灣府下轄縣（知縣，設縣丞、巡檢）、州、

---

78 Susan Naquin and Evelyn Rawski, *Chinese Society in the Eighteenth Century* (New Haven: Yale University Press, 1987).

79 Spence, Jonathan D. 溫洽溢譯，《追尋現代中國——最後的王朝》，（臺北：時報，2001 年 5 月），頁 100。

80 John King Fairbank & Merle Goldman, 薛絢譯，《費正清論中國》，（臺北：正中，2002 年 3 月），頁 154。

廳級行政單位。知縣掌一縣治理，集所有行政、財政、司法、治安、教化等權責於一身，地方一有暴亂發生，即須負責鎮壓與守衛之責任[81]。

邊陲政府亦延續鄭治臺灣時期的鄉治制度，乃於各莊村鎮設置總理、董事、莊正、莊副等鄉治幹部。其主要職務：

第一、是屬於民治者，約束及教化街庄之民，取締不肖之徒，對不聽約束者加以懲罰；維持境內治安，監視外來之可疑人物，捕拿盜匪，且因此而團練壯丁，必要時並聯合相近里保團練；接受人民投訴爭執而予以排解；稟請董事、街庄正、墾戶、隘首等鄉職的充任與斥革；建造寺廟，開路造橋，設義塾、義冢、義渡、義倉或其他公共之社會福利事業。第二、屬於官治者：官署諭告之傳達，公課的催徵，保甲組織及戶口普查，清莊聯甲，團練壯丁，分派公差，路屍報處，命案、盜案及民刑案情之稟報，人犯追補等等[82]。

臺灣鄉治是地方警察性質，主要工作是「勵行保甲，組織團練」，期以「聯保甲以彌盜賊」達成地方上守望相助的治安工作。保甲之職務，分為警察、戶籍、收稅三件，就中警察業務最重，到了 1874 年在沈葆楨籌議下更成為一種官民混合的警察制度。臺灣建省後，劉銘傳為清理田賦，設保甲總局於臺北城內，以維持此一制度，而形成對鄉村社會的分化效果，使保甲之頭人成為政府執行治安的工具，而非為地方利益的代表。

臺灣辦理團練，應始自為因應 1721 年朱一貴、1786 年林爽文和 1862 年戴潮春等民變，到了 1874 年日軍侵臺，乃設臺灣府團練總局，統率各地方分局，辦理團練。換言之，邊陲政府警察除了要解決「藉隘私墾」、「藉餉私墾」、「藉匠私墾」和民變事件之外，重要業務還有處理臺灣社會分類械鬥，並藉由當時移民來臺所實施的「墾首制」，賦予墾戶治安之義務。墾首

---

81 呂實強、許雪姬，《臺灣近代史（政治篇）》，（南投：臺灣省文獻委員會，1995 年 6 月），頁 4-5；陳添壽，〈臺灣傳統治安與產業發展的歷史變遷之研究（1624-1895）〉，《警察通識與專業學術研討會論文集》，（桃園：警大，2008 年 5 月 27 日），頁 37。

82 戴炎輝，《清代臺灣之鄉治》，（臺北：聯經，1979 年 5 月），頁 21-43。

對其墾佃不但有收租權，而且與團練具備替官府執行監督之權，對外可以防番，對內則握有警察權的成為仕紳總董豪強的地方頭人。

另外，清政府早期實施的一禁一弛渡海禁令，不但造成偷渡和賄賂的「有禁無阻」現象，也增加汛兵的工作量，以及地方官吏誇大劃界遷民，和番政變革的結果。特別是 1884 年法軍進攻基隆，以及 1885 年的派艦佔領澎湖，更增加滿清政府對臺灣防務的重視，旋即於閩海地區實施戒嚴。由於臺灣缺乏水師戰船，只能改採以陸師為主的鄉勇策略，並由林維源擔任全臺團練大臣，但主力的綠營軍仍未完全裁撤，主要是分布在塘汛，也就是在隄岸附近駐防武職人員，其工作性質擔任猶如現在的水上警察角色。

1860 年，臺灣開放港口對外貿易，與西方列強的接觸頻繁，糾紛易起，地方官的業務，遂於傳統已久的刑名、錢穀等以外，增加了因通商與傳教而新起的涉外事務。而刑名問題，就是重賞陸師使其擔當剿捕洋盜責任，近似現在的外事警察角色。而對外港口通商的結果，不但有助於英美等國家的外商資本與本土商人為主的「行郊」商人資本結合，迫使臺灣政經權力中心的北移。而行會基於熱心公益和照顧自家利益的動機，就在容易發生火災的城鎮裡設有防火的瞭望台和消防隊，在當地港口則設置救生船，這一民間性質組織所扮演的卻是現代消防警察功能。

1895 年，臺灣被清治政府割讓給日本之後，臺灣的政經體制和警察關係的演變又進入另一個新時期。在兒玉、後藤時代，依靠以現代警察為中心的地方行政組織和舊有的保甲制度，整備了它的統治體制。前者作為以警察為中心的政治體制，自上而下地在臺灣殖民社會中紮下根；後者則被改編為相適應的治安機關的基層組織，發揮著它的作用，並被保存下來。這兩大系統，做為日本統治臺灣這塊殖民地的基幹，形成日本殖民政策的一大特色。

六、日治時期帝國體制與殖民政府警察（1895-1945）

日本在 16 世紀後半葉以前，和中國大陸一樣，是完全被一個皇帝所統治。當時的日本國土被分為許多小的王國，或日本人所稱之為「藩」。藩主在自己所屬的土地擁有絕對權利，藩主經常為利益發生爭奪。直到 1867 年至 1868 年日本發生一場結構性革命，幕府體制被推翻，國家的控制權回到京都的天皇手上，終於結束了 250 年的德川幕府時代。

但是日本人並不稱這個權力體系的改變為革命，而是認為這是恢復舊秩序。革命是中國人的，中國人改朝換代，但是日本人從頭開始就只有一個皇族。日本的天皇，也就是日本政權的統治者。在文化上日本人雖曾受中國影響，日本的字母和漢字系統引自於中國，許多文字也借用中國用法。但是學習並沒有使日本渺小，反而使日本自覺比中國優秀。使得日本在明治維新之後，成為稱霸亞洲的帝國主義者。

霍布森（J. A. Hobson, 1858-1940）指出，帝國主義（imperialism）的發生，導因於資本主義體系的失調，資本家把剩餘的資本轉投資於海外賺錢的事業，以其在國內無法銷售或使用的貨品和資本，創造海外市場和投資，使帝國主義國家變得更依賴海外市場。政府結合產業資本家，強勢運用公共政策、公共財力和公共武力，擴展投資地區，宰制國際市場利益[83]。

若依霍布森的論述，從有歷史以來，帝國主義便已存在，而在 19 世紀時，情勢上已登峰造極的帝國主義而論，更是成為現代資本主義的副產品。換言之，帝國主義是政府運用策略和外交以獲得被保護國的土地，並增加工業發展、貿易和投資的機會。但估算帝國主義的成本與損失，相對地，並沒有引起眾人的關注。所以，如果單從埃及、中國、波斯、羅馬，或觀察蘇聯等帝國歷史的發展軌跡，我們很難驗證資本主義和帝國主義之間的必然關係。

然而，殖民主義（colonialism）卻是帝國主義的灰暗面。殖民主義體制強調是一個殖民母國與殖民地之間脈絡相連的結構，經由這關係使殖民地的

[83] John A. Hobson, *Imperialism* (London: G. Allen and Unwin, 1938)；伊藤正直，〈資本主義社會的發展過程〉，收入後藤靖等編，黃紹恆譯，《現代經濟史的基礎——資本主義的生成、發展與危機》，（臺北：經濟新潮社，2003 年 3 月），頁 1-3。

經濟、社會均從屬於殖民母國；而殖民的終極目的，就是依殖民母國的需要，剝削殖民地的經濟和社會剩餘。

如果我們深入對「殖民地」一詞的分析，其並無任何負面意涵。因為，在古代僅代表一群人進駐至遠方的一個居留地，如迦太基至腓尼基的居留（殖民）地，或希臘人在義大利的居留（殖民）地，乃至閩粵人在臺灣的居留（殖民）地。但是，正如現在我們所知道的，當一群人進駐另外一個地方後，必定會發生某種程度的取代作用。而取代過程則不可能完全完美無缺。至少從受害者的角度來論，必定在手段、道德上有所缺憾。

因此，到外地居留的體系（殖民主義）顯然無法得到好評。在近代，我們將殖民主義擴張解釋為「任何經濟上或政治上依存的情況」。因此，不論最後是否發生人口取代，只要有依存關係發生，便可稱之為殖民主義，而為「殖民」兩字帶來無限的貶損之意。許多人在批評現代外國或西方對世界的統治支配時，改用殖民主義，而不在使用舊的帝國主義，因為殖民主義聽起來更糟糕。

加上，帝國主義和殖民主義的觀點都認為，海外征服和工業化就像自然法則一樣不可抗拒，各種民族類型的競爭轉變為各帝國主義的競爭中你死我活的鬥爭。國際市場利益的誘因使得日本在明治維新成功後，整個政經權力進入帝國主義體制，而當時殖民地的最佳目標就是在大清統治下的臺灣與朝鮮。

追溯日本開始於 1860 年代末期的維新運動，凸顯因應工業社會所需要的新組織或機構，促使日本在警察制度上積極模仿歐陸警察的建制方式，特別是針對一般行政諸如建築、衛生、商業、財稅等經常作出干預取締的處分，而成立的消防警察、經濟警察、特高（思想）警察、勞動警察、衛生警察、建築警察、水上警察等單位[84]。這也正是日本帝國體制與殖民政府警察

[84] 鄭善印，〈警察與法律〉，《警學叢刊》，第 30 卷第 6 期，（桃園：中央警察大學，2000 年 5 月），頁 141-176。

在臺灣的濫觴。

由於明治時期的警察，大都是原來藩鎮社會的武士出身。隨著維新運動的推動，幕府時代將軍與武士的權力關係也被迫面臨調整。雖然當時武士的社會地位在所謂「三民」的農工商之上，武士的職責是扮演軍警的司令官、莊園警察與收稅官的角色。尤其是武士在戰時不但要為將軍而戰，平時身為幕府官員則需維護京都與社會治安[85]。

日治時期殖民政府警察制度配合由初期的帝國體制調整為 1930 年代以後軍國體制的變革而被分為：中央集權、地方分權和戰時體制等三個重要時期。第一個時期是所謂殖民政府中央集權的警察制度，時間是從 1895 年 5 月至 1920 年 8 月。這一時期又可分為軍政（1895.5-1896.4）和民政初期（1896.4-1920.8）的兩個階段。

軍政階段的警察系統，在總督府民政局內務部設警保課，臺北縣則保持警察部，內有警務、保安、衛生、監獄、刑事五課，支廳則設監獄署與警察署、分署，尚未平定的臺灣縣、臺南縣改稱民政支部，由第二課負責相當縣警察部的事務，其下設結合警察署功能的出張所。這種警政、行政、軍政合一的組織便於軍憲維持治安，憲兵將臺灣分為若干守備管區，其下設憲兵警察區派置分隊，執行軍事、司法、行政警察任務[86]。

到了民政初期階段的警察系統，則是從 1896 年 4 月起，總督府開始實施民政，在總督府內務部警保課設高等警察、警務、保安、戶籍四股，課長為警部長，可指揮監督下級警察機關，縣廳則設警察課，內有警務、保安、衛生三股，並可視事務繁簡程度，增設高等警察主任，支廳的警察組織與縣同，但是成員須由其下的警察人員兼任。地方警察權由支廳長執行，可指揮

---

[85] 陳艷紅，〈今警察 VS.昔武士（上）〉，《警大月刊》，第 128 期，（桃園：中央警察大學，2008 年 4 月），頁 2-4。

[86] 臺灣總督府警務局編，〈警察機關 構成〉，錄自《臺灣總督府警察沿革誌》（第一編），（臺北：臺灣總督府警務局，1933 年），頁 20 至 56；許介鱗，〈日據時期統治政策〉，錄自李國祁總纂，《臺灣近代史政治篇》，（南投：臺灣省文獻委員會，1995 年 6 月），頁 256。

轄區警察，警部長則負責監督。此時地方警察職權包括：行政、司法、警察、監獄、出版、報紙雜誌、船隻檢疫、鴉片與藥品販賣、衛生、地方醫療人員管理等，逐漸分奪軍、憲的權限[87]。

然而，殖民政府警察權限的不斷擴大，導致時與軍事警察的憲兵發生衝突。1897 年 3 月乃木總督開始實施「三段警備」，並於 6 月將地方制度由三縣一廳改為六縣三廳，並且廢除支廳，實施辦務署制度，警察署於是與辦務署、撫墾署鼎足而立，直接受縣警察部長指揮。但是 1898 年 6 月兒玉總督基於治安與殖產的需要，廢止「三段警備」，並將警察署、撫墾署並入辦務署。1901 年配合政經體制改革的警察系統，總督府增設統理全臺灣警察的警察本署，設警視總長，領導警察本署，署內則有警務、衛生、保安三課與高等警察。全島又分為南北二警察管區，設置警察區長監督地方警察事務，地方各廳的警務課長由警部擔任，廳以下的行政組織，支廳長須為警部，屬員須為警察，加上警察派出所，基層行政工作完全成為警察的工作[88]。

1902 年，殖產局將所管的「蕃人」「蕃地」事務移由警察本署負責，並於 1906 年，在署中獨立設置蕃務課，警察成為總督府理蕃政策的執行者。1909 年，總督府成立蕃務本署，同時廢除警察本署，改由警視總長兼任內務局長並在內務局增設警察課、衛生課。

1911 年，總督府廢除內務局，重設警察本署，下分為警務課、保安課、衛生課。1915 年，蕃務本署廢除，所管事務移交警察本署辦理，地方廳的蕃務課也併入警務課為蕃務股，使臺灣無論平地或山地都納入警察政治的管轄下。

1919 年，殖民政府實施同化政策，將警察本署改為警務局，以利於將

---

[87] 許介鱗，〈日據時期統治政策〉，錄自李國祁總纂，《臺灣近代史政治篇》，（南投：臺灣省文獻委員會，1995 年 6 月），頁 256-257。

[88] 許介鱗，〈日據時期統治政策〉，錄自李國祁總纂，《臺灣近代史政治篇》，（南投：臺灣省文獻委員會，1995 年 6 月），頁 259。

警察政治隱形在地方分權的民政制度下[89]。但警察人力配置仍然居高不下，名為地方分權的民政治理，但仍未曾弱化警察「控制」社會的權力結構和角色，只是政經權力運作的策略調整了，變得較為重視柔性的方式。

第二個時期是所謂地方分權的殖民政府警察制度，時間是從 1920 年 8 月至 1937 年 7 月。這一時期從 1920 年 8 月起軍人武官總督改派文官總督，開始改革地方的警察制度，依據新的「總督府地方官制」，廢止了以前實施了近 20 年的「廳與支廳制」，實施「五州一廳制」，州設警察部、廳設警察課、市設警察署，郡設警察課及支廳，其下於重要地區設警察課分室，下轄派出所與山地住在所[90]。

地方警察權限的自主權較以往增加，普通行政業務也改由文官系統處理，但是州知事還是有權指揮地方警察。1923 年《治安警察法》在臺灣實施，導致「治警事件」的發生，尤其到了 1928 年 7 月為防範共產主義與民族自決思想，開始增設「臺灣高等警察」，負責集會結社與出版事務、取締危險思想等，並在臺日航線與中臺航線的輪船上設偵查警察，以加強對臺灣人的思想和行動的控制，而當時警察把社會的結社分為：政治性結社與非政治性結社、祕密結社、違反《治安維持法》的結社[91]。

根據 1922 年的統計資料顯示，臺灣警察人數占人口的密度，在日本帝國的領土範圍，臺灣地區的警察密度已經是最高了，每一名警察管理住民的人數為 547 人、南樺太（庫頁島）572 人、關東州 797 人、朝鮮 919 人、「內地」（本州地區）1,228 人、北海道 1,743 人，特別是標榜軍人專政的朝鮮，從住民人數的比例來看，警察的數目大約只是臺灣的一半，就面積比例而言，朝鮮每一平方公里有 1.3 名警察，臺灣則是 3.1 名警察，殖民政府

89 許介鱗，〈日據時期統治政策〉，錄自李國祁總纂，《臺灣近代史政治篇》，（南投：臺灣省文獻委員會，1995 年 6 月），頁 260-261。

90 李理，《日據臺灣時期警察制度研究》，（臺北：海峽，2007 年 12 月），頁 127-135。

91 陳煒欣，《日治時期臺灣「高等警察」之研究》，成大歷史研究所碩士論文，1998 年。

警察權力儼然成為「地下總督府」[92]。

第三個時期是所謂殖民政府戰時體制的警察制度，時間是從 1937 年 7 月至 1945 年 10 月。這一時期是從 1937 年 7 月 7 日盧溝橋戰爭發生，日本宣布政治經濟活動完全進入戰爭狀態的軍國體制警察制度[93]。

1937 年 10 月，實施經濟警察制度，在總督府警務局及州警務部增設經濟警察課，市警察署與郡警察課增設經濟警察股，專司取締違反各種統制令的行為、經濟情報的搜集和特殊物質的配給。1939 年以後更因為戰爭需要在總督府分設防空課與兵事課，而根據「總督府地方官制」規定：知事或廳長可將其職權範圍內的事務委託给郡守及市尹，因此，各種重要戰時的措施，則完全由警察掌握。

1945 年 6 月，除了廢止保甲制度外，隨著 8 月日本宣布投降後，戰時增設的兵事、防空、防空措施等單位被取消，而增設了等待中國接收的調查與警備課[94]。戰時軍國體制的殖民政府警察工作完全專注於經濟分配和因經濟統制所帶來社會秩序的任務。

日治時期輔助警察業務的保甲制度，乃依據《保甲條例》，作為警察體系的輔助機關，其性質有如「自治警察」，因而形成臺灣特有的警察和保甲兩輪運作機制[95]。保甲的組織，保設有「保正」，甲設有「甲長」，除採用形式上的「公選」產生之外，前者應獲州知事或廳長的認可；後者應獲郡守、支廳長或警察署長的認可。保甲長職務都為榮譽職，應受各警察署長的指揮監督，並接受召集、訓練，從事維持保甲內部安寧的工作，並協助市街

---

92 臺灣總督府，《臺灣現勢要覽》，（臺北：臺灣總督府，1924 年），頁 45。

93 鶴見俊輔則認為，1931 年的九一八事變，是日本進入軍國主義時代。鶴見俊輔，邱振瑞譯，《戰爭時期日本精神史》，（臺北：行人，2008 年 1 月），頁 100。

94 李理，《日據臺灣時期警察制度研究》，（臺北：海峽，2007 年 12 月），頁 152-160；參閱許介鱗，〈日據時期統治政策〉，錄自李國祁總纂，《臺灣近代史政治篇》，（南投：臺灣省文獻委員會，1995 年 6 月），頁 263-264。

95 陳添壽，〈臺灣殖民化經濟與警察角色演變之探討〉，收錄於《第一屆通識教育與警察學術研討會論文集》，（桃園：中央警察大學，2004 年 5 月 25 日），頁 66。

庄長執行職務[96]。

迄 1909 年更以律令第五號規定：保正甲長還得補助執行下述各種區行政事務，此即由法令及其他行政官廳所發命令的通知或傳達、產業上調查資料的蒐集及其他設施、關於臺灣歲入地方稅及其他收入之書面傳達及繳納的督促等[97]。

由於保甲組織本身並不具有軍事性，要達到其自衛的目的就必須配合警察機關發給壯丁團武器，由保甲的住民當中選拔 17 歲至 50 歲的男子為團員，其扮演的角色，係依總督府所頒的訓令及準則辦事。如戶口調查、轄區者出入的管制、對於風水火災及土匪強盜的警戒搜查、傳染病預防、鴉片及其他地方保安上必要的事項；除了這些保安警察事務之外，還包括道路橋樑的小修理及清掃、害蟲預防、獸疫預防等普通行政事務[98]。

推動保甲工作所需經費，係採用自行負擔方式，以一戶平均一年徵收六角錢以下為限編列預算，經費支出項目主要以保甲的事務費用為主。保甲制度最特殊的地方，即行連坐責任及怠忽處分。連坐制度的目的主要在於防止隱匿犯罪；另外鄰、里民若有違反規約受怠忽處分時，其他鄰里民須受連坐責任。《保甲條例》第二條規定：「保甲之居民，各負有連坐之責任，其連坐者得處以罰金或罰鍰」，又在保甲規約中亦規定里鄰民眾違反規約受怠忽處分時，其他里鄰民眾負有連坐之責任[99]。

日治保甲制度不但延續清帝國在臺灣實施的基礎，而且全期全境在臺灣實施，更是有利於臺灣帝國體制政策的推動。保甲制度更因隨著警察機關職權的變動與擴充，成為行政系統的末端組織，有效掌控臺灣人民的日常作息

---

[96] 持地六三郎，《臺灣植民政策》，（東京：富山房，1912 年），頁 76-79。

[97] 矢內原忠雄，周憲文譯，《日本帝國主義下之臺灣》，（臺北：海峽，1999 年 10 月），頁 194。

[98] 陳添壽，〈臺灣殖民化經濟與警察角色演變之探討〉，收錄於《第一屆通識教育與警察學術研討會論文集》，（桃園：中央警察大學，2004 年 5 月 25 日），頁 66。

[99] 鹽見俊二，〈經濟與警察〉，收錄周憲文，《臺灣經濟史》，（臺北：開明，1980 年），頁 982-983。

與政經活動。殖民政府警察掌握了保甲機制，保甲成為警察掌握地方行政的有利工具。行政區越是基層，警察與行政結合的程度越高，與臺灣人民的接觸越密切，警察是與「政府」角色合一，但重點在控制、不在行政[100]。

凡在警察上升至國家權力頂峰的國家，殖民政府就尤其願意通過對廣大的民眾群體的控制來鞏固這種力量。警察權力就能綿密地順利滲透到行政的基層，不但協助建立完整的警察體系，提高警察的執行力與公權力，也鞏固了前期實施的帝國主義和後期所實施的軍國政經體制。

綜論日治警察功能，從臺灣人不斷對抗帝國主義體制的爭取政治民主與經濟自由過程中，高漲了臺灣人民族意識與凝聚了生命共同體，尤其是當警察的高級幹部亦都由日本人擔任，更凸顯了臺灣意識的主體性與複雜性[101]。許介鱗指出，日本統治臺灣五十一年，建立了殖民經濟的發展基礎與以警察為重心的統治體系，為戰後國民政府的統治臺灣提供豐富的經驗與借鏡，所以臺灣才能成為 1949 年國民政府政權偏安的據點，展開戰後以「安定」為主的統治政策[102]。

七、國治時期威權體制與黨國政府警察（1945-2000）

中國國民黨與中國共產黨的戰爭並未隨著 1945 年二次世界大戰的結束而停止。1949 年 12 月，更是以蔣介石為領導核心的國民黨政府（簡稱國治）因為戰事失利而權力中心轉移到臺灣來。這時的國民黨政權不如日本帝國主義體制的政權，具有對外發動殖民侵略的政經實力。

當時國民黨政權最重要的工作，就是如何因應嚴厲挑戰，把要統治臺灣

---

[100] 警察透過保甲制掌握地方行政，警察與「政府」角色合一，但重點在控制、不在行政？謝謝楊永年教授提供的高見。

[101] 陳添壽，〈資本主義與臺灣產業發展〉，《華人經濟研究》，第 1 卷第 2 期，（宜蘭：佛光大學經濟系與大陸研究中心，2003 年），頁 28-50。

[102] 許介鱗，〈日據時期統治政策〉，《臺灣近代史（政治篇）》，（南投：臺灣省文獻會，1995 年 6 月），頁 290。

政權確立下來，盡速建立黨國（party-state）一體的領導政府，將所有政、經、社、文等權力體系都集中由黨的掌控，而形成所謂的威權體制。

麥克利迪斯（Roy C. Macridis）將威權主義（authoritarianism）的政體特質界定為：軍隊的份量格外吃重；大眾參與通常很低；公民權利尤其是政治權利並不存在，既便容許某種程度的公民權利存在，也受到相當程度的限制；通常欠缺用以動員民眾的政治意識形態；威權政體壓制社會團體以及利益團體，不過，其對社會的滲透卻非全面而廣泛，其目的也不在於重新改造該社會，統治集團通常由社會上不同菁英團體共同組成，他們以公開或非公開的方式聯合遂行寡頭統治（oligarcy），以保障其自我權益並維護統治權於不墜[103]。

根據臺灣威權體制的權力結構分析，其變遷過程可分為：第一階段是 1945-1975 年蔣介石的硬式威權體制；第二階段是 1977-1988 年蔣經國的軟式威權體制；第三階段是 1988-2000 年李登輝的威權體制轉型[104]。

溯自 1945 年 10 月臺灣省行政長官公署及警備司令部前進指揮所成立，掌控行政與軍政的一元化權力，並成立臺灣省警察訓練所接續運作日治時期的警察權力體系。1947 年 2 月 28 日發生「二二八」事件，為控制情勢，國府自大陸增援兩個師到臺灣鎮壓，卻導致臺灣省行政長官公署的改組臺灣省政府。1949 年 4 月 6 日更因為發生的「四六事件」，警察進入校園逮捕間諜的鎮壓行動，國共鬥爭也由此從大陸地區延伸到臺灣來，迫使國府於 1949 年 5 月 1 日自零時起，實施全省戶口總檢查，5 月 20 日全省宣告戒嚴，並快速於 9 月 1 日成立臺灣省保安司令部負責加強社會治安工作[105]。

臺灣威權體制的統治基礎完全是建立在戒嚴法令的實施，要求黨國政府的警察工作來配合執行。因此隨著臺灣威權體制權力結構的演變，黨國政府

---

103 Roy C. Macridis, *Modern Political Regimes:Patterns and Institutions*(Boston:Little,Brown, 1986）,P.216

104 陳添壽，〈戰後臺灣產業發展的政治經濟分析〉，《商學學報》，第十期，（臺北：國立空大，2002 年 7 月），頁 53。

105 戴國煇，《臺灣總體相》，（臺北：遠流，1992 年 3 月），頁 28-32。

的警察制度可分為下列五個階段：

第一階段是 1940 年代後期的警察業務接收與重建。工作的重心在接收日本警務，並於內政部設警政司，掌理全國警政。主要影響的因素是根據戒嚴令的實施，黨國政府於 1949 年 9 月即通過〈經濟作戰委員會組織規程〉與成立臺灣防衛司令部、1949 年 10 月頒訂〈取締擾亂金融平抑金鈔波動具體辦法〉十項，及〈船舶總隊編組辦法〉，任何船舶軍需呈報候編，以加強水上管理，確保治安。同時，為確保山地治安，依據〈戒嚴時期臺灣省區山地管理辦法〉，管制一般平地居民入山，預防中共建立游擊基地為主要目標[106]。

第二階段是 1950 年代的建立警察體制時期。依據 1953 年公布的《警察法》，凡警察之組織、職權、人事、教育、經費、設備，警察權由中央與地方均權行使之事項，均有原則之規定，並建立工礦、森林、外事等專業警察之相關組織規程，1960 年 11 月頒行《警察教育條例》，建立警察教育制度。主要影響因素是 1950 年 3 月中國國民黨總裁蔣介石復行總統職務，為貫徹以黨對政、軍、警、情治，及社團等機關的「一元化」領導[107]。

特別是以〈動員戡亂時期臨時條款〉及〈戒嚴令〉，限制人民的言論、集會、結社、出版，及新聞等自由，並強調以「法統說」來掌控國會運作。而在戒嚴時期，由警備總部擔負治安、民防、動員任務，並兼管出入境管理業務，其工作已凌駕於現代警察業務。所以，戒嚴地區任務的執行即是由警備部隊實施軍管，簡稱的「警總」也就順理成章成為警察機關的指揮單位，而肩負警察維護政權和國家安全的角色。

第三階段是 1960 年代的警政穩定發展期。這一時期臺灣係處於國家安

[106] 戴國煇，《臺灣總體相》，（臺北：遠流，1992 年 3 月），頁 21；陳添壽，〈近代經濟思潮與台灣產業發展之探討：政府和警察角色的變遷〉，《第三屆通識教育教學觀摩資料彙集》，（桃園：中央警察大學，2007 年 12 月），頁 31-32。

[107] 田弘茂著，李晴暉、丁連財譯，《大轉型——中華民國的政治和社會變遷》，（臺北：時報文化，1989），頁 91；許福明，《中國國民黨的改造 1950-1952——兼論其對中華民國政治發展的影響》，（臺北：正中，1986 年），頁 179。

全、社會安定、經濟起飛的階段。主要是因為到了 1960 年代國共戰爭稍息，警察在這時期，為配合政府鞏固政權，以及執行對異議人士抗爭的壓制，並藉由妥為運用美國軍援與經援，實施計畫性自由經濟，以獎勵或補助的方式來發展勞力密集產業，積極為進口替代及出口擴張所採取的各項經濟管制，顯見警察配合政府在維護國家安全與經濟管制政策上，俾延續維護其硬式威權體制[108]。

第四階段是 1970 年代的倡導警政現代化時期。這一時期警察制度配合硬式威權體制調整為軟式威權體制。1972 年 7 月內政部成立警政署，並陸續成立出入境管理局、刑事警察局、航空警察局等，主要是因為 1970 年代蔣經國執政的時期，即開始面對自日治以來，臺灣內部一直存在國家認同與族群意識，或是「本土」與「非本土」的嚴重問題，尤其「臺灣獨立」的訴求，近乎與臺灣民主運動形影相隨。在面對國內新興團體要求改革的呼聲，不得不修正〈動員戡亂時期臨時條款〉，以擴大名額方式容納更多地方派系人士及政治精英參與中央決策。1979 年國內發生「高雄事件」，成為國際人權與政治民主化程度關注的焦點，政府以軍法公開審理方式，強調警察打擊犯罪、維持秩序的執行法律角色，亟欲降低軍人警察角色[109]。

第五階段是 1980 年代以後繼續推行警政現代化及規劃解嚴的因應措施時期。1987 年 7 月 15 日解嚴後，警政署成立安檢組，掌理機場、港口沿海地區安檢業務，實施「五年警政建設方案」後，警政署的組織已迅速擴充，其中尤以增加保安警察的實力為主[110]。

諸如 1985 年先後通過修正《警械使用條例》、《槍砲彈藥刀械管制條

---

108 陳添壽，〈政經轉型與警察角色變遷之研究〉，《警學叢刊》，第 33 卷第 2 期，（桃園：中央警察大學，2002 年 9 月），頁 31-54。

109 若林正丈、松永義著，廖兆陽譯，《中日會診臺灣——轉型期的政治》，（臺北：故鄉，1988 年），頁 25。

110 陳純瑩，〈戶政、警政與役政〉，錄自李國祁總纂，《臺灣近代史政治篇》，（南投：臺灣省文獻委員會，1995 年 6 月），頁 440-450。

例》和《動員戡亂時期檢肅流氓條例》等相關法規，凸顯政府在維護治安及保障人權方面皆具有積極的意義[111]。警察角色隨著威權體制的由硬式調整為軟式政經體制，而逐漸偏重於執行法律的角色[112]。

檢視上述警察制度發展的第一階段至第四階段，其時間涵蓋了硬式威權和軟式威權時期，也就是在黨國政府實施戒嚴的時期，其「軍管警察」的角色深受社會詬病，就以《違警罰法》為例，警察仍屬擁有極大權限的機關，其不僅擁有法規制定權，如頒布一些職權命令，且依據《違警罰法》，掌理警察司法裁判權。而其警察行政權之範圍，仍擁有一些衛生、消防、工商、安全以及風俗等警察之事務，此種警察權，包括行政、立法以及司法裁判權等，非常類似警察國家之警察權[113]。

《違警罰法》也一直要到 1991 年 7 月 1 日才廢止，正式改由《社會秩序維護法》取代，凸顯《違警罰法》在 1980 年代前後階段，當警察面對層出不窮的政治議題和社會抗爭運動的處理困難度和複雜性，卻也相對凸顯政府欲以法治展現其由維護政權為主轉型為偏重執行法律為主的角色。

1987 年 7 月，政府公布《動員戡亂時期國家安全法》和宣布臺灣地區解除戒嚴，開放黨禁、報禁與大陸探親，並呼應社會要求政黨退出校園、軍隊、警察，以及法官不得參加政黨活動，迫使黨國政府不得不解散設在大學校園的「孔知青」、軍隊的「凱旋」、警察的「劉中興」等黨部組織[114]。

一連串的民主化改革，諸如通過《集會遊行法》、《資深中央民代自願退職條例》、《選罷法》修正案、《人團法》修正案，並於 1991 年 5 月 1

111 刑事警察局，〈簡介「動員戡亂時期檢肅流氓條例」〉，《警光》第 349 期，（臺北：刑事警察局，1985 年 8 月），頁 6-7。

112 陳添壽，〈政經轉型與警察角色變遷之研究〉，《警學叢刊》，第 33 卷第 2 期，（桃園：中央警察大學，2002 年 9 月），頁 31-54。

113 蔡震榮、黃翠紋，〈現代警察概念與職能之發展趨勢〉，《警學叢刊》，第 30 卷第 6 期，（桃園：中央警察大學，2000 年 5 月），頁 54。

114 張玉法，〈民主政治的發展（1945-1992）〉，錄自李國祁總纂，《臺灣近代史政治篇》，（南投：臺灣省文獻委員會，1995 年 6 月），頁 613-616。

日正式終止動員戡亂時期，廢除《懲治叛亂條例》；1992 年，通過《刑法》第一百條修正案，1996 年，通過《組織犯罪防制條例》[115]，以及廢除《出版法》等攸關國內政經體制轉型的重要法案[116]。

1998 年之後的行政救濟制度改革、《行政執行法》修正、《行政程序法》、《行政罰法》制定，行政法制終於朝向落實正當程序原則、周延保障人民權益和促進民眾參與的民主法治精神邁進，直接衝擊著警察機關傳統執法思維與法治的內容[117]。

解嚴後的警察服務性功能，目前則仍處於萌芽的階段。然而，也隨著 1989 年首次由警察系統出身的莊亨岱出任警政署長[118]，警備總部於 1992 年裁撤，成立海岸巡防司令部，以及 2000 年依據《海巡法》成立行政院海岸巡防署，軍管、海巡分置，正式確立軍警分立，警察的政治色彩漸淡，功能得以改善[119]。

警察任務不但從戒嚴時期的「軍管」調整為戒嚴後的「警管」角色，消防、水上、移民、外事、保安等也都朝向「除警察化」，不再隸屬制服警察之任務[120]。解嚴後，隨著威權體制的轉型民主體制，警察功能才逐漸從偏重國家安全、維護政權調整為兼顧社會安全、公共服務的警察角色新思維。

---

[115] 陳添壽，〈政策制定：組織犯罪防制條例立法過程的評析〉，《警學叢刊》，第 31 卷第 6 期，（桃園：中央警察大學，2001 年 5 月），頁 233-248。

[116] 陳添壽，〈政經轉型與警察角色變遷之研究〉，《警學叢刊》，第 33 卷第 2 期，（桃園：中央警察大學，2002 年 9 月），頁 31-54。

[117] 洪文玲，〈「警察法規」課程學習指引〉，《空大學訊》，第 386 期，（臺北：國立空大，2007 年 10 月 16 日），頁 41-42。

[118] 戒嚴時期歷年來的警察首長如周菊村、孔令晟、何恩廷、羅張等，都是由軍人轉任，參閱：陳添壽，〈近代經濟思潮與臺灣產業發展之探討：政府和警察角色的變遷〉，《第三屆通識教育教學觀摩資料彙集》，（桃園：中央警察大學，2007 年 12 月），頁 34。

[119] 章光明，〈警察與政治〉，《警學叢刊》，第 30 卷第 6 期，（桃園：中央警察大學，2000 年 5 月），頁 177-202；許介鱗，《臺灣史記（續）卷四》，（臺北：文英社，2001 年 11 月），頁 274-275。

[120] 蔡震榮、黃翠紋，〈現代警察概念與職能之發展趨勢〉，《警學叢刊》，第 30 卷第 6 期，（桃園：中央警察大學，2000 年 5 月），頁 33-57。

八、結論

總結近代臺灣政經體制變遷，臺灣原住民時期村社共同體是「有序的無政府狀態」，直到 1624 年荷蘭人統治臺灣。而荷蘭開始統治臺灣到 2000 年國民黨轉移政權的政經體制與警察角色關係的過程，一共歷經了荷治重商體制與公司政府警察、鄭治冊封體制與受封政府警察、清治皇權體制與邊陲政府警察、日治帝國體制與殖民政府警察，和國民黨威權體制與黨國政府警察等五個時期。

隨著臺灣政經體制的轉型民主化，警察角色也逐漸弱化了早期的維護政權和執行法律角色，而進入自由民主社會中重視福利傳輸的公共服務角色。

余英時指出，中國傳統思想無法提出政權和平轉移的解決之道，過去的王朝興衰，都是要以武力決定，這是中國歷史的大悲劇。臺灣經歷兩次的政黨輪替，打破中國文化和民主不相容的重要例證，不但以選舉選出自己的政府，不僅威權政黨甘願下台，新政黨可以執政，如今舊政權又能重新執政，這是臺灣民主政治的成就[121]。

然而，政權無法和平轉移這不正也是近代臺灣政權更迭頻繁的寫照嗎？也因為近代臺灣政經發展沒有產生以文化為基礎的成長環境，政經體制和文化發展的不連續性和複雜性，導致今天臺灣多元化社會仍然存在族群意識和統獨爭議的歷史糾葛。

臺灣當長期以來被質疑有侵害人權之嫌的警察「戶口查察」走進歷史，以及 2008 年 6 月 20 日大法官作成釋字第 644 號解釋的《人民團體法》第二條及第五十三條有關「人民團體之組織與活動，不得主張共產主義，或主張分裂國土」之規定，不符憲法保障人民結社自由和言論自由權利之意旨，應自解釋公布日起失效[122]。都已充分顯示臺灣重視人權和保障人民結社與

[121] 這是 2008 年 6 月 30 日余英時在時報基金會和中央大學共同設立「余紀忠講座」，以〈人文與民主〉為題，發表演講的部分內容，參閱 2008 年 7 月 1 日《中國時報》A4 版。

[122] 《中國時報》，2008 年 6 月 21 日。

言論自由的繼續深化民主，警察工作也應配合朝向以服務性為導向的目標前進[123]。

展望未來，支持警察職務等位階調整、建構專屬職稱，及配合修正警政署組織法，激勵警察士氣，而且也強調保障人權的重要，不只是一般人，被告的人權、警察的人權也一樣要受到保障。對於國安局和警政署等人事調動也應尊重專業，而不應該受到政黨輪替的影響。

2008 年，馬英九當選總統之後，他之所以要請蔡朝明出任國安局長，主要是認為，蔡對情治單位相當熟悉，而且又有國際觀，此外，蔡也認同馬英九的「不會再有非法監聽」的理念。而新舊任警政署長交接，由臺北市政府警察局長王卓鈞接任警政署長，署長侯友宜轉任警察大學校長。[124]

這一現象是否應視為民主體制例行性人事調動的常態，這對於警察角色的未來發展所產生的影響值得關注。

---

123 陳明傳，〈警政哲學與警察倫理〉，《警學叢刊》，第 30 卷第 6 期，（桃園：中央警察大學，2000 年 5 月），頁 27。

124 《中國時報》，2008 年 6 月 21 日。

政經轉型與警察角色變遷之研究

一、前言

本文[1]有關我國警察角色的研究，已有陳明傳、李湧清、蔡震榮、章光明、楊永年等人的重要論著[2]。而針對臺灣政經發展的研究與論著，屬於戰前部分的有戴國煇、涂照彥、周憲文、東嘉生、矢內原忠雄、若林正丈等人[3]；戰後部分的有許介鱗、蕭全政、朱雲漢、周育仁、彭懷恩、劉進慶、陳玉璽等人[4]。然而，無論戰前或戰後，特別對我國政經體制與警察角色互動

1 本文刊載於《警學叢刊》第33卷第2期，（桃園：中央警察大學，2002年9月），頁31-54。

2 有關研究我國警察角色與功能的重要論著如：陳明傳，〈論社區警察的發展〉，（桃園：中央警察大學，1992年）；蔡震榮、黃翠紋，〈現代警察概念與職能之發展趨勢〉；李湧清，〈論當代民主社會中警察的角色與功能〉；章光明，〈警察與政治〉；楊永年，〈警察行為〉，《警學叢刊》，第30卷第6期，（桃園：中央警察大學，2000年5月），頁33-57、79-93、177-202、203-216。

3 有關戰前臺灣政經發展的重要著作如：周憲文，《臺灣經濟史》，（臺北：臺灣開明書店，1980年5月）；戴國煇，《臺灣總體相》，（臺北：遠流，1993年3月）；林滿紅，《茶、糖、樟腦業與臺灣之社會經濟變遷 1860-1895》，（臺北：聯經，2000年5月）；東嘉生，《臺灣經濟史概說》，（臺北：海峽學術，2000年5月）；中村孝治，《荷蘭時代臺灣史研究（上卷）概說——產業》，（臺北：稻鄉，1997年12月）；矢內原忠雄，《日本帝國主義下之臺灣》，（臺北：海峽學術，1999年10月）；涂照彥，《日本帝國主義下的臺灣》，（臺北：人間，1993年11月）。

4 有關戰後臺灣政經發展的重要著作如：許介鱗，《臺灣史記》，（臺北：文英堂，2001年11月）；蕭全政，《臺灣地區新重商主義》，（臺北：國家政策研究資料中心，1989年4月）；蕭全政，《臺灣新思維：國民主義》，（臺北：時英，1995年9月）；朱雲漢、黃德福，《建立臺灣的政治經濟新秩序》，（臺北：國家政策研究資料中心，1989年4月）；周育仁，《政治與經濟之關係——臺灣經驗與其理論意涵》，（臺北：五南，1993年9月）；陳玉璽，《臺灣的依附發展——依附型發展及其社會政治後果：臺灣個案研究》，（臺北：人間，1992年7月）；彭懷恩，《臺灣發展的政治經濟分析》，（臺北：風雲，1992年10月）；劉進慶，《臺灣戰後經濟分析》，（臺北：人間，1993年2月）；吳文程，《臺灣的民主轉型：從權威型的黨國體系到競爭性的政黨體系》，（臺北：時英，1996年1月）。

關係的研究並不多。尤其，1980 年代以後，亞洲新興工業國家的發展模式成為國際關注的焦點。

因此，本文嘗試從政經體制中的政治與經濟兩大面向，來探討警察角色在我國不同政經發展階段中的變遷。尤其近代警察制度引進我國已滿一百年的時刻，以整體性與歷史性的觀點加以分析，顯得尤具意義[5]。惟限於篇幅，本文先論戰後部分，期望透過本研究的結果，能有助於釐清並從中定位警察在我國政經發展過程中所扮演的角色，提供革新警政的參考。

政治經濟學常將政治與經濟同時化約存在以競爭性國家為基礎的系統（a system of competing states），及以世界性資本主義為基礎的系統（a world capitalist system）[6]。因而，分別形成強調國家（state）和市場（market）的二大範疇。無論是以國家為分析中心，或以市場為重點的理論，都將使純粹的國家或市場觀點，處在一個國家發展中光譜分類（spectrum classification）的兩個極端位置，而依其核心觀點的差異程度，分界在於兩者之間的相互傾斜。

政經學者吉爾平（Robert Gilpin）就指出，經濟國家主義（economics nationalism）主張政治重於經濟，市場要服從國家利益；經濟自由主義（economics liberalism）則認為政治與經濟是分立，堅持市場應從效率與重視消費者的利益出發，不應受到政治的干預[7]。

祝布諾（Bertrand de Jouvenel）也指出，能滿足人類行為追求利益的動機，如果是屬經濟性利益者，關心的是經濟資源的有效利用，企求資源利用的極佳化（optimization）；如果屬政治性利益者，關心的是權力資源的累

---

5 王家儉，《清末民初我國警察制度現代化的歷程 1901-1928，（臺北：臺灣商務，1984 年），頁 2-3；李宗仁口述，唐德剛撰寫，《李宗仁回憶錄（上冊）》，（香港：南粵，1986 年 3 月），頁 27。

6 Theda Skocpol, *States & Social Revolutions* (Cambridge: Cambridge University Press, 1979), pp.19-24.

7 Robert Gilpin, *The Political Economy of International Relations* (Princeton: Princeton University Press, 1987), pp.25-34.

積，企求資源汲取的極大化（maximization）[8]。

本文的研究擬從國家中心理論（state-centered theory）或稱國家角色（the role of the state）的觀點出發，探討其廣義政府（state）為中心的政治體制和以市場為中心的經濟體制，並分析其所涉及政治經濟問題中最重要的這兩項結構因素[9]。

換言之，在政府與市場的互動過程中，必須顧及政府部門是構成市場之外在權威結構的重要環節，其政策對市場的運作影響至鉅。相反地，市場發展也是政府行動的主要對象，其動向與意見自然成為政府施政的重要依據[10]。

在諸多政經理論中，威權主義（authoritarianism）對政府與市場間互動關係的論點，所強調的是政府在政經過程中的角色，並以其所處世界權力體系衡量自身國家的力量，做為計算國家利益的標準，同時經由重視國家角色，建立起連結國內外政經的網絡，然過於追求國家利益，往往犧牲人民權利與自由。[11]

---

8 Bertrand de Jouvenel, *Sovereignty: An Inquiry into Political Good* (Chicago: The University of Chicago Press, 1957), p.18.

9 B. C. Fred, R. O. Keohane, and J.S. Nye, Jr. *"International Economics and International Politics: A Framework for Analysis"* In Bergsten and Krause, 1975, pp.3-36. 及參閱 Robert Wade 著，張宗漢譯，《管理市場：經濟理論與東亞國家由政府主導工業化(*Governing the Market: Economic Theory and the Role of Government in East Asian Industrialization*)》，（臺北：五南，1994 年 7 月）。

10 張家銘，〈戰後臺灣地區企業與政府的關係——一種家父長的政治經濟威權結構〉，（臺北：中山社會科學季刊，第 6 卷第 1 期，1991 年 3 月），頁 13-34。另外，羅德斯（Steven E. Rhoads）指出，政府在經濟體系中有配置（allocation）、分配（distribution）及穩定（stabilization）等三種功能。配置問題探討政府中的某種特定稅捐、支出或管制方案是否會改善經濟體系所生產的商務與商品混合比例；分配問題探討誰在這些政策下受害；穩定問題探討所有的稅收與支出計劃以及貨幣政策合在一起對整體就業、產出及價格方面的影響，參閱 Steven E. Rhoads, *The Economist's View of the World: Government, Market, and Public Policy* (Cambridge: Cambridge University Press, 1985).

11 有關威權主義或政體的界定，根據林茲（Juan J. Linz）指出，威權政體指的是一種既非民主，又非極權的體制，但威權領袖或威權政黨在支配權力使用時，仍有一個界限，這界限雖非十分明確，卻有相當的可測性。參閱 Juam J. Linz, "Totalitarian and Authoritarian Regimes," in Fred I. Greenstein and Nelson W. Polsby, (eds). *Handbook of Political Science*, vol.3 (Mass.: Addison-Wesley Publishing, 1975), p.264. 另外，麥克利迪斯（Roy C. Macridis）將世界各國政體分類指出，屬民主國家有 39 國，極權

因此，威權主義就國內政經環境而言，強調政府與市場存在著種種結構性關係與互動，這種結構性關係與互動也蘊含著市場對政府自主程度的限制。政府對市場具有不同角色，政府透過這些角色取得必要的資源，以確立國家公權力的基礎，並有效踐履對社會的保護功能，且要能控制來自市場的壓力[12]。基此而論，政府與市場間存在著利益交換的關係，有依賴，也有相對的權力（relative power）與不同程度的相互自主性（mutual autonomy）。

從日本和亞洲新興工業化國家（Newly Industrializing Countries）的發展，印證強勢政府執行一貫的經濟政策，公、私營企業必須制定「非政治化」產業政策，並且提供國內與國際經濟接軌的條件。這些國家的政府同市場的相輔相成，政府的干預必須建立在市場機制的基礎上。[13]

威權主義就國際政經環境而言，面對國際的競爭，政府必須重視國際環境的變化，其地位隱含著追求國際利益的機會，也因為各自維護國家利益，而會對他國造成限制與衝突。為保持國家競爭優勢，就必須了解與因應相關結構中相關行為者的特性與互動過程。所以，美國政治學者杭亭頓（Samuel P. Huntington）指出，國家利益並非單由國內價值和制度來決定，也受制於國際規範和制度，如對國家安全的關切，不同類型的國家會以不同的方式來界定，而其利益也受共同文化和制度的影響[14]。

國家有 18 國，威權國家有 60 國，參閱 Roy C. Macridis, *Modern Political Regimes: Patterns and Institutions* (Boston: Litter, Brown, 1986), p.280.另外，Wade 指出，臺灣經濟發展是一組威權式統合主義的政治性安排，參閱 Robert Wade, *Governing the Market-Economics Theory and the of Government in East Asian Industrialization* (Princeton, N. Y.: Princeton University Press, 1990), p.228.

12 有關經濟自由與政治自由之間的關係，及政府在自由社會中所扮演的角色，請參閱 Milton Friedman, *Capitalism and Freedom* (Chicago: The University of Chicago Press, 1982), Chapter 1-2.

13 有關日本政府介入市場，參閱 Chalmers Johnson, *MITI and the Japanese Miracle* (Stanford: Stanford University Press, 1982). 有關亞洲新興工業國家的經濟發展，參閱 Walter Galenson, *Foreign Trade and Investment Economic Development in Newly Industrializing Asian Country* (Madison: The University of Wisconsin Press, 1985).及 H. Roy, Jr., and K. E. Calder, *The East Asia Edge* (New York: Basic Books, 1982).

14 有關國家競爭優勢，參閱 Michael E. Porter, *The Competitive Advantage of Nations* (N. Y.: Free Press, 1990). 及 Samuel P. Huntington 著，黃裕美譯，《文明衝突與世界秩序的重建》(*The Clash of Civilization and the Remaking of World Order*)，（臺北：聯經，1999 年 3 月），頁 21。

根據上述威權主義觀點，符合戰後臺灣政經發展的史實。因此，本文在處理我國警察角色的變遷時，將從威權政經體制中政治與經濟的兩個面向，透過相關政策或法令來釐清與定位警察角色。

對警察角色與功能的定義，有許多不同界說[15]。政治哲學者鄂蘭（Hannah Arendt, 1906-1975）認為，警察是執行政府工作的主要部門；梅可望指出，國家安全的保衛、犯罪的預防、犯罪的壓制、公共安寧秩序的維護、交通管制與交通事故的處理、善良風俗的維持、災害的防止與搶救、戶口查察、為民服務，及諸般行政的協助與其他行政執行事項等項目，為警察的重要業務範圍；而《警察法》規定，警察業務包括保安、正俗、交通、衛生、消防、救災、營業建築、市容整理、戶口查察、外事處理等事項，經相較兩者所列內容，顯示警察功能極為相近[16]。

李湧清從當代民主社會警察的本質思考，更具體的指出，警察是秩序維護者，也就是社會秩序的維持；犯罪壓制者，也就是犯罪案件的防制；服務提供者，也就是為民眾提供必要的服務。章光明則採Cox的論點，認為警察具有秩序維護、執法及服務等三項角色。

綜合上述，本文嘗試將警察角色整合並定位為：重視戰時軍人與國家安全的「維護政權」角色、重視秩序維護與打擊犯罪的「執行法律」角色，及重視傳輸福利與追求效率的「公共服務」角色等三個角色。政經學者歐特

---

15 本文在處理警察角色與功能時，採用 Hoover 的論點，將角色與功能視為同一而交互使用，可參閱 L. T. Hoover, Police Mission: An Era of Debate. In Hoover, L. T. (ed.). *Police Management: Issues & Perspectives* (Washington, D. C.: Police Executive Research Forum 1992).；同時，本文認為政經體制與警察角色關係，基本上是一種因果性（causality），雖然很難去確定誰是「因」，誰是「果」，經濟學者 Coase 指出，因果關係往往是雙向的而不是單向的，也就是兩者很可能是「互為因果」（reciprocal），參閱 Ronald H. Cost, *Journal of Law and Economics*, 1960(3), pp. 1-44.

16 政治學者鄂蘭（Hannah Arendt）指出，許多不同政體的國家，其政府的具體執行部門不是黨，而是警察，參閱 Hannah Arendt 著，林驤華譯，《極權主義的起源》*(The Origins of Totalitarianism)*，（臺北：時報文化，1995 年 4 月），頁 29；梅可望，《警察學原理》，（桃園：中央警察大學，2000 年 9 月），頁 287；洪文玲編，《警察實用法令》，（桃園：中央警察大學，1999 年 6 月），頁 72。

（James E. Alt）與克利斯妥（K. Alec Chrystal）曾在論及政府具有汲取性（exploitative）、保護性（protective）及生產性（productive）等三種不同的角色時，同時接納著任何政府的三種角色都混合存在於不同的政策或措施中，與其將之分為三種角色不同的政府，不如將這三種角色視為同一政府政策措施的三種性質更能合乎實情，只是有時候比較偏重其中任一角色的強弱程度不同而已[17]。

對警察角色而言，也正如 Cox 指出，警察對其三個角色的行使，也都會強調其中一種，甚於其他二種[18]。因此，本文處理我國警察在政經發展過程中的「維護政權」、「執行法律」與「公共服務」等三種角色時，也就是我國警察同時存在於每一階段政經體制中任一政策或措施的三種角色，而只是特別比較指出其中較為偏重哪一種角色而已。

對於戰後臺灣政經發展的分期，有將其分為軍政政經制度、黨政官僚的政經制度、技術官僚的政經制度及轉型等四個時期者[19]；有將其分為是從「硬性威權主義」（hard authoritarianism）到「軟性威權主義」（soft authoritarianism）的轉移過程者；有則將其分為從蔣中正總統的獨裁體制、蔣經國總統的威權體制，到李登輝總統的民主體制者[20]。

---

[17] J. E. Alt, and K. A. Charystal, *Politics Economics* (California: The University of California Press, 1983), pp 28-29. 另外 North 指出，政府的存在有契約理論（contract theory）與掠奪或剝削理論（predatory or exploitation theory）的兩種解釋，政府契約理論是交換定理在邏輯上的延伸，政府在其中扮演使社會福利極大化的角色，由於契約限定著每個人相對他人的活動，這對經濟成長來說十分重要，因此契約理論研究方法能夠解釋促進經濟成長之有效率的財產權的發展；政府掠奪或剝削理論認為政府是某一集團或階級的代理者，主要作用是代表該集團或階級利益向其他民眾榨取所得，掠奪性政府界定一套財產權，使權力集團的收入極大化而無視於它對社會整體財富的影響。參閱 Douglass C. North 著，劉瑞華譯，《經濟史的結構與變遷》（*Structure and Change in Economic History*），（臺北：時報文化，1999 年 10 月），頁 26-27。

[18] Steven M. Cox, *Police-Practices, Perspectives, Problems* (Allyn and Bacon, 1997), p.25.

[19] 黃世鑫等，〈企業在整體政經發展中之角色〉，《企業、政府與社會間關係研討會論文集》，（臺北：國家政策研究中心，1991 年 9 月），頁 1 之 11-15。

[20] 溫克勒將臺灣的威權主義分為硬式威權主義與軟式威權主義，參閱 Edwin A. Winckler, "Institutionalization and Participation on Taiwan: From Hard to Soft Authoritarianism?" *The China*

本文依歷史結構途徑（historical-structural approach）結合橫斷面結構分析和縱剖面歷史觀照，將戰後臺灣政經體制的分期劃分為：戰後復員階段的延續戰時政經體制（1945-1950）、蔣中正總統主政階段的硬式威權政經體制（1950-1975）、蔣經國總統主政階段的軟式威權政經體制（1975-1988）及李登輝總統主政階段的轉型威權政經體制（1988-2000）等四個階段。

本文在章節安排上，首先，說明研究動機與目的、研究途徑及政經體制分期；其次，將分別對延續戰時政經體制、硬式威權政經體制、軟式威權政經體制及轉型威權政經體制等四個階段警察角色的變遷做政經分析；最後，結論。

二、延續戰時政經體制警察角色的政經分析（1945-1950）

1945 年第二次世界大戰結束，臺灣雖然重歸祖國的懷抱，但是國共鬥爭並未因而停止，戰火不斷，直到 1949 年年底中國國民黨政府撤退到臺灣，形成臺海兩岸分隔分治的局面，國共雙方仍然相互開火，強調的是以發展軍事力為主軸，臺灣仍處在延續戰時政經體制的階段，直到蔣中正於 1950 年 3 月 1 日，在臺灣正式復行總統職權。

（一）戰後復員與國共內戰

政府為順利完成戰後對日接收臺灣的工作，1944 年在中央設計局內成立「臺灣調查委員會」，統籌規劃收復臺灣事宜；以〈臺灣接管計劃綱

Quarterly, Sep. 1984, pp. 481-499. 另外杭亭頓對於威權政黨類型有強勢政黨（strong party）與弱勢政黨（weak party）之區分，臺灣被列入強勢威權政黨，引自 Samuel P. Huntington, *Political Order in Changing Societies* (New Haven: Yale University Press, 1968), p.421. 根據溫克勒及杭亭頓的分類，本文採用溫克勒的分法；及參閱朱雲漢著，靳菱菱譯，〈臺灣政權轉型期政商關係的再結盟〉，（臺北：中山社會科學季刊第 7 卷第 4 期，1992 年 12 月），頁 58-78；中嶋嶺雄，〈臺灣的選擇——擴大了亞洲的可能性〉，錄自李登輝與中嶋嶺雄合著，《亞洲的智略》，（臺北：遠流，2000 年 11 月），頁 17。

要〉，作為戰後復臺治臺最高指導綱領；並於 1945 年以臺灣省行政長官公署及警備司令部前進指揮所，接收日軍武裝與警察權力，掌握軍警政的一元化領導[21]。

依據《臺灣省行政長官公署組織條例》，臺灣省行政長官公署就是臺灣省最高行政長官，得發布署令，制定臺灣省單行法規，及具對在臺之中央各機關的指揮監督權，確保政府的法源基礎與強大權力，是掌控社會政經資源的重要法令依據[22]。

因此，分別以「臺灣省接收委員會」負責接收日本政府轉交的企業，及以「日產處理委員會」，接管日本在臺民間的財產，將鐵路、公路運輸、電話電報通訊系統等大部分收歸國有、省有，或改組為國營、省營，或國、省合營；同時，依據〈臺灣省菸酒專賣局組織規程〉，將菸酒收歸專賣事業。另外，藉由銀行的公營與貿易的壟斷，管制較具規模的重要企業及金融貿易等經濟活動。

1949 年 5 月，當時還在廣州的行政院特別授權臺灣省政府成立「臺灣區生產事業管理委員會」，確定發展生產事業的方向，凡生產國防需用及民生用品、外銷物品、進口貨之代用品等應予增加。因而，確定了臺灣的電力、肥料及紡織的工業發展[23]。

經濟學者路易斯（Sir Arthur Lewis, 1915-1991）指出，經濟發展進程上最重要的項目是先改造糧食生產部門，生產充裕的農產品以養活城市人口，從而為工業和現代服務業奠定基礎[24]。

---

[21] 鄭梓，〈試探戰後初期國府之治臺策略〉，錄自《二二八學術研討會論文集（1991）》，（臺北：自立，1992 年 11 月），頁 232。〈臺灣接管計畫綱要〉，陳興唐編，《臺灣二二八事件檔案史料》，（臺北：人間，1992 年 11 月），頁 21。

[22] 臺灣省行政長官公署，《臺灣省行政長官公署三月來工作概要》，（臺北：行政長官公署，1946 年），頁 4-5。

[23] 臺灣省行政長官公署，《臺灣省行政長官公署施政報告》，（臺北：行政長官公署，1946 年），頁 217-237。王作榮，《我們如何創造了經濟奇蹟》，（臺北：時報，1978 年 2 月），頁 23-25。

[24] Lewis W. Arthur, *Development Planning: The Essentials of Economic Policy* (New York: Harper & Row,

戰後臺灣復員重建的工作，首先就是透過土地改革，增加農業生產。政府為避免徵收與補償地價造成通貨膨脹，除了頒布〈新臺幣發行辦法〉，實行幣制改革外，乃以七成實物土地債券及三成的四大公營企業（水泥、紙業、工礦、農林公司）股票給付[25]。

這四大公營企業的開放民營，不但解決土地改革所需地主的補償金問題，同時促成臺灣傳統地主從農業生產轉型企業經營的契機。然而，面對通貨膨脹壓力及米、糖徵集的戰時管制，政府大量從民間汲取，支援中央政府在大陸陷入內戰的需求，直到大陸淪陷為止[26]。

對於解決糧食欠缺問題，除要求所有可資開墾荒地儘速輔導人民墾殖外，並訂定〈臺灣省管理糧食辦法〉，力求在改善農業生產技術與農會組織結構下，因應臺灣劇增人口壓力，維持與管制民生物資[27]。

尤其，藉土地改革導致財產重分配，透過「肥料換穀制」的掌控，因應龐大軍公教人員的「米穀配給制」。由於農業資本的漸次建立，汲取多餘資金轉投資輕工業，是以農業支援工業發展的重要產業策略，正如經濟學者高伯瑞（John K. Galbraith, 1908-2006）指出，在發展農業階段政府統治市場，以確保價格與需求尤其明顯[28]。

1947 年 2 月，臺灣發生「二二八事件」，臺北等地陷入緊急狀態，政府為控制混亂情勢，宣布戒嚴，並增援警察與軍隊，展開壓制行動。7 月，

1966), p.13.

25 劉進慶，《臺灣戰後經濟分析》，（臺北：人間，1993 年 2 月），頁 83。

26 林滿紅，《四百年來的兩岸分合——一個經貿史的回顧》，（臺北：自立晚報，1994 年 3 月），頁 157。

27 George T. Crane, “The Taiwanese Ascent: System State, and Movement in the World Economy.” In Edward Friendman. (ed.), *Ascent and Declise in the World System* (Beverly Hills: Sage Publications, 1982), p.99.

28 有關臺灣農業生產以支援工業發展可參閱 Alice H. Amsden, ‘Taiwan Economic History: A Case of Etatisme and a Challenge to Dependency Theory”, *modern China*, 1979. Vol.5,(3): pp.341-379. 另外，Galbraith 的政府干預市場觀點可參閱 John K. Galbraith 著，譚天譯，《新工業國：企業經營者如何左右經濟與政治大局》，（臺北，智庫文化，1997 年 7 月），頁 53。

宣佈〈厲行全國總動員戡平共匪叛亂方案〉，與中共展開全面作戰。

1949 年，臺灣又發生「四六事件」，使國共在臺鬥爭表面化，戰線從大陸地區延伸到臺灣。為求軍事安全與經濟穩定，政府實施全省戶口總檢查，並自 5 月 20 日零時起全省戒嚴；通過《懲治叛亂罪犯條例》，對率隊投共、擾亂治安、金融及煽動罷工罷課罷市者，皆處重刑，遏止共產黨在臺灣蔓延的勢力，鞏固國民黨在臺灣絕對統治地位。

同時，為因應中共一再高喊「武力解放臺灣」，成立臺灣省保安司令部並規定：加強入境臺灣的檢查，嚴格取締縱火的破壞社會秩序行為，舉發與肅清中共間諜，禁止與中共地區的電信往來等四項緊急措施[29]。1947 年，雖辦理行憲國民大會代表選舉，及選舉蔣中正、李宗仁為總統、副總統，惟鑑於當時戰況危急，乃制定超乎憲法的〈動員戡亂時期臨時條款〉體制。戰後國共內戰的時戰時和，加上美國政府對國府所持的「袖手政策」（the hands-off policy），使得國府的局勢更加不利[30]。

（二）維護政權為主的警察角色

臺灣受到國共內戰的影響，政府並以「防衛捐」的課稅方式，籌措國防經費，大量從民間汲取資源，以支持國防上的支出，以致對福利等其他支出

[29] 有關二二八事件可參閱 *U. S. Dept. of State, United States Relations with China, 1944-1949* (Washington, D. C.: U. S. Government Printing Office, 1949). pp.926-932. 及參閱若林正丈，《臺灣——分裂國家與民主化》，（臺北：月旦，1994 年 7 月），頁 73-80；戴國煇，《臺灣總體相》，（臺北：遠流，1992 年 3 月），頁 102。所謂「四六事件」，就是 1949 年 4 月 6 日政府下令襲擊當時有學生運動聖地之稱的臺北師範學院（今臺灣師範大學），大舉搜捕學生；有關戒嚴時期規定及禁止事項，張知本編，《最新六法全書》，（臺北：大中國，1960 年），頁 599-600。

[30] 傳記文學雜誌社，《民國大事日誌（第二冊）》，（臺北：傳記文學社，1979 年 3 月），頁 761-763。「袖手政策」是 1949 年 12 月美國國務卿艾奇遜（Dean Acheson）向其遠東地區外交使節發出的秘密備忘錄指出，臺灣淪入中共手中已是各方預期的事，對美國沒有特殊的軍事意義，防衛臺灣理當是國府的責任，參閱 Hungdah Chiu, ed., *China and Taiwan Issue* (N. Y.:Praeger Publisher, 1979), p.149. 及 Franz Schurmann and Orville Schell, *Communist China* (London: Penguin Books, 1967), pp.301-312.

產生排擠。換言之，因警察角色近似軍事模式（military model）的強制權行為傾向，遂行警察戰時軍人與保衛國家安全的角色[31]。

戰前，臺灣是日本帝國主義的殖民地。因此，臺灣行政長官公署於接收臺灣後即宣佈，中華民國一切法令均適用於臺灣，必要時得制定暫時法規，並為配合動員戡亂措施，維持全省經濟秩序，依據〈經濟警察組設計劃大綱〉，成立經濟課執行經濟警察業務。1949 年，中央警官學校奉內政部令歸併臺灣警察訓練所[32]。

同時，警察扮演執行法律的角色，依據〈經濟作戰委員會組織規程〉、〈取締擾亂金融平抑金鈔波動具體辦法〉，及〈船舶總隊編組辦法〉等法令，以加強對金融秩序與船舶管理，確保海防安全與社會治安。同時，為確保山地治安，依據〈戒嚴時期臺灣省區山地管理辦法〉，管制一般平地居民入山，預防中共建立游擊基地為主要目標。此外，政府管制與積極參與經營公營事業、公用事業與公賣事業的商業活動，這種結構關係中雖蘊含著中央對地方的資源汲取；但透過公營事業體系的利潤汲取，除了籌措地方建設經費與國防支出，配合國家政策的政治任務外，公營事業對促進經濟穩定、增加財政收入，及增進人民福利等績效，有助警察扮演傳輸福利與追求效率的公共服務角色[33]。整體而言，訓政時期與動員戡亂時期臨時條款的延續戰時政經體制，強調戰後復員與發生國共內戰，警察扮演戰時軍人與維護國家安全的角色。該期政府強力統制市場，警察也扮演打擊犯罪與維護社會秩序的角色，但相較之下，警察在執行法律層面的角色較弱，而屬於公共服務方面最弱。因此，在這階段警察角色的定位是偏重以維護政權的角色為主。

---

31 參閱 Joseph Betz, “Police Violence”, in *Moral Issues in Police Work*, (eds.), Elliston F. and Felberg M. (N. J.: Rowman & Allenheld, 1984).

32 周勝政，《經濟警察概論》，（桃園：中央警察大學，1996 年 5 月），頁 17。

33 趙耀東，〈公營事業〉，《臺灣經驗四十年》，高希均、李誠主編，（臺北：天下文化，1993 年 9 月），頁 309。

三、硬式威權政經體制警察角色的政經分析（1950-1975）

1950 年 3 月 1 日，蔣中正以中國國民黨總裁復行總統職務，標榜「一年準備，兩年反攻，三年掃蕩，五年成功」的號召，冀望在非常短的期間內能夠打回大陸，為了達成目標，以動員戡亂體制，展開在臺灣的建設，直到在 1975 年過世。

（一）戡亂體制與計劃性自由經濟

蔣中正總統最先為鞏固領導中心，遂進行國民黨的改造，確定「革命民主」的政黨屬性。透過中國青年反共救國團、政工幹部學校等外圍組織，建構「以黨領政」、「以黨治軍警」的所謂「革命民主」體制，雖然遭致胡適、雷震等人在《自由中國》雜誌的強烈言論批評，但隨著國民黨組織的整頓與改組的完成，以黨對政、軍、警、情治，及社團等機關的「一元化」領導，硬式威權政經體制於焉形成[34]。

正如經濟學者諾斯（Douglass C. North, 1920-2015）指出，一個政經體制是由彼此間具有特殊關係的一套複雜的制度所構成的，憲法是這種體制最根本的組織限制[35]。因此，蔣中正總統依憲法賦予權力，主張代表全中國的正統政權，雖然地區僅限於臺、澎、金、馬，但在政府的組織結構上，仍意涵維持整個中國大陸的中央體制，除賦予總統緊急處分權、戒嚴令外，更為因應總統於 1960 年任期即將屆滿而不能再連任的壓力，國民大會以增訂〈戒嚴時期臨時條款〉的方式，不但總統任期不受連任次數的限制，而且還擴大總統權力。

[34] 田弘茂，《大轉型——中華民國的政治和社會變遷》，（臺北：時報文化，1989 年），頁 91。有關自由中國雜誌的言論，參閱殷海光，《殷海光選集——社會政治言論》，（香港：友聯，1971 年 7 月）。

[35] 劉瑞華譯，《經濟史的結構與變遷》(*Structure and Change in Economic History*)，（臺北：時報文化，1999 年 10 月），頁 215。

同時，立委、監委及國大代表任期亦分別依據大法官解釋函，與適用憲法第 28 條的條文，形成罕見的「萬年國會」，以維護中華民國法統於不墜。

硬式威權政經體制是以發展政治力為主軸，除了凸顯總統與中央民意機構長期可以不改選之外，特別是以〈動員戡亂時期臨時條款〉、〈臺灣地區戒嚴時期出版物管制辦法〉及〈戒嚴令〉等法令，箝制人民的言論、集會、結社、出版，及新聞等自由。

雖有臺大教授彭明敏等人撰擬〈臺灣人民自救運動宣言〉，及《文星》雜誌激起「西化」與「傳統」的思想論戰，惟上述不論是政治性的反對運動，或是學術性的爭取言論自由，基本上都只是「孤星式」的抗爭活動。

至於，政府開放基層的地方性選舉，反對人士也都只是在有限度的環境下，滿足參政的冀望與企圖。特別是為解決大陸選出的中央民意代表日漸老化、凋零的問題，以免造成延續法統的危機，政府才於 1969 年舉辦補選，由於反對人士未能凝聚成有組織的力量，這些零星、局部的突破，對於挑戰硬式威權政經體制的權力結構成效非常有限[36]。

硬式威權體制在經濟政策的管制上，自 1951 年起實施所謂的「計畫性的自由經濟」（planned free economy），避免稀有資源的不當分配，以及有效運用美援。50 年代初期，臺灣原可供外銷的農產品米、香蕉與鳳梨等，已因日本與大陸市場的流失而無法獲得利潤；加上大量軍民自大陸遷來，消費增加，可供外銷之產品數量減少；同時，初萌芽的一些勞力密集的農工產品，又受制於日貨競爭，政府決定採行進口替代及出口擴張的管制策略。

進口替代管制策略是以自製非耐久性消費品代替進口貨，一方面可以節省外匯，另一方面可以保護幼稚工業（infant industry）[37]。進口替代策略採

---

[36] 彭懷恩，《臺灣發展的政治經濟分析》，（臺北：風雲論壇社，1992 年 10 月），頁 215-216；Jay Tayor 著，林添貴譯，《臺灣現代化的推手——蔣經國傳》，（臺北：時報文化，2000 年 10 月），頁 218-229。

[37] Robert Wade, “The Role of Government in Overcoming – Market Failure: Taiwan, Republic of Korean and

取複式匯率，徵收額外進口稅；以高關稅管制進口項目及外匯分配抑制消費性產品的進口；透過公營金融機構對進口替代業的優惠資金融通；確保原料供應，對棉紡織業，以「代紡代織」的管制，解決資金及原料問題，為輕工業發展奠下基礎[38]。

出口擴張管制策略是以「外匯貿易改革方案」，確立1美元兌新臺幣40元的單一匯率，並繼續簡化退稅手續、放寬退稅條件，同時放寬外銷低利貸款項目[39]；實施「加速經濟發展方案」，建立股票市場、證券交易所，及區分「中央銀行」和「臺灣銀行」業務等金融體制，並將預算與軍費開支提交審計和複查的方式健全預算[40]；透過「獎勵投資條例」，減免租稅方式獎勵投資；及首創加工出口區，結合自由貿易特區與一般工業區的優點，吸引僑胞及海外投資人來臺投資[41]。

（二）延續維護政權為主的警察角色

1950 年 6 月 25 日，韓戰爆發[42]，美國總統杜魯門（Harry S. Truman, 1884-1972）同意提供經濟及軍事援助中華民國，並由麥克阿瑟（Douglas

---

Japan,"In Helen (ed.), *Achieving Industrialization in East Asia* (Cambridge: Cambridge University Press, 1988), pp.129-163.

38 林鐘雄，《臺灣經濟四十年》，（臺北：自立晚報，1993 年 3 月），頁 37-38；黃進興，《半世紀的奮鬥——吳火獅先生口述自傳》，（臺北：允晨，1990 年 10 月），頁 133。

39 康綠島，《李國鼎口述歷史——話說臺灣經驗》，（臺北：卓越，1993 年 11 月），頁 120。

40 有關十九點財經改革措施的詳細內容，請參閱：王作榮，《壯志未酬——王作榮自傳》，（臺北：天下文化，1999 年 3 月），頁 593-600；及另一本著作，《我們是如何創造經濟奇蹟？》，（臺北：時報文化，1994 年 10 月），頁 58-59。

41 李國鼎，《經驗與信仰》，（臺北：天下文化，1991 年 6 月），頁 61-63。有關美國、日本等外資與華僑回國投資的金額，請參閱 E. A. Winckler 與 S. Greenhalgh 合編，《臺灣經濟學諸論辯析》(*Contending Approaches to the Political Economy of Taiwan*)，其中由 T. Gold 所寫的〈企業家、跨國公司與國家政權〉，（臺北：人間，1994 年 9 月），頁 258-276。

42 梁敬錞，《中美關係論文集》，（臺北：聯經，1983 年 3 月），頁 225-236；邵毓麟，《使韓回憶錄》，（臺北：傳記文學，1980 年 11 月），頁 147-201；于衡，《烽火十五年》，（臺北：皇冠，1984 年 2 月），頁 25。

MacArthur, 1880-1964）的聯軍調查中華民國軍隊的需要，接著美軍第七艦隊協防臺灣，及互訂共同防禦條約，臺灣成為冷戰國際圍堵體系的一環，韓戰與中美協防，雖直接有助於臺灣軍事安全保障，但也使中華民國反攻大陸的機會間接失去彈性[43]。

到了 1958 年雖然發生激烈的金門砲戰，兩岸形成「臺灣要解救大陸同胞」與「大陸要解放臺灣同胞」的對抗關係，但隨著緊張戰事的漸趨平息，稍微弱化了警察戰時軍人角色的需要性與迫切性。

因此，政府轉而設立「退除役官兵安置基金」，主要是基於社會安全及勞動力配置的考量，並就配合「反共抗俄」政治目標所衍生退役官兵輔導的問題。同時，設立「臺灣省勞工保險局」的目的，猶如土地改革對於農民的保護與照顧，並用以防堵中共社會主義對工農的政治作戰。勞保的實施是屬社會福利與安全的一環，間接地提供支持社會生產的外部條件，警察角色隨著國家安全狀態的改變而調整為重視傳輸福利與追求效率[44]。

政府實施計劃性自由經濟的進口替代及出口擴張策略，是「以工業發展農業，以貿易培養工業」的保護性政策，仍藉高關稅與管制措施，因應通貨膨脹壓力及國際收支不平衡，而履踐政府較強烈色彩的保護功能。相對地，這也是成功地將臺灣從國內導向、進口替代轉化為國際導向、出口擴張的經濟結構。

雖然，出口擴張策略，已較進口替代策略時期較能擺脫直接的行政管制，但並不表示政府完全放鬆對市場機能或民間經濟活動的干預。然而，間接顯示警察在執行法律的角色上的比較能受到重視。

---

[43] 杜魯門與麥克阿瑟的美國對中華民國政策的爭議觀點可參閱 Douglas MacArthur, *Reminiscences* (N. Y.: Mcgraw-Hill Book Co. 1964). 及國立編譯館主編，《美國歷任總統列傳》，（臺北：黎明，1986 年 2 月），頁 525-538。

[44] 有關國家安全狀態的改變，同樣意味著警察的變化，參閱 Ruti G. Teitel 著，鄭純宜譯，《變遷中的正義》（*Transitional Justice*），（臺北：商周，2001 年 10 月），頁 313；林忠正，〈威權主義下弱勢團體相互剝削的循環——臺灣經濟體系的解剖〉，錄自吳忠吉等，《解剖臺灣經濟——威權體制下的壟斷與剝削》，（臺北：前衛，1992 年 11 月），頁 174-177。

整體而言，警察在這階段雖逐漸有脫離戰時軍人角色的趨勢，但是兩岸安全仍充滿一觸即發緊張氣氛，政府繼續以《戒嚴令》、《國家總動員法》、《懲治叛亂條例》、《動員時期匪諜檢肅條例》、〈臺灣地區戒嚴時期出版物管制辦法〉、《非常時期人民團體法》等有關法令，加強對於國家安全與社會秩序的維護，仍然延續軍警政一體的結構，警察仍擁有行政、立法及司法裁判權，其所採取的各項強勢管制政策，顯示在戰時軍人與國家安全上，警察角色的定位仍偏重以延續維護政權的角色為主。

四、軟式威權政經體制警察角色的政經分析（1975-1988）

1975 年 4 月，蔣中正總統過世，嚴家淦繼任總統，蔣經國續任行政院長，並被推舉為中國國民黨主席，實際掌握黨政大權。1978 年，嚴家淦總統任期屆滿，推薦蔣經國繼任總統。當時，臺灣正面臨因為國際糧價、油價暴漲，企業生產成本巨幅上升，降低出口競爭力的挑戰；加上，退出聯合國及與美國斷交等國際因素，引發我國政府的正統性危機，致使民間投資意願低落，大量資金外流。

危急的政經情勢迫使政府更意識到政經自主性的必要性。為化解國內外政經危機，調整硬式威權政經體制的工作已刻不容緩，政府遂由原強調政治力發展為主軸的國家總體目標，改以發展經濟力為主軸的國家總體目標，顯現弱化硬式威權政經體制的現象，遂將蔣經國總統主政的這個階段，稱之為「軟式威權政經體制」。

（一）政經本土化與十大建設

臺灣內部長期以來，一直存在「國家認同」與「族群意識」，或是「本土」與「非本土」的爭議問題，尤其「「臺灣獨立」的訴求，近乎與臺灣民主運動形影相隨。上述 50、60 年代，臺灣雖出現「中國民主黨」組黨呼聲，及《大學雜誌》強烈的政治改革訴求，處處撼動執政當局的威權體制，惟其活動仍囿於「中國」體制內的改革運動，基本上仍不脫傳統士大夫知識分子的論政或書生報國。

至於《臺灣政論》創刊，由於主導者幾乎是由臺灣本土精英組成，訴求主題已隱約可以看出較為鮮明的「臺灣意識」。1977 年，特別是地方選舉所引發的「中壢事件」，更激勵反對運動的激進抗爭，到了 1979 年「美麗島」雜誌創刊，不但凸顯「臺灣意識」，並且強烈主張「改革體制」的群眾激進抗爭路線，遂發生「美麗島事件」[45]。

在面對國內新興團體要求改革的呼聲，政府深切了解到本土化（indigenization）策略乃是臺灣永續生存與發展的關鍵，遂以修正〈動員戡亂時期臨時條款〉的方式，於 1972 年、1975 年完成自由地區第一、二次增額中央民意代表選舉，1978 年的第三次選舉，適逢美國與中共建交而延至 1980 年辦理，以後則依規定改選。

中央民代的開放增額選舉，不但擴大吸納地方派系人士及政治精英參與中央決策，也影響中央權力結構的組成與特質，由 50 年代的革命精英，經 60 年代的技術官僚，到 70 年代的本土化精英[46]。

加上，當時海外臺灣獨立團體的呼應，對臺灣體制改革運動顯示了民間社會已普遍從省籍權力分配、社會利益分配，及政經主體性等實際結構和意識型態層面，直接向威權體制挑戰。因此，1986 年民進黨的成立，接著《動員戡亂時期國家安全法》、《動員戡亂時期人民集會遊行法》，及《動員戡亂時期人民團體組織法》的陸續立法通過，將臺灣政經體制的改變又推向一個新的境地。

在經濟政策方面，為因應國際能源危機及國內通貨膨脹壓力，決議實施

---

45 黃德福，《民主進步黨與臺灣地區政治民主化》，（臺北：時英，1992 年 4 月），頁 107-109。

46 若林正丈、松永義著，廖兆陽譯，《中日會診臺灣——轉型期的政治》，（臺北：故鄉，1988 年），頁 25。

「穩定當前經濟措施」方案，從穩定物價、健全財政，及限建措施等來帶動經濟持續發展。尤其，在逐步推動國家建設的同時，由於經濟的快速成長，許多基礎設施已不敷需求，形成經濟發展的瓶頸；而且工業發展所需的基本原料日增，能源亦感不足，只能完全依賴進口。

政府以推動十大建設，因應當時惡劣政經環境的挑戰，及解決臺灣經濟所面臨結構性的問題。政府採 Alt 與 Chrystal 所稱的生產性角色，希望維持引導市場的經濟政策，不但要帶動公營事業投資，更彌補私經濟部門投資與有效需求的不足，以減少臺灣對外依賴的程度，並促使臺灣產業從輕工業進入重工業階段，更藉由經濟層面的起死回生，連帶促使政治局勢穩定的效果。

（二）執行法律為主的警察角色

中華民國退出聯合國、中美國斷交，這些接踵而至的外交挫折與衝擊。特別是國內發生「高雄事件」或稱「美麗島事件」，成為國際人權與政治民主化程度關注的焦點，政府以軍法公開審理方式，強調警察打擊犯罪、維持秩序的執行法律角色。政府推動法治化，借用政治哲學家 Tocqueville 的話，威權政府開始改革的時候，也就是最危險的時候，卻讓臺灣政經體制順利過渡，硬式威權逐漸弱化為軟式威權政經體制，降低警察的戰時軍人角色[47]。

同時，《國家賠償法》的實施，對於國民個人權益、自由，若因可歸咎於公務員或代表政府執行業務之公司的傷害，可以訴請國家賠償損失，有助

[47] 有關美麗島事件軍法的起訴與審判可參閱《崇法治正視聽──「高雄暴力案」的起訴與審訊》第一、第二及第三集，（臺北：時事週報社，1980 年 4 月）；而當時國內外政經情勢反映，在 Taylor 所寫的《臺灣現代化的推手──蔣經國傳》一書中，有非常詳細的記載，參閱 Jay Taylor, *The Generalissimo's Son: Chiang Ching-Kuo and the Revolutions in China and Taiwan* (Mass.: Harvard University Press, 2000). 另外，有關威權改革的觀點可參閱托克威爾（Alexis de Tocqueville)著，秦修明等譯，《民主在美國》(*Democracy in America*)，（臺北：貓頭鷹，2000 年 4 月）。

於提高警察的公共服務角色。

整體而言，警察在這階段也能由以往偏重維護政權的角色逐漸調整為以維護秩序與打擊犯罪來執行法律角色為主。若以 1981 年為界，之前警察不僅有法規制定權，且依《違警罰法》，持有警察司法裁判權，以及在衛生、消防、工商、安全以及風俗等事務的行政權。我國警察權的涵括行政、立法及司法裁判權等權力，可謂類似警察國家的警察權[48]。

《違警罰法》雖一直要到 1991 年 7 月 1 日廢止，才改由《社會秩序維護法》取代。然而，在《違警罰法》實施的過程中，警察善盡公共服務的角色或許尚有未逮之處。但是，對於 1985 年起開始實施的《檢肅流氓條例》、1987 年的取消戒嚴，及《國安法》、《集遊法》、《人團法》的相繼實施，相對強調警察維護社會秩序與打擊犯罪的法治功能，顯示警察角色的定位在這階段是以偏重執行法律的角色為主。

五、轉型威權政經體制警察角色的政經分析（1988-2000）

1988 年 1 月 13 日，蔣經國總統過世，李登輝繼任總統，並兼任國民黨主席，為因應國家政治民主化、經濟自由化、社會多元化及文化活潑化的激烈變遷，在威權政經體制的轉型上，除了通過《集遊法》、《人團法》、《國安法》，及《刑法》第一百條等重大修正案外，影響權力結構最深遠的就是修憲、資深中央民代自願退職及兩岸關係的發展。

（一）社會多元與經濟三化策略

1990 年 3 月，李登輝當選中華民國第八任總統，並於 6 月召開「國是會

---

[48] Taylor 指出，威權統治在臺灣找到正當解釋，不過它跟法西斯主義毫無關係，跟極權主義、種族主義或邪惡的民族主義也都沒有關係，國民黨式的警察國家雖然緊密監視社會、文化、經濟生活等層面，並沒有要消除這些部門的自治，Jay Taylor 著，《臺灣現代化的推手——蔣經國傳》，（臺北：時報文化，2000 年 10 月），頁 232。

議」，1991 年 4 月展開第一階段修憲，以後在 1992 年至 2000 年的八年間，陸續進行第二階段至第六階段的修憲工作，修憲的結果爭議尚存，但對臺灣威權政經體制轉型的影響卻是不爭的事實[49]。

1992 年，第二屆立委選舉，民進黨獲得 31%的總得票率及 50 席的立委，相較於國民黨的 53%及 102 席，選舉結果影響政治權力結構的重大變化，國內政黨政治隱然形成，對國民黨長期一黨優勢的政治生態，產生極大衝擊。加上，1993 年新黨成立及 1994 年臺灣省長、北高市長與省議員選舉，1995 年第三屆立委選舉之後，朝野政黨因內部權力結構的調整與理念的歧異，臺灣政治生態出現黨派分立與意識形態之爭。

1996 年，第三屆國大代表與中華民國第 9 任總統、副總統的選舉，是我國建立自由民主體制最關鍵時刻，顯示臺灣已能從威權政經體制的轉型中，建立了以「主權在民」為機制的自由民主政經體制。2000 年 5 月陳水扁、呂秀蓮當選中華民國第 10 任總統、副總統，更締造我國歷史上首次的政黨輪替，完成對臺灣威權政經體制轉型的政治工程。

同時，臺灣也面臨兩岸關係的微妙變化。中共自 1979 年採取改革開放以來，提出「三通四流」、「葉九條」、「鄧六條」、「一國兩制」等和平統戰手段，政府雖仍以「不接觸、不談判、不妥協」的三不政策做回應，但到了 1987 年，由於國際政經環境因素的影響，在蔣經國任內的最後期間也不得不開放人民赴大陸探親[50]。

1990 年，政府設置國家統一委員會；1991 年，成立大陸委員會與海峽交流基金會，推動兩岸關係的發展。到了 1995 年李登輝總統的美國之行，

---

[49] 許介鱗，《臺灣史記（卷四）》，（臺北：文英堂，2001 年 11 月），頁 127-138；李登輝受訪、鄒景雯紀錄，《李登輝執政告白實錄》，（臺北：印刻出版公司，2001 年 5 月），頁 227-262、333-343；Tun-Jen Cheng, "Democratizing the Quasi-Lenimist Regime in Taiwan," *World Politics* Vol.XLI 1989, No.(July): 483.

[50] 蔡政文、林嘉誠，《臺海兩岸政治關係》，（臺北：業強，1994 年 12 月），頁 117-118。另外，有關兩岸政經體制的比較，請參閱王振寰等，《兩岸黨國體制與民主發展——哈佛大學東西學者的對話》，（臺北：月旦，1999 年 9 月）。

發表〈民之所欲常在我心〉的演講，及 1999 年提出「特殊國與國關係」的主張，兩岸關係的陷入低潮。2000 年 5 月 20 日，陳水扁總統就職演說的「五不政策」及「政治統合論」，期能解開兩岸之間的困難與複雜情勢[51]。

在經濟政策方面，政府除了加速國營事業民營化之外，仍繼續推動經濟自由化、國際化及制度化的「三化策略」[52]。在自由化方面，以降低關稅，開放進口市場，拓展出口貿易；在國際化方面，以解除外匯管制，促進金融自由化；在制度化方面，以調整產業結構，建立自由競爭環境，促進科技產業的發展。

同時，為因應國內投資意願低落的問題與美國新保護主義的反彈，1993 年通過「振興經濟方案——促進民間投資行動計劃」，就長程發展，是要建設臺灣地區成為一高度自由開放的經濟體[53]。

1995 年，通過「發展臺灣成為亞太營運中心計劃」，希望進一步提昇臺灣經濟自由化、國際化的程度，促使國內外人員、貨品、資金及資訊能夠便捷地流通，藉以充分發揮臺灣在亞太地區的經濟戰略優勢，吸引跨國企業並鼓勵本地企業以臺灣作為投資及經營東亞市場[54]。

然而，亞太營運中心的推動工作，隨著 2000 年 5 月的政黨輪替而為推動「全球運籌中心」所取代，而政府與市場的關係也已從父權式型態退居為背後輔導的方式，來帶動國家高科技產業的發展。

---

[51] 所謂「五不政策」是：只要中共無意對臺動武，保證在四年任期之內，不會宣布獨立，不會更改國號，不會推動兩國論入憲，不會推動改變現狀的統獨公投，也沒有廢除國統綱領與國統會的問題，參閱〈2000 年 5 月 20 日各大報，總統就職演說全文〉。

[52] 臺灣經濟面臨通貨膨脹與被迫開放市場的雙重壓力，參閱 Bruno Michael, and Jeffrey S. Sachs, *Economics of Worldwide Stagflation* (Cambridge: Harvard University Press 1985). 及 Elhanan. Helpman, *"Increasing Return, Imperfect Market, and Trade Theory."* In Jones and Kenen, 1984, Chapter 7.

[53] 經建會，〈振興經濟方案——促進民間投資行動計畫〉，（臺北：經建會，1993 年 7 月），頁 2。

[54] 經建會，〈發展臺灣成為亞太營運中心計劃〉，（臺北：經建會，1995 年 4 月），頁 1-5。

（二）公共服務為主的警察角色

90 年代之後，國內充滿泛政治化風氣、統獨爭議、法制不足、治安不良、社會運動畸形發展，及行政效率有待提昇等，影響民間投資意願與經濟發展。政府為改善國內的政經環境，開放黨禁、通過《集遊法》、《人團法》，廢止《出版法》等，加上兩岸走私、販毒的犯罪率增加。換言之，警察需要扮演維護治安與打擊犯罪的執行法律角色。

1997 年，臺灣度過亞洲金融風暴的衝擊，有助臺灣威權政經體制的順利轉型，是將國家強調發展經濟力調整為以發展社會力為主軸[55]。政府不但要解決國內因資本累積而造成的所得分配不均，及大量社福支出增加。同時，對青少年、婦女、殘障、勞工，及原住民等弱勢團體的保護，也要提供市場公平競爭的環境，及對消費者、環境生態的保護，處處需要警察扮演傳輸福利與追求效率的公共服務角色。

在兩岸關係上，政府先以解除戒嚴、終止戡亂的「除內戰化」來緩和中共的敵意，但又因到「戒急用忍」、「特殊國與國關係」政策的影響，兩岸緊張關係依然存在，警察協助維護國家安全的角色仍然未能完全鬆懈。

整體而言，警察隨著政治民主化、經濟自由化、社會多元化及文化活潑化，以《社會秩序維護法》取代《違警罰法》，重視對有關人民身體自由所為的處罰回歸憲法；同時，在警察任務上，消防、水上、移民、外事、保安等也都朝向「除警察化」的趨勢，不再隸屬制服警察之任務[56]。

---

[55] 臺灣能夠在亞洲金融風暴中受害較輕，主要的原因是經濟的較為開放和較為多樣化的公司型態，參閱 Norman Flynn, *Miracle to Meltdown in Asia-Business, Government and Society* (London: Oxford University Press, 1999). 及索羅斯（George Soros）著，聯合報編譯組譯，《全球資本主義危機》(*The Crisis of Global Capitalism*)，（臺北：聯經，1998 年 12 月），頁 137-174。

[56] 根據大法官釋字第 166、251 號文解釋的影響，有關警察官署裁決之拘留、罰役，應改由法院依法定程序為之，以符憲法第八條第一項之意旨；有關國防、治安等公共財的提供與行使，1998 年諾貝爾經濟學得主沈恩指出，政府在這方面的表現要比透過私人市場的機制來的有績效，參閱 Amartya Sen 著，劉楚俊譯，《經濟發展與自由》(*Development as Freedom*)，（臺北：先覺，2001 年 6 月），頁 158。

加上，政府重視性侵害防治及保障兒童福利的付諸實施，警察角色的定位除中共因素外，已較弱化維護政權及執行法律的角色，而調整為偏重以公共服務為主的角色。

六、結論

本文的研究結果，第一，可歸納成如下表所示：在 1945-1950 戰後復員階段的延續戰時體制，警察扮演的是以偏重維護政權為主的角色；1950-1975 硬式威權政經體制階段，警察扮演的是以偏重延續維護政權為主的角色；1975-1988 軟式威權政經體制階段，警察扮演的是以偏重執行法律為主的角色；1988-2000 轉型威權政經體制階段，警察扮演的是以偏重公共服務為主的角色。

第二，警察角色受到政治與經濟逐漸脫鉤、政府弱化對市場干預的影響，由經濟國家主義向經濟自由主義傾斜，警察角色也由偏重維護政權、執行法律，而受之調整為以偏重公共服務的角色為主。

第三，根據警察角色的變遷可以印證，在戰後復員與國共內戰的延續戰時體制階段，警察偏重維護政權角色，也可說較為重視軍事力發展的階段；戒嚴體制與計劃性自由經濟的硬式威權體制，警察偏重延續維護政權角色，也可說較為重視政治力發展的階段；政經本土化與十大建設的軟式威權體制階段，警察偏重執行法律角色，也可說較為重視經濟力發展的階段；社會多元與經濟三化策略的轉型威權體制階段，警察偏重公共服務角色，也可說較為重視社會力發展的階段。

第四，整體而言，我國警察角色的變遷也可印證 Kelling 與 Moore 對美國警政歷史的政治干預時期（維護政權）、改革專業時期（執行法律）及社區警政時期（公共服務）[57]。

---

[57] 參閱 G. L. Kelling and M. H. Moore, *The Evolving Strategy of Policing* (Washington D. C.: National Institute of Justice, 1988).

第五，我國警察角色的變遷也符合戰後先進國家民主化的潮流，也因社會進步與承平的朝向為民服務之趨勢而演進，而其警政哲學思考與策略取向的演進類型又可區分為建立時期的警政哲學、專業化時期的警政哲學、社區警政的警政哲學，及整合時期的警政哲學[58]。

總體而言，我國警察角色的變遷，隨著政治民主化與經濟自由化的程度，從偏重維護政權逐漸轉型為偏重公共服務為主的角色。然而，影響警察角色的因素，並不止於政治與經濟因素，本文即率爾定位警察角色，仍有待討論之處[59]。而且，以政治經濟學的國家理論來分析，近年來由於受到日本經濟泡沫化的影響，而受到學界的質疑[60]。

文末，特別要指出的是，陳水扁總統政府主政後，臺灣威權體制的「威權」已算轉型完成[61]。臺灣在更確立政治民主化、經濟自由化、社會多元化及文化活潑化的環境下，我國警察應發揮整合性功能，以均衡兼顧戰時軍人、國家安全的維護政權角色，及維護秩序、打擊犯罪的執行法律角色，暨傳輸福利、追求效率的公共服務角色，值得更深入探討。同時，經由本文對警察角色的釐清和定位，期有助於警察工作的推動，及在政府的組織改造案中，提供制定政策的參考。

---

[58] 陳明傳，〈警政哲學與警察倫理〉，《警學叢刊》，第30卷第6期，（桃園：中央警察大學，2000年5月），頁3-8、27。

[59] 李湧清指出，影響警察角色的因素有政治因素、法律因素、社會大眾因素、科技因素以及警察人員本身的因素，參閱李湧清，〈論當代民主社會中警察的角色與功能〉，《警學叢刊》，第30卷第6期，（桃園：中央警察大學，2000年5月），頁86。

[60] 冷則剛，〈大陸經貿政策的根源：國家與社會的互動〉，包宗和、吳玉山等，《爭辯中的兩岸關係理論》，（臺北：五南，2000年4月），頁224。

[61] 蕭全政，〈臺灣威權體制轉型中的國家機關與民間社會〉，《威權體制的變遷；解嚴後的臺灣》，（南港：中央研究院台灣史研究所籌備處，2001年1月），頁81。

我國警察角色變遷與政經體制的關係矩陣表

階段分期	政經體制	警察角色			每階段警察的角色定位
		維護政權（戰時軍人、國家安全）	執行法律（維護秩序、打擊犯罪）	公共服務（傳輸福利、追求效率）	
1945-1950 戰後復員階段	延續戰時政經體制	○○○○	○○○	○	偏重維護政權角色
1950-1975 蔣中正總統主政階段	硬式威權政經體制	○○○	○○○	○○	偏重延續維護政權角色
1975-1988 蔣經國總統主政階段	軟式威權政經體制	○○	○○○○	○○○	偏重執行法律角色
1988-2000 李登輝總統主政階段	轉型威權政經體制	○○	○○○	○○○○	偏重公共服務角色

說明：○○○○表示警察角色較強，○○○表示警察角色強，○○表示警察角色普通，○表示警察角色弱。

政策制定：《組織犯罪防制條例》立法過程的評析

一、前言

2000年5月20日中華民國第10任總統、副總統正式就職，唐飛受命組閣，惟在諸項政事的推動上，政府並未能符合大多數國人的殷切期待，在任期未滿半年，唐內閣就不得不進行改組，由時任總統府秘書長張俊雄接手組閣。政府的政策重新要再接受國人及民意機關的檢驗。因此，總統府、行政院、立法院與政黨間彼此的互動關係，及相關公共政策的制定與執行，遂成為大家探討的焦點。

二、公共政策的定義

所謂「公共政策」（public policy），根據 T. R. Dye 所最扼要、最易懂、最貼切的解釋為「政府選擇作為或不作為的行為」[1]。也就是凡政府有關機關為解決某項公共問題，或滿足某項公共需求，決定作為或不作為，以及如何作為的相關活動。所以，公共政策要處理的事項包括：警察、社會安全、教育、國防、外交、財政、都市建設或所謂三 E 危機的環境危機（environment crisis）、經濟危機（economy crisis）、能源危機（energy

---

1 T. R. Dye, *Understanding Public Policy* (Englewood Cliffs, N.J.: Prentice-Hall, Inc., 1975), p.1. 有關警察政策的制定，可參閱章光明，「警察政策的形成、執行與評估」，《警學叢刊》，第31卷第4期，（桃園：中央警察大學，民國90年1月），頁159-180。

crisis）等等。因此，各項公共政策內涵的周延與否，如何才能真正解決問題或滿足需求，均與公共政策制定過程（public policy-making process）的完整性有關，否則對人民、社會及國家造成傷害。

嚴格劃分，公共政策制定過程應具備問題認定、政策規劃、政策合法化、政策執行，及政策評估等五個階段，至少也應該涵括政策規劃與政策合法化兩大部分。[2]

基於篇幅受限，本文首先僅就解釋政策規劃（policy formulation）與政策合法化（policy legitimation）的意義，並以《組織犯罪防制條例》的立法過程分別對照分析；其次，探討政黨在政策制定過程中所扮演的角色，及舉出我國政黨在本條例制定過程中所扮演的角色與運作情形為例，加以說明；然後，綜合提出檢討與建議；最後是結論。

三、政策規劃

（一）政策規劃的意義

James E. Anderson 認為，政策規劃是擬訂出中肯且可接受的行動過程，以處理公共問題。[3]而 Y. Dror 對政策規劃的定義是，為達成目標，須藉適當方法，對未來要採取的行動，作備選方案的動態過程。[4]因此，林水波與張世賢綜合渠等觀點，認為是針對未來，為能付諸行動以解決公共問題，發展中肯且可接受的方案之動態過程。[5]所以，政策規劃的完整全程應包括下列七個步驟：（一）公共問題發生、（二）公共問題提出、（三）公共問題接

---

[2] 林水波與張世賢，《公共政策》，（臺北：五南，民國 73 年 10 月），頁 57-62。

[3] James E. Anderson, *Public Policy-Making*, ed., (New York: Holt, Rinehart and Winston, 1979), p.25.

[4] Yehezhel Dror, "The Planning Process: A Fact Design" , *A Reader in Planning Theory,* ed., Andreas Faludi (New York: Pergamon Press, 1973), p.330.

[5] 林水波與張世賢，前揭書，頁 143。

納、（四）政策問題認定、（五）政策方案設計、（六）政策方案分析與評比，及（七）政策方案推薦。而涉及政策規劃的參與者，主要有行政機關、立法機關、政黨、學術研究機構、利益團體、標的人口（target population），及大眾傳播媒體等。就我國目前政策規劃的實況而言，是以行政機關扮演最重要的角色。以下謹就法務部所提《組織犯罪防制條例》的政策規劃過程作說明。

（二）《組織犯罪防制條例》的規劃步驟說明

依據上述所列政策規劃的詳細全程可分七個步驟，惟為對《組織犯罪防制條例》的方便解說起見，本文特將（一）至第（四）步驟合併為以《組織犯罪防制條例》的研擬背景來敘述；而第（五）至第（七）步驟則合併為以《組織犯罪防制條例》的研擬經過來敘述。

1.《組織犯罪防制條例》的研擬背景

政府鑒於防制黑道的法律，主要有《刑法》及《檢肅流氓條例》，但《刑法》第 154 條：「犯罪事實應依證據認定之，無證據不得推定其犯罪事實」的規定又過於簡略。[6]而於民國 81 年 7 月 29 日修正通過的《檢肅流氓條例》，雖然其在維護社會治安具有積極功能，惟因隨著國內政治環境的民主化，及有感於人權意識的日漸高漲，對於該條例在檢肅程序上，以流氓為「身份」，而非具「犯罪行為」加以取締處罰，而規避正常的刑事程序，一直爭議不斷。[7]因此，承審流氓案件之法官聲請司法院大法官解釋，經司法院大法官於 84 年 7 月 28 日作成釋字第 384 號解釋，認為《檢肅流氓條例》第六條及第七條授權警察機關得逕行強制到案，無須踐行必要之司法程序；第十二條秘密證人制度，剝奪被移送人與證人對質詰問之權利，並妨礙法院

6 陶百川等編纂，《最近綜合六法全書》，（臺北：三民書局，民國 79 年 2 月），頁 842。

7 許春金，〈「組織犯罪防制法」立法之必要性——犯罪學觀點〉，《政策月刊》，第 15 期（臺北：中國國民黨中央政策會，民國 85 年 4 月），頁 22。

發現真實；第廿一條使受刑之宣告及執行者，無論有無特別預防之必要，有再受管訓處分而喪失身體自由之虞，均逾越必要程度，欠缺實質正當，與《憲法》第八條第一項、第廿三條意旨不符。又第五條認定為流氓之告誡處分，除向內政部警政署聲明異議外，不得提起訴願及行政訴訟，亦與《憲法》第十六條意旨相違。因此，至遲應於 85 年底失其效力。所以，政府在面對生態環境已從農業社會的流氓犯罪型態轉變為工商業社會組織化的犯罪型態，亦即所謂黑道幫派已由擁槍自重、霸佔地盤、互相火拚等暴力犯罪，改以組織化、企業化的型態，實際從事職業賭場、地下錢莊、色情行業、販毒、走私，甚或介入公共工程等經濟活動之非法惡行，更有以暴力操縱選舉，嚴重衝擊社會治安以及民主法治的發展。加以社會大眾及輿論要求制定防制犯罪組織法律的呼聲日增，而參諸德國、美國、義大利、瑞士、日本等國家的立法例，亦均訂有懲治組織犯罪的專法或特別命令，足見研訂防制組織犯罪的法律確有其必要性與可行性。[8]

2.《組織犯罪防制條例》的研擬經過

根據法務部「組織犯罪防制條例草案定稿說明」指出，第一階段：該部係在 84 年 5 月接行政院函轉立法院為立法委員的提案，請該部儘速將《暴力團體犯罪防制法》（草案）送立法院審議。該部特提供國外立法例給國內相關機關如內政部、國防部、國家安全局，及調查局等單位參考，並彙整其意見，於 84 年 12 月函報行政院，建請同意由內政部與該部共同研擬《組織犯罪防制條例》（草案），85 年 1 月接行政院覆函同意。第二階段：該部接奉前揭核示後，隨即草擬《組織犯罪防制法》（草案）條文，經近半年時間，先後邀集行政院一組、法規會、司法院刑事廳、國家安全局、內政部、外交部、財政部、內政部警政署、國防部軍法局、憲兵司令部、法務部、調查局、最高法院檢察署及臺灣高等法院檢察署等單位的代表與會研討，彙整

[8] 參閱「組織犯罪條例草案定稿說明」及「組織犯罪防制條例草案總說明」，（臺北：法務部，民國 85 年 9 月 5 日）

各機關代表之意見，歷經六次修稿研議撰成。第三階段：法務部於 85 年 7 月 24 日邀請立法院內政、司法、法制委員會之立法委員及專家學者舉行公聽會，會後再召集該部內專案會議，分析、綜合各與會者之意見，研擬完成《組織犯罪防制條例》（草案）。第四階段：該部於同年 8 月呈報行政院，並經行政院於 9 月 5 日召開的院會審查通過。[9]

根據《組織犯罪防制條例》的研擬背景與研擬經過，可與政策規劃的完整性全程作對照臚列，如表 1。

表 1 政策規劃全程與組織犯罪防制條例研擬過程的對照表

<table>
<tr><td rowspan="7">政策規劃全程</td><td>第一步驟</td><td>公共問題發生</td><td rowspan="4">《組織犯罪防制條例》研擬背景</td></tr>
<tr><td>第二步驟</td><td>公共問題提出</td></tr>
<tr><td>第三步驟</td><td>公共問題接納</td></tr>
<tr><td>第四步驟</td><td>政策問題認定</td></tr>
<tr><td>第五步驟</td><td>政策方案設計</td><td rowspan="3">《組織犯罪防制條例》研擬經過</td></tr>
<tr><td>第六步驟</td><td>政策方案分析與評比</td></tr>
<tr><td>第七步驟</td><td>政策方案推薦</td></tr>
</table>

資料來源：作者自製。

四、政策合法化

（一）政策合法化的意義

政策規劃過程雖然擬定了行動方向，及指出各項解決方案，但並未意味著政策制定業已完成，即可付諸執行，其最後仍須透過有權限的機關，依照

[9] 同上註。

一定法定程序，予以審議與核定，方能達於合法化的地位，致使政策因而具有約束力、執行力，並取得政策執行對象的順服，而達成政策既定的目標。[10]尤其，從廣義對政策合法化的界定，所謂政策取得法定地位的過程（legitimation），根據 C. O. Jones 的指出，其前提必須已在政治系統中取得統治正當性的過程（legitimacy）。[11]因為，一個政治系統尚未取得統治的正當性，縱然其依法定程序制定政策，也未必能取得人民的信服與支持。

目前我國負責合法化政策的機關為立法機關、總統、行政機關與司法機關等四個單位，惟本文探討政策合法化，其過程主要探討立法機關行使其職權的程序，即一般通稱的立法程序。[12]

在未介紹我國立法程序之前，有必要先對立法院的組織結構作進一步介紹。立法院的組織系統如表 2。

立法院設院長、副院長各一人，由委員互選產生，任期三年，秘書長是立法院最高幕僚長，承院長令處理院務、指揮監督所屬職員及各委員會幕僚人員。下屬行政組織的四大部門為秘書處、會計處、人事室，及立法諮詢中心。

立法院會期每年兩次，自行集會，第一次自二月至五月底，第二次自九月至十二月底。惟立法院每會期均為審議法案之需要而延長會期，故一年中實際開會時間長達十個月。立法院經總統之咨請或立法委員四分之一以上之請求，亦得召開臨時會。立法院會議稱院會，每周二、五舉行，必要時經院會決議，可以增減會次。除院會外，立法院還設有內政及邊政委員會、外交及僑政委員會、國防委員會、經濟委員會、財政委員會、預算委員會、教育委員會、交通委員會、司法委員會，及法制委員會等 10 個常設委員會，審查院會交付審查的議案及人民請願案，並設紀律委員會、程序委員會、經費

---

[10] 林水波與張世賢，前揭書，頁 193。

[11] C. O. Jones, *An Introduction to the Study of Public Policy*, ed., (North Scituate, Mass. : Duxbury Press, 1977), p.85.

[12] 胡濤，《立法學》，（臺北：漢苑出版社，民國 69 年），頁 50。

表 2 立法院行政組織系統表

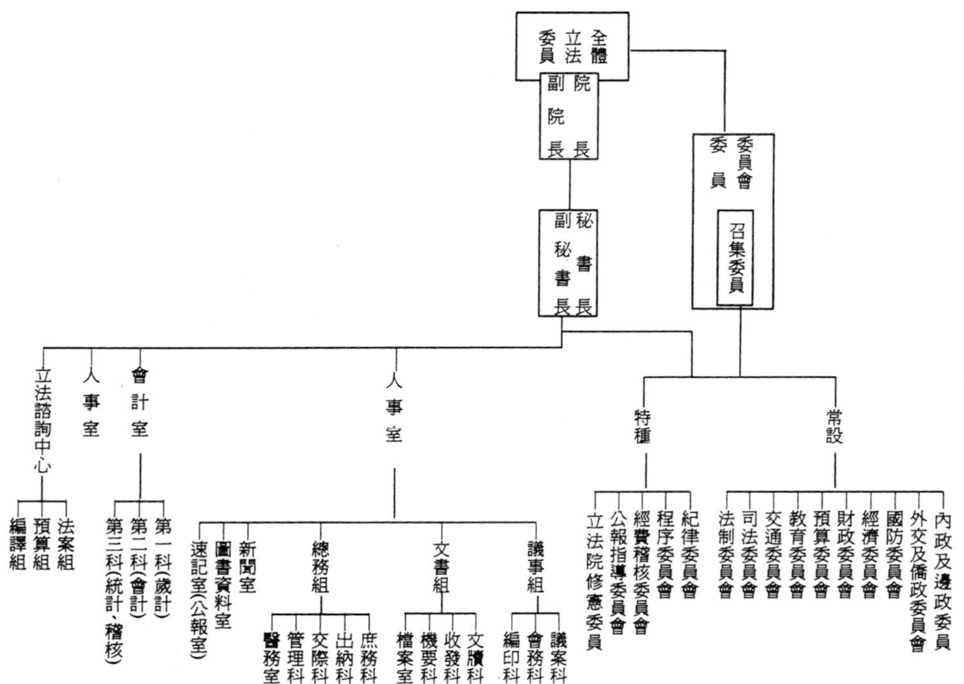

資料來源：《立法委員手冊》，（臺北：立法院秘書處，民國85年2月），頁425。

稽核委員會、公報指導委員會，及修憲委員會等五個特種委員會，以處理院內特定事項。各委員會委員人數，以 18 人為最高額，委員會各置召集委員 1 人至 3 人，由委員會委員互選之。[13]

有關立法程序，從表 3 的最左邊開始，可清楚看出，制定或修正法律的第一個步驟就是提案。提案的來源有①政府提案：包括行政院、司法院、考試院及監察院；②立法委員提案；③人民請願等三種。提案到達立法院秘書

[13] 參閱《立法院簡介》，（臺北：立法院，民國 83 年 10 月），頁 4-19；及參閱《立法委員手冊》，（臺北：立法院秘書處，民國 85 年 2 月），頁 9-48。

表 3 立法程序表

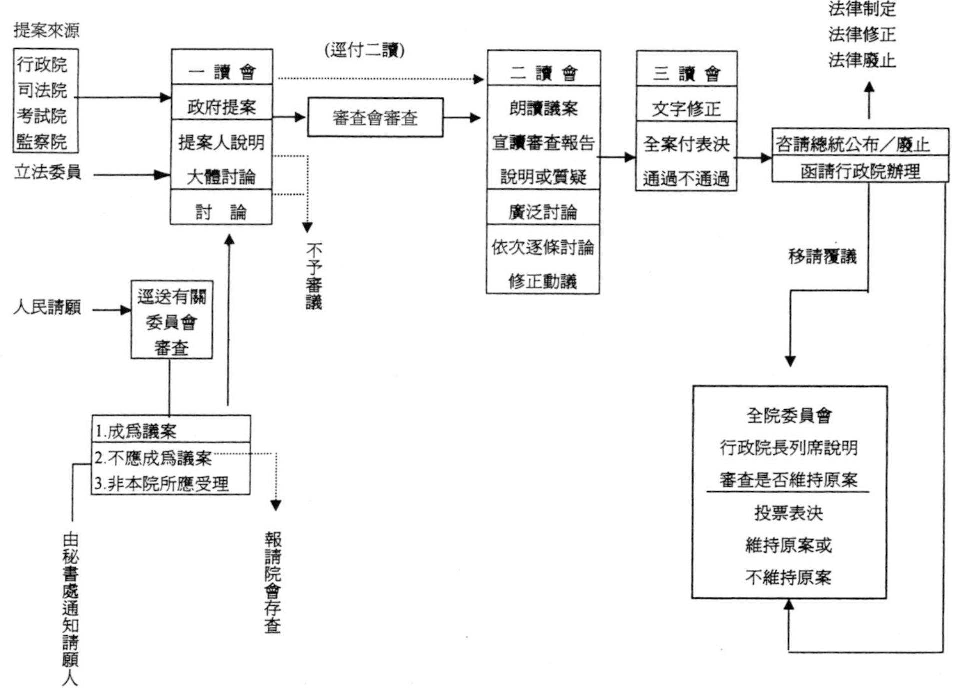

資料來源：《立法院簡介》，（臺北：立法院，民國 83 年 12 月），頁 17。

處後，由秘書長編擬議事日程，經程序委員審定後付印。政府提案於院會中朗讀標題（一讀）後，即交付委員會審查或逕付二讀。委員提案則需經院會大體討論，並依院會之決議，交付審查或逕付二讀或不予審議。二讀會討論經各委員會審查之議案，或經院會決議逕付二讀之議案。三讀會除發現議案內容有互相牴觸，或《憲法》及其他法律相牴觸外，祇得為文字之修正。依〈立法院議事規則〉第 37 條規定，除法律案、預算案應該三讀程序外，其餘議案僅需經二讀會議決。完成三讀之法律案及預算案經院長批閱、用印後，即咨請總統公布並函送行政院。總統則於收到後十日內公布之，或依

《憲法》第 57 條第二、三款的規定程序退回立法院覆議。行政院對於立法院移請變更重要政策之決議，或對立法院議決之法律案、預算案、條約案，如認為有窒礙難行時，得經總統之核可，移請立法院覆議，如經出席立法委員三分之二維持原案，行政院長應即接受該決議或辭職。人民請願則是由人民直接將請願文書交由立法院秘書處辦理收文手續後，由程序委員會逕送有關委員會審查。審查結果成為議案者，即適用委員提案的規定處理；其不應成為議案者，則報請院會存查，但如有出席委員提議，30 人以上連署或附議，經表決通過，仍然可以成為議案。[14]

（二）《組織犯罪防制條例》的立法過程說明

《組織犯罪防制條例》雖經行政部門完成擬訂工作，惟為完成政策合法化過程，必須送請立法院完成審議。有關本案在立法院審議進程，歷經三個月，在朝野政黨、立法院黨團及立法委員相互間不斷地協商下，終於順利完成，其審議的詳細經過可從表 4 中瞭解實際進行的狀況。

表 4　《組織犯罪防制條例》在立法院審議進程表

日期	會議名稱	會議內容
85 年 9 月 10 日		行政院函送立法院審議。
85 年 9 月 17 日	立法院院會	交付司法、內政聯席委員會審查。
85 年 9 月 23 日	司法、內政委員會聯席會議	1. 立委支持組織犯罪防制條例的立法，但對於部分法案內容，如組織犯罪的定義、類型、刑期、參選限制等，仍有相當多的意見。 2. 中華民國律師公會全國聯合會、臺北市律師公會與民間司法改革基金會共同草擬的民間版「組織犯罪防制條例草案」

[14] 同上註。

日期	會議名稱	會議內容
		亦公布，將透過在野黨立委正式向立法院提，並希望與行政院版併案審查。
85 年 9 月 25 日	司法、內政委員會聯席會議	進入法案「逐條審」，惟只通過法案名稱，而第一條條文因33委員堅持「犯罪組織」應改成「幫派」，遭到保留；第二條條文有關犯罪組織的文字亦意見紛歧。結果，未通過任何條文。
85 年 9 月 30 日	司法、內政委員會聯席會議	1. 通過三條條文：其中行政院版第 4 條第 1 款遭立委刪除，改以「具公務員或經選舉產生公職人員之身分者」，有發起、主持、操縱或指揮犯罪組織者，除原有刑責外，另再加重其刑二分之一。另外，主謀犯罪組織者，由原得併科罰金新台幣 300 萬元以下，提高至 1 億元以下，首謀為累犯，罰金再提高到 2 億元，至於對「參與者」為顧及少不更事的年輕人，則由原一年以上七年以下有期徒刑，修改成 6 個月以上 5 年以下有期徒刑。 2. 會中並通過另項決議，「其參與程度輕微，或其行為無足輕重者，得免除其刑」。
85 年 10 月 2 日	司法、內政委員會聯席會議	修正通過兩條條文：犯罪組織成員利用其組織犯下該條例以外之罪時，不僅要在其他法律及該條例以較重之刑論處，而且還要加重其刑至三分之一。此外，增列對資助犯罪組織者的處罰，處 6 個月以上 5 年以下有期徒刑，得併科新台幣 1 千萬元以下罰金。
85 年 10 月 7 日	司法、內政委員會聯席會議	修正通過六條條文：第六條條文內容為「犯罪組織所有財產，應發還被害人外，

日期	會議名稱	會議內容
		餘應追繳、沒收；參與犯罪組織者，若取得之財產未能證明為合法來源，除應發還被害人外，應予追繳、沒收」。第七條協商條文內容為「犯罪組織首謀及參與者，自動解散或脫離所屬犯罪組織，減輕或免除其刑，因其提供資料而查獲犯罪組織者，亦同；資助犯罪組織者自首，並因其提供資料而查獲該犯罪組織者，減或免除其刑」。通過第八條條文內容為「公務員或民代包庇犯罪組織，處五年以上十二年以下有期徒刑」；第九條「檢舉人得領獎金」；第十條「檢舉人之身分資料，應另行封存，不得附入移送法院審理之文書，公務員洩露檢舉人資料者，處一年以上七年以下徒刑」。為了鼓勵祕密證人出面指控幫派組織，增訂十條之一，明定「為保護被害人、證人免受強暴、脅迫、恐嚇或其他報復行為，法院、檢察機關得拒絕被告或被害人或證人對質、詰問或檢閱任何可指出證人、被害人身分之文書」。同時，為對證人保護做整體規範，以附帶決議方式，要求行政院在犯罪組織防制條例施行後半年內制定「證人保護條例」送交立法院審議。
85 年 10 月 9 日	司法、內政委員會聯席會議	1. 通過第十一條之一的修正條文為「本條例施行後辦理之各類公職人員選舉，政黨所推薦之候選人，經法院判決確定犯罪組織之成員者，每有一名，處該政黨新台幣 1 千萬元以上 5 千萬以下之罰鍰。前項情形，如該類選舉應選名額中有政黨比例代表名額者，該屆其缺額不

日期	會議名稱	會議內容
		予遞補；次屆同類選舉並應扣除該政黨同類之政黨比例代表。前兩項處分，由辦理該類選舉之選務主管機關為之。」此外，並增訂條文要求各高等法院及其分院檢察署，應設置犯罪組織防制中心，配屬專責檢察官辦理犯罪組織防制工作，行政院應每三個月向立法院報告執行情形。 2. 其他條文無異議通過。 3. 本草案完成初審工作。
85 年 11 月 5 日	立法院院會	1. 草案送進院會二讀。 2. 院會對草案進行大體討論，在野黨希望儘速完成立法工作，惟朝野政黨對「政黨連坐」的條文仍有爭議。
85 年 11 月 7 日	立法院院會	二讀通過 9 條條文，包括：犯罪組織定義、最重刑十年、窩裡反條款、公務員及民代加入犯罪組織者加重其刑、資助犯罪組織受重罰等規定。至於「政黨連坐」條款等部分有爭議性條文，朝野黨派協商決定留待下次院會進行表決。
85 年 11 月 8 日	立法院院會	二讀通過有關「保護秘密證人」及「尊重被告者為己辯護權利」等五條條文，其餘有關「沒收犯罪組織財產」、「限制黑道參選」、「政黨連坐」等多項爭議性條文，留待下次院會處理。
85 年 11 月 22 日	立法院院會	1. 立法院在桃園縣長劉邦友官邸血案的凝重氣氛下，快馬加鞭三讀通過《組織犯罪防制條例》。 2. 通過內容包括：限制黑道參選，及政黨為推薦的黑道候選人負連帶責任。
85 年 12 月 11 日		1. 李登輝總統發布命令，正式公布《組織

日期	會議名稱	會議內容
		犯罪防制條例》。 2. 內政部警政署發布〈解散及脫離犯罪組織登記辦法〉，自 85 年 12 月 13 日起至 86 年 2 月 12 日止，凡尚未被發覺犯罪者，向臺灣省各縣市警察局、臺北市或高雄市警分局辦理登記解散、脫離犯罪組織者，均免除其刑，以勵自新。

資料來源：根據民國 85 年 9 月 10 日至 12 月 11 日《中央日報》、《聯合報》、《中國時報》、《自由時報》彙製；及參閱《立法院公報》〈法律專輯〉第 207、208 輯，（臺北：立法院，民國 86 年 8 月）；及參閱《組織犯罪防制條例立法資料彙編》，（臺北：法務部編印，民國 87 年 2 月）。

五、政黨在政策制定過程中的角色與運作

實行議會政治的國家，儘管民意代表能夠運用本身的影響力來左右議事，不過，基本上，議事運作仍然是以政黨為中心。因為，政黨除了扮演國家與社會、民眾與國會之間的媒介（mediation）角色外，尚須發揮對政府及國會在政策制定過程的影響力。[15]因此，政黨通常需要建立各種不同層級與類型的運作模式。吳東野指出，從政黨實際參與國家政策形成來看，民主政黨所必備的整合內部、擢拔菁英、參與執政，及監督角色等四項功能，相當程度可用來檢視政黨內部的民主輪廓。因為，整合內部係指政黨從蒐集民

15 P. H. Merkl, *Modern Comparative Politics*, ed.,(New York: Holt, Rinehard and Winston 1977), p.272.另十九世紀英國名相狄斯累利（Benjamin Disraeli）曾說：「沒有政黨，就不會有議會制政府。」羅希特（Clinton Rossiter ）說：「沒有溫和與折衷，就沒有政黨。」(no parties without moderation and compromise)引自 Clinton Rossiter, *parties and politics in America*(New York: Cornell University Press), 1964, p.1.至於政黨中若出現派系競爭，因派系在名稱及組織結構上未具一致性與連續性，選民很難在選舉投票中，表達對其政策制定或政策總和的偏好。

意到內部達成決議，並交付行政機關執行的的運作歷程。而擢拔菁英則是菁英必須能承擔政黨的政策形成所涉及專業化與效率化工作。而參與執政更是強調執政的政黨扮演在政府決策過程中的主要目的。而監督角色則是言政黨於退居在野地位之時，亦同樣享有部分參與決策之權。[16]

（一）政黨在政策制定過程中的角色

政黨雖說為了擺脫特殊利益團體，卻是往往一切皆從本身利益出發下的產物。[17]所以，政黨為了贏得選舉，在激烈競爭的情況下，政黨會：（一）尋找選民對於特定政策偏好的資訊；（二）對於每一政策議題會放棄非常多的不被大多數選民所支持的政策立場；（三）提出一套複雜為選民制定的政策選項，雖然這套選項，選民並無法親自參與判定，但卻是與選民偏好相符合；（四）在選舉階段，所提的政策皆是針對能吸引大多數選民的支持，而加以特別精心設計的。[18]

過去，我國執政黨「以黨領政」及「以黨輔政」的時代已過去。現在朝野各黨均強調黨意與民意相結合，政黨為迎合大多數人民的程度愈來愈明顯，遠超過迎合那些在任何選舉中均背離其通常政黨（usually party）的人之程度。

---

16 政黨根據法定或非法定規則而扮演其在政策制定的角色，在民主體制中，這些規則有部分是從政黨組織在政治實際活動中，受肯定而漸演變形成的。例如美國發展了一條非法定規則，亦即總統選舉人（elector）根據政黨聯屬（party affiliation）而非基於自己自由判斷，投票選舉總統，也就是找到政黨可以同意的規則，做為與政府間運作的條件。另參閱吳東野，《政黨民主與政黨政治》，民國 80 年 3 月 29 日至 30 日在民主文教基金會舉辦的「政黨政治與民主憲政」學術研討會所發表之論文，頁 11-14。及參閱雷飛龍主編，《英美日三國國會黨鞭制度》，（臺北：理論與政策雜誌社，民國 80 年 11 月）。

17 Peter F. Drucker 著，傅振焜譯，《後資本主義社會》（*Post-Capitalist Society*），（臺北：時報文化，民國 83 年 9 月），頁 163。

18 Charles E. Lindblom 著，劉明德譯，《政策制定過程》（*Policy Making Process*），（臺北：桂冠圖書公司，民國 80 年 12 月），頁 96-97。及參閱 Lindblom 的另一著作 *Politics and Markets: The World's politics Economies Systems* (New York: Basic Books, 1997), pp. 100-106, 313-324。

因此，推動執政黨與其他政黨的合作，有助於公共政策的制定順利完成，也就是強化朝野互動關係，在理性和諧的基礎上，協助推動議程，以協商代替對抗；其次，透過修正議事規則，嚴謹規範議事動議，使發言、表決合理化，並對委員提案及提出程序合理限制，以防提案浮濫，對施政總質詢制度，更應朝合理時程方向規劃。最後，加強黨團運作，針對委員出席、動員、表決，以及召開黨團會議，來凝聚黨內共識與實力。

（二）政策規劃的運作過程──以「中國國民黨中央政策會」為例

當時我國合法登記的政黨共有 82 個，惟在立法院擁有正式席位的只有執政的中國國民黨，及在野的民進黨與新黨，在立法院的 164 位委員，其中又以國民黨籍佔 84 人，其餘民進黨 53 人、新黨 21 人、無黨籍 6 人，對政策制定過程的影響最重要。因此，國民黨在政策規劃與政策合法化過程的角色值得特別探討，而在中國國民黨組織體系中，與政策制定關係最密切的要屬政策委員會。根據「中國國民黨中央委員會組織規程」第六條規定：本會設政策委員會，置政策指導委員若干人，掌理重要政策研審及重要法案協調事宜，並置執行長、副執行長負責決議事項之執行及黨政協調工作之推動。政策委員會下設：1.國民大會黨政協調工作會，掌理有關國民大會黨政關係、代表聯繫與黨團運作之設計、執行等事宜。2.立法院黨政協調工作會，掌理有關立法院黨政關係、法案研審、委員聯繫與黨團運作之設計、執行等事宜。3.政黨關係工作會，掌理有關與其他政黨、社會人士之聯繫、協調等事宜。4.政策研究工作會，掌理有關政策研究與政情分析，及與上述三工作會無關之法案研擬事項等事宜。另外，在國民大會黨政協調工作會下設國大黨團，在立法院黨政協調工作會下設立法院黨團，並配合立法院所設置之常設委員會成立委員會，在各委員會中並以委員長制實際執行運作。[19]

---

[19] 中國國民黨中央委員會秘書處編印，《中國國民黨第十四屆中央委員會第二次全體會議總紀錄》，頁 76-77。黨團由立法院黨團設置書記長一人，副書記長若干人，書記長執掌有如英國國會黨鞭(Party Whip)，負責的工作項目有：1.兼理議會外黨務到專管議會內事務；2.國會議事管理；3.前後

有關政策會在政策規劃過程的運作情形，可用表 5 來說明：由各部會或政策研究工作會及立委同志作法案先期分析研究，並擬提法案送政策會邀集黨籍立委及從政同志舉行黨政協調會，達成共識者，屬政策研究工作會與立法委員提案者，及屬各部會提案者，則由政策會與行政院分別提報國民黨中常會核定後，向立法院提請審議，惟政策會所提部分則仍由原提案立法委員正式向立法院提案；至於未達成共識者，中央政策會則透過每星期所舉行的立法行政部門協調會議討論，必要時進行黨政高層首長會談，及與其他政黨協商，取得共識後再提報中常會核定，再提報立法院審議。

表 5 中國國民黨中央政策委員會政策規劃過程流程表

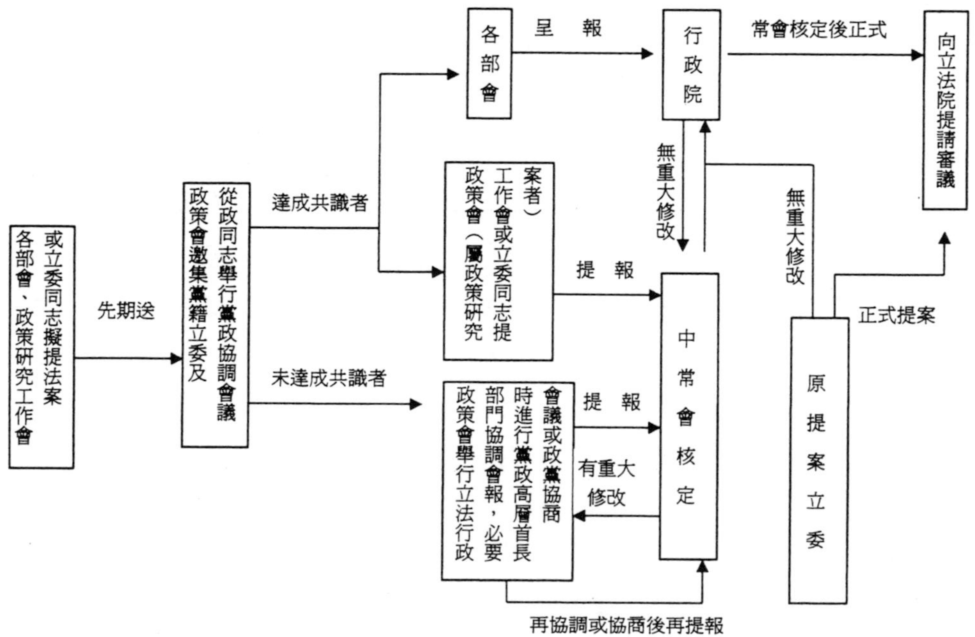

資料來源：作者自製。

排議員間的溝通；4.勸導議員支持黨的決策。參閱 Panl Silk, *How Parliament Works* (London: Longman,1987), p.50.及參閱雷飛龍，〈英國國會黨鞭制度〉，錄自《英美日三國國會黨鞭制度》，(臺北：理論與政策雜誌社，民國 80 年 11 月)，頁 4-32。

（三）政策合法化的運作過程——以「中國國民黨中央政策會」為例

在中央政策會下屬的立法院黨政協調工作會，有黨團組織，如表 6，黨團設書記長、副書記長，下再配合立法院所設置的常設委員會成立內政及邊政、外交及僑政、經濟、財政、預算、教育、交通、司法、法制、國防等 10 個委員會，各委員會設委員長負責所屬委員會黨籍立委的議事運作及動員工作，黨團除了執行中央政策會決議，負責黨籍立委動員之外，在立法院隨時亦得與在野政黨舉行朝野協商，雖然朝野協商是立法院體制外的運作，但假若能在朝野黨團相互尊重與信守，將協商內容經過提報院會通過，符合「立法院議事規則」之規定，才能產生法定效力，對法案的審議有很大的幫助。有時立法院朝野黨團常在朝野協商破裂下，邊審邊打，邊打邊審，既是鬥智又鬥力，既聯合又競爭，真是別有一番景象。當然，中央政策會在政策合法化過程中的運作，屬於政策規劃階段的「黨政協商會議」、「立法、行政部門協調會議」，及高層首長會談，仍然依實際需要運作，以利法案在立法院審議中圓滿完成。

另外，中央政策會亦應考慮因應不同社運團體及其他政黨，或公共政策標的人民之不斷抗爭，設立類似處理公共事務之委員會，以處理公共事務，並督促行政同志對其黨籍民意代表所反映意見的處理結果。

六、我國現行政策制定的檢討與改進

（一）在政策規劃方面

根據一般研究公共政策的學者，對於政策規劃認為應該把握一些基本原則。在這些基本原則下，所規劃的政策方案才容易被社會各界所接受，並有益於問題的妥善解決，例如 Abraham Kaplan 就指出，政策規劃應該考慮的基本原則是：公正的原則（the principle of impartiality）、最終受益是個人的

表 6 中國國民黨中央政策委員會組織體系簡表

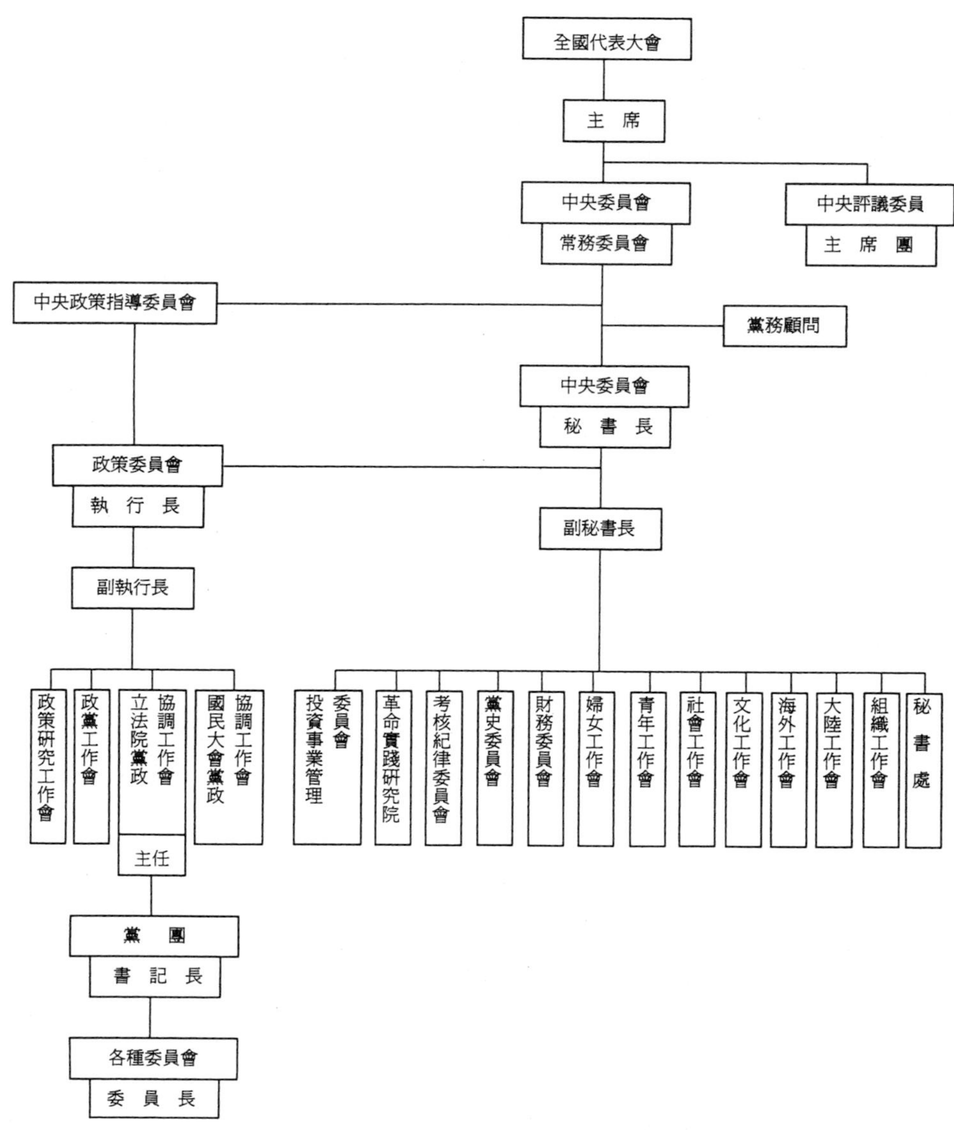

資料來源：作者自製。

原則（the principle of individuality）、最劣者受益最大的原則（the maximin principle）、分配原則（the distributive principle）、連續原則（the principle of continuity）、國民自主的原則（the principle of autonomy）、緊急原則（the principle of urgency）等七個基本原則，當然這些原則並不是同時發生在每一公共問題上，全部加以應用，惟係在實際運用時，需衡酌不同的公共問題及不同的情況，而加以妥善配合運用。[20]

另外，對於政策規劃的步驟與方法，猶如政策規劃（strategic planning）中的一種研究方略，是在動態的情況下，就問題所在，擬訂出各種可採行的方案，幫助決策者就方案中選出最佳的策略。[21]而在政策規劃時，也要事先做好預測未來的可能性工作，從時間次序而言，規劃是先動的先決條件，而預測又是規劃的先決條件。[22]當然，在政策方案分析與評比時，更要考慮到政策規劃的具可行性與有效性。

印證上述所言，對於《組織犯罪防制條例》的政策規劃過程中，政府兼具整體性、前瞻性與未來性，政策規劃的利益與民眾利益相結合，政策規劃的以完備資訊系統為基礎，及培育政策規劃人才等等，特別是符合緊急原則，大多能符合上述政策規劃的主要原則，才能使其做好政策規劃的工作。[23]

---

[20] 譯文引自林水波與張世賢，前揭書，頁 162-165。Abraham Kaplan, "On the Strategy of Social Planning", *Policy Science* Vol.4 No.1(1973), pp.53-56.另根據 Grindle & Thomas 指出，在民主多元化的社會，所呈現不同利益團體的競爭現象，猶如同古典經濟學所指的競爭市場一樣，是最公平公正的，也是最有經濟效率。因此利益團體的彼此競爭，最有利於獲致公共利益。這是在政策規劃過程中應有的基本原則。參閱 Grindle, Meriless S. and John W. Thomas. *Public Choices and Policy Change: The Political Economy of Reform in Developing Countries* (Baltimore: The Johns Hopkins University Press, 1991), p.23.

[21] 司徒達賢，《策略管理》，（臺北：遠流，民國 84 年 2 月），頁 18，及參閱 Michael E. Porter 著，周旭華譯，《競爭策略》（*competitire strategy*），（臺北：天下文化，民國 87 年 1 月）。至於在擁有不同資源的情況下，不同的利益團體自然會根據所擁有的資源，調整其影響政府政策的策略。參閱 Wilson, Frank L. *Interest Group Politics in France* (Cambridge: Cambridge University Press, 1987), pp.20-25.

[22] E. S. Quade, *Analysis for Public Decision* (New York Elsevier, 1975), p.239.

[23] 曹俊漢、丘昌泰、顧慕晴，〈從政治發展、社會變遷與生活素質的關係論我國公共政策的規劃〉，《研考月刊》，第 9 卷第 2 期，（民國 74 年 2 月），頁 64。

（二）在政策合法化方面

針對上述政策合法化過程其基本管理原則，如立法院應充分發揮立法助理制度的功能、立法院也應適量進用政策分析的專業人才、應建立「聽證會」或「公聽會」制度、提昇立法人員議事品質與效率、行政機關與立法機關及朝野協商制度的建立，以及大眾媒體應負起匯集民意及反映民意功能。[24]另一方面，行政機關為爭取立法機關的支持，應重視：（一）選民利益；（二）提供相關資訊；（三）維持密切情誼；（四）出席委員會聽證會；（五）運用國會聯絡員。[25]此外，為使政府所提的各項法案與重大政策均能順利完成法定程序，非常有必要透過政黨居中溝通協調、折衝樽俎，用以贏得黨籍國會議員的支持，因此，為使政策合法化的運作過程能圓滿順利達成目標，對於相關基本的管理原則，對於參與政策合法化的所有關係單位與人員，實有必要詳加研究與重視。

從《組織犯罪防制條例》的政策合法化過程中，可提供作為政策制定者參考與借鏡的有：（一）對於問題有正確的認定；（二）事先徵詢，取得高度共識；（三）規劃力求周延；（四）審議時，能充分溝通協調。如此不但本條例在使政策合法化的過程順利，而且在未來的執行上比較不會遭遇困難，得以達成目標。

因此，政策制定一方面在政策規劃的過程中要擴大參與，廣泛加入更多的民意諮詢與協商機制，以提高品質；另一方面在合法化前必須公開、透明的辯論程序，詳列各項政策選擇的利弊得失，方始進行決策，以強化立法的正當性。如此形成的政策和法案，因為進入「公共領域」中受到充分討論，才算是反映社會多數成員的共識，也才能一舉擺脫討價還價、不負責任的粗

[24] 吳定，《公共行政論叢》，（臺北：天一圖書公司，民國 73 年），頁 219；周育仁，《政治與經濟之關係——臺灣經驗與其理論意涵》，（臺北：五南公司，民國 84 年 10 月），頁 118-135。

[25] 林鍾沂，《美國官僚制度在政策形成過程中如何爭取政治支持》，（臺北：政大公行所碩士論文，民國 68 年 6 月），頁 190-195。

糙立法，以及其所造成的不良後果。[26]

《組織犯罪防制條例》是在國民黨執政主導下完成，如今國民黨卻在「黑金問題」及「政黨輪替」兩大因素下失掉政權。執政者，就經濟角色而言，不能不採取符合市場原理的行動；就政治角色而言，不能不扮演成為匯集社會各種權力中心的角色。政府要能提出適當的政策，才是國人之福。假若政府無法恰當掌握政策制定過程中權力與能力的分際，難免造成偏差累積，使各項政策產生「合理性危機」（rationality crisis）及「正當性危機」（legitimation crisis），使國家沉淪到「不可統治」（ungovernable）的處境。

七、結語

公共政策的制定過程，本文未深入探討政策制定系統中易受「政治手段」、「權威」影響的部分，如經濟學家亞羅（Kenneth Arrow）所謂「不可能定理中的決策獨裁」，即或因「體察上意」而阻礙原客觀政策的制定與推動，或可能受少數企業團體影響或操縱政策制定過程，扭曲了社會最適選擇，犧牲了社會公平正義。這就是公共政策制定過程中「非理性」（irrationality）與機制設計（mechanism design）的問題。[27]本文舉出《組織犯罪防制條例》說明公共政策制定的過程，主要是因為該條例之制定已先具備強烈的社會共識。

所以，在政策規劃及合法化的過程中爭議不多，顯得快速而有效率，也能凸顯政策制定的完整性。相反地，核四興建與續建與否問題，不論是在行政部門的規劃，或是在立法部門的審議上，都造成巨額政治性交易成本，使

[26] 顧忠華，〈權謀問策，決策品質將更糟〉，《中國時報》，民國 89 年 7 月 17 日，第十五版。及參閱 John W. Gardner 著，譚家瑜譯，《新領導力》（*On Leadership*），（臺北：天下文化圖書公司，民國 81 年 5 月），頁 136-183。

[27] 劉明德譯，前揭書，頁 525。

社會資源配置蒙受嚴重扭曲與浪費，即證實經濟學家諾斯（Douglas North）所謂「工具理性失靈」（instrumental rationality failure）的現象。未來政策制定若能適度整合管理學與政治經濟學的觀點，相信更有助於政策制定與目標的達成。[28]

[28] 王鳳生，〈工具理性的公共政策制定與推動〉，《自由時報》，民國 85 年 10 月 23 日，第七版。

附錄：《組織犯罪防制條例》條文說明

修正日期：民國 107 年 01 月 03 日

第 1 條

為防制組織犯罪，以維護社會秩序，保障人民權益，特制定本條例。

本條例未規定者，適用其他法律之規定。

第 2 條

本條例所稱犯罪組織，指三人以上，以實施強暴、脅迫、詐術、恐嚇為手段或最重本刑逾五年有期徒刑之刑之罪，所組成具有持續性或牟利性之有結構性組織。

前項有結構性組織，指非為立即實施犯罪而隨意組成，不以具有名稱、規約、儀式、固定處所、成員持續參與或分工明確為必要。

第 3 條

發起、主持、操縱或指揮犯罪組織者，處三年以上十年以下有期徒刑，得併科新臺幣一億元以下罰金；參與者，處六月以上五年以下有期徒刑，得併科新臺幣一千萬元以下罰金。但參與情節輕微者，得減輕或免除其刑。

具公務員或經選舉產生之公職人員之身分，犯前項之罪者，加重其刑至二分之一。

犯第一項之罪者，應於刑之執行前，令入勞動場所，強制工作，其期間為三年。

前項之強制工作，準用刑法第九十條第二項但書、第三項及第九十八條第二項、第三項規定。

以言語、舉動、文字或其他方法，明示或暗示其為犯罪組織之成員，或與犯罪組織或其成員有關聯，而要求他人為下列行為之一者，處三年以下有期徒刑，得併科新臺幣三百萬元以下罰金：

一、出售財產、商業組織之出資或股份或放棄經營權。

二、配合辦理都市更新重建之處理程序。

三、購買商品或支付勞務報酬。

四、履行債務或接受債務協商之內容。

前項犯罪組織，不以現存者為必要。

以第五項之行為，使人行無義務之事或妨害其行使權利者，亦同。

第五項、第七項之未遂犯罰之。

第 4 條

招募他人加入犯罪組織者，處六月以上五年以下有期徒刑，得併科新臺幣一千萬元以下罰金。

成年人招募未滿十八歲之人加入犯罪組織者，依前項規定加重其刑至二分之一。

以強暴、脅迫或其他非法之方法，使他人加入犯罪組織或妨害其成員脫離者，處一年以上七年以下有期徒刑，得併科新臺幣二千萬元以下罰金。

前項之未遂犯罰之。

第 5 條

（刪除）

第 6 條

非犯罪組織之成員而資助犯罪組織者，處六月以上五年以下有期徒刑，得併科新臺幣一千萬元以下罰金。

第 7 條

犯第三條之罪者，其參加之組織所有之財產，除應發還被害人者外，應予沒收。

犯第三條之罪者，對於參加組織後取得之財產，未能證明合法來源者，亦同。

第 7-1 條

法人之代表人、法人或自然人之代理人、受僱人或其他從業人員，因執行業務，犯第三條至第六條之罪者，除處罰其行為人外，並對該法人或自然人科以各該條之罰金。但法人或自然人為被害人或對於犯罪之發生，已盡監督責任或為防止行為者，不在此限。

第 8 條

犯第三條之罪自首，並自動解散或脫離其所屬之犯罪組織者，減輕或免除其刑；因其提供資料，而查獲該犯罪組織者，亦同；偵查及審判中均自白者，減輕其刑。

犯第四條、第六條之罪自首，並因其提供資料，而查獲各該條之犯罪組織者，減輕或免除其刑；偵查及審判中均自白者，減輕其刑。

第 9 條

公務員或經選舉產生之公職人員明知為犯罪組織有據予以包庇者，處五年以上十二年以下有期徒刑。

第 10 條

檢舉人於本條例所定之犯罪未發覺前檢舉，其所檢舉之犯罪，經法院判決有罪者，給與檢舉人檢舉獎金 。其辦法由行政院定之。

第 11 條

前條檢舉人之身分資料應予保密。

檢察機關、司法警察機關為保護檢舉人，對於檢舉人之身分資料，應另行封存，不得附入移送法院審理之文書內。

公務員洩漏或交付前項檢舉人之消息、身分資料或足資辨別檢舉人之物品者，處一年以上七年以下有期徒刑。

第 12 條

關於本條例之罪，證人之姓名、性別、年齡、出生地、職業、身分證字號、住所或居所或其他足資辨別之特徵等資料，應由檢察官或法官另行封存，不得閱卷。訊問證人之筆錄，以在檢察官或法官面前作成，並經踐行刑事訴訟法所定訊問證人之程序者為限，始得採為證據。但有事實足認被害人或證人有受強暴、脅迫、恐嚇或其他報復行為之虞者，法院、檢察機關得依被害人或證人之聲請或依職權拒絕被告與之對質、詰問或其選任辯護人檢閱、抄錄、攝影可供指出被害人或證人真實姓名、身分之文書及詰問。法官、檢察官應將作為證據之筆錄或文書向被告告以要旨，訊問其有無意見陳述。

於偵查或審判中對組織犯罪之被害人或證人為訊問、詰問或對質，得依聲請或依職權在法庭外為之，或利用聲音、影像傳真之科技設備或其他適當隔離方式將被害人或證人與被告隔離。

組織犯罪之被害人或證人於境外時，得於我國駐外使領館或代表處內，利用聲音、影像傳真之科技設備為訊問、詰問。

檢舉人、被害人及證人之保護，另以法律定之。

第 13 條

犯本條例之罪，經判處有期徒刑以上之刑確定者，不得登記為公職人員候選人。

第 14 條

本條例施行後辦理之各類公職人員選舉，政黨所推薦之候選人，於登記為候選人之日起五年內，經法院判決犯本條例之罪確定者，每有一名，處該政黨新臺幣一千萬元以上五千萬元以下之罰鍰。

前項情形，如該類選舉應選名額中有政黨比例代表者，該屆其缺額不予遞補。

前二項處分，由辦理該類選舉之選務主管機關為之。

第 15 條

為防制國際性之組織犯罪活動，政府或其授權之機構依互惠原則，得與外國政府、機構或國際組織簽訂防制組織犯罪之合作條約或其他國際協定。

第 16 條

第十條至第十二條之規定，於軍事審判機關偵查、審判組織犯罪時，準用之。

第 17 條

（刪除）

第 18 條

（刪除）

第 19 條

本條例自公布日施行。

2023 年 5 月 9 日，立法院三讀通過《組織犯罪防制條例》條文修正。新法加重詐團強運豬仔出國工作的刑責，並全面禁止黑道透過選舉參政，展現政府檢肅暴力幫派，嚴懲組織犯罪的決心，和強化社會安全體系。（請參閱全國法規資料庫法規名稱《組織犯罪防制條例》，修正日期 2023 年 5 月 24 日）

第四部分

【臺灣政治經濟思想史論叢】（卷一至卷八）要目

臺灣政治經濟思想史論叢（卷一）——資本主義與市場篇

目　次

第二部分　臺灣政經發展斷代史

●明清時期漳商的「在臺落業」

一、前言
二、本文的研究途徑與結構說明
三、漳商「在臺落業」與農業發展
四、漳商行郊與洋行的商業結構轉型
五、漳商與臺灣近代化工業的推動
六、結論

●荷鄭時期臺灣經濟政策與發展

一、前言
二、制度理論與本文結構說明
三、荷鄭時期臺灣經濟發展與世界體系的接軌
四、重商主義的緣起與發展
五、荷治臺灣重商主義的政策分析
六、鄭氏臺灣重商主義政策的中挫
七、結論

●清領時期臺灣經濟政策與發展

一、前言
二、研究方法與結構說明
三、清領臺灣的歷史意義
四、土地開墾與農業發展
五、行郊組織與經貿政策
六、官督商辦與近代工業的發軔
七、結論

五、調整權衡體制與發展重工業的政治力主軸
六、轉型權衡體制與發展策略性工業的社會力主軸
七、建立民主體制與發展高科技工業的競爭力主軸
八、結論

● **戰後初期吳新榮的政治參與與文學創作**
一、前言
二、臺灣地方自治與臺南縣參議員
三、二二八事件與第二次牢獄之災
四、鹽分地帶文學發展與吳新榮角色
五、結論

● **戰後臺灣企業與政府之間的關係**
一、前言
二、戰後臺灣企業與政府之間關係的分期
三、戰後重建期（1945-1952）企業與政府關係
四、發展輕工業期（1953-1972）企業與政府關係
五、發展重工業期（1973-1983）企業與政府關係
六、發展高科技工業期（1984-迄今）企業與政府關係
七、結論

● **戰後臺灣政經發展策略的探討**
一、前言
二、經濟發展觀點
三、主張計畫性自由經濟理論
四、臺灣政經發展策略的內涵
五、臺灣政經發展策略的檢討
六、結論

●全球化與臺灣經濟發展

一、前言

二、全球化結構性分析

三、全球化市場經濟的發展

四、全球化臺灣經濟發展

五、結論

臺灣政治經濟思想史論叢（卷二）——社會科學與警察篇

目　次

臺灣政治經濟思想史論叢（卷三）——自由主義與民主篇

目　次

臺灣政治經濟思想史論叢（卷四）——民族主義與兩岸篇

目　次

臺灣政治經濟思想史論叢（卷五）
——臺灣治安史略

目　次

第七節　清治時期移墾治安大事記

中編　臺灣治安史第二大階段歷史變遷：現代的軍管治安年代（1895-1987）

●第六章　日治時期與殖民治安（1895-1945）

第一節　日治時期治安議題
第二節　民族主義時代涉外性治安
第三節　軍國型政治性治安
第四節　統制式經濟性治安
第五節　內地化社會性治安
第六節　殖民政府型態治安角色
第七節　日治與中華民國大陸時期治安史大事記

●第七章　國治時期與戒嚴治安（1945-1987）

第一節　國治時期戒嚴治安議題
第二節　極端主義時代涉外性治安
第三節　威權型政治性治安
第四節　家父長式經濟性治安
第五節　黨國化社會性治安
第六節　戡亂政府型態治安角色
第七節　國治時期戒嚴治安大事記

臺灣政治經濟思想史論叢（卷六）
——人文主義與文化篇

目　次

第二部分　中華儒家文化

●余英時人文主義的通識治學之探討

一、前言
二、余英時的學術淵源
三、余英時的史學取徑
四、余英時的儒家思想
五、余英時的人文素養
六、結論

第三部分　中華文化主體性

●徐復觀激進的儒家思想與本土化思維

一、前言
二、徐復觀的政治與學術之間
三、新儒家文化的緣起與發展
四、徐復觀激進的儒家本土化思維
五、結論

附錄：臺灣政治經濟思想史論叢（卷一至卷五）總目錄

臺灣政治經濟思想史論叢（卷七）——政治經濟學與本土篇

目　次

臺灣政治經濟思想史論叢（卷八）
——文創產業與法政篇

目　次

第二部分　文學藝術篇

第四部分　【臺灣政治經濟思想史論叢】（卷一至卷八）要目

國家圖書館出版品預行編目(CIP) 資料

臺灣政治經濟思想史論叢. 卷八, 文創產業與法政篇 = Proceedings : the history of Taiwan political and economic thought VIII/陳添壽著. -- 初版. -- 臺北市 : 元華文創股份有限公司, 2023.09
面 ;　公分

ISBN 978-957-711-330-6 (平裝)

1.CST: 臺灣經濟 2.CST: 政治經濟 3.CST: 經濟史

552.339　　112012954

臺灣政治經濟思想史論叢(卷八)：文創產業與法政篇

Proceedings: The History of Taiwan Political and Economic Thought VIII

陳添壽　著

發 行 人：賴洋助
出 版 者：元華文創股份有限公司
聯絡地址：100 臺北市中正區重慶南路二段 51 號 5 樓
公司地址：新竹縣竹北市台元一街 8 號 5 樓之 7
電　　話：(02) 2351-1607　　傳　　真：(02) 2351-1549
網　　址：www.eculture.com.tw
E-mail：service@eculture.com.tw
主　　編：李欣芳
責任編輯：立欣
行銷業務：林宜葶
出版年月：2023 年 09 月 初版
定　　價：新臺幣 520 元

ISBN：978-957-711-330-6 (平裝)

總經銷：聯合發行股份有限公司
地 址：231 新北市新店區寶橋路 235 巷 6 弄 6 號 4F
電 話：(02)2917-8022　　傳 真：(02)2915-6275